그리스도와 교회의 빛 안에서 본
신약의 개관 2

한국복음서원

A General sketch of theNew Testament in the Light of Christ and the Church

by Witness Lee

Originally Published by
Living Stream Ministry Anaheim in California in U.S.A.
Korean Copyright © 2000 by Korea Gospel Book Room,
Seongnam, Gyeonggi-Do, Korea. All rights reserved.
Translated and Published by Permission,
Printed in Korea

서문

이 네 편의 시리즈는 1964년 여름에 위트니스 리 형제님이 주신 메시지들로 구성되어 있다. 1편과 2편은 뉴욕 시에서 주셨고 3편과 4편은 캘리포니아, 로스엔젤레스에서 주셨다. 이 메시지들은 전한 분과 대조하지 않았다.

목차

제 9 장	로마서에서의 정죄와 칭의(의롭게 됨)	7
제10장	로마서에서의 성화(거룩하게 됨)	21
제11장	로마서에서의 성화, 영화, 선택, 몸의 생활	41
제12장	고린도전서에서의 주요 원칙들	67
제13장	고린도전서에서의 원칙들과 사례들	87
제14장	고린도후서에서의 사역과 사역자들	117
제15장	갈라디아서에서의 그 영으로 인하여 행함	141
제16장	에베소서에서의 교회의 방면들	163
제17장	에베소서에서의 교회에 관한 중점들	185
제18장	빌립보서에서의 그리스도에 대한 체험	205
제19장	골로새서에서의 만유가 되시는 그리스도 (1)	223
제20장	골로새서에서의 만유가 되시는 그리스도 (2)	241
제21장	데살로니가전후서에서의 믿음, 사랑, 소망	259
제22장	디모데전후서에서의 교회 생활의 실행	279
제23장	디도서와 빌레몬서에서의 교회 생활의 실행	299

제 9 장

로마서에서의 정죄와 칭의

롬 1:28
『또한 저희가 마음에 하나님 두기를 싫어하매 하나님께서 저희를 그 상실한 마음대로 내어 버려 두사 합당치 못한 일을 하게 하셨으니』

2:15, 17
『이런 이들은 그 양심이 증거가 되어 그 생각들이 서로 혹은 송사하며 혹은 변명하여 그 마음에 새긴 율법의 행위를 나타내느니라 … 유대인이라 칭하는 네가 율법을 의지하며 하나님을 자랑하며』

3:21-25
『이제는 율법 외에 하나님의 한 의가 나타났으니 율법과 선지자들에게 증거를 받은 것이라 곧 예수 그리스도를 믿음으로 말미암아 모든 믿는 자에게 미치는 하나님의 의니 차별이 없느니라 모든 사람이 죄를 범하였으매 하나님의 영광에 이르지 못하더니 그리스도 예수 안에 있는 구속으로 말미암아 하나님의 은혜로 값 없이 의롭다 하심을 얻은 자 되었느니라 이 예수를 하나님이 그의 피로 인하여 믿음으로 말미암는 화목 제물로 세우셨으니 이는 하나님께서 길이 참으시는 중에 전에 지은 죄를 간과하심으로 자기의 의로우심을 나타내려 하심이니』

4:25
『예수는 우리 범죄함을 위하여 내어줌이 되고 또한 우리를 의롭다 하심을 위하여 살아나셨느니라』

5:10-11
『곧 우리가 원수 되었을 때에 그 아들의 죽으심으로 말미암아 하나님으로 더불어 화목되었은즉 화목된 자로서는 더욱 그의 살으심을 인하여 구원을 얻을 것이니라 이뿐 아니라 이제 우리로 화목을 얻게 하신 우리 주 예수 그리스도로 말미암아 하나님 안에서 또한 즐거워하느니라』

로마서의 내용과 단락

로마서는 다섯가지 주요 단락으로 구성되어 있다. 9장에서 11장까지는 네번째 단락으로써 삽입절로 간주될 수 있는데, 은혜로 말미암은 하나님의 선택을 다루고 있다. 네가지의 다른 주요 단락은 정죄, 칭의(의롭다 하심), (형상을 본받음과 영화롭게 됨을 포함하는) 성화(거룩하게 하심), 몸의 생활을 실행하기 위한 변화이다. 이 모두는 매우 합당한 순서로 구성되어 있다.

첫째 단락인 정죄의 단락에서는 모든 인류가 타락한 상태에 처하여, 하나님의 의로우신 율법 아래서 하나님께 정죄 받았음을 계시한다. 칭의(의롭다 하심)에 대한 둘째 단락에서는 우리가 그리스도의 구속을 통하여 의롭게 되었음을 분명하게 계시한다. 셋째 단락에 대하여, 대부분의 성경 해설자들은 성화라는 한 단어를 사용한다. 그러나 성화라는 단어는 이 단락의 전체 내용을 표현하는데 적합하지 않다. 성화가 하나님의 아들의 형상을 본받음과 영화롭게 됨, 곧 우리가 그분과 함께 영화롭게 될 우리 몸의 구속의 과정들을 포함하고 있다고 말하는 것이 바람직하다 (8:29, 17, 30). 의롭다 하심을 받고 나서 우리는 이제 거룩하게 하심(성화)과 형상을 본받음의 과정 속에 있으며 주님이 돌아오시는 그날 우리는 영화롭게 될 것이다. 이 세가지 문제들을 이 단락에서 다루고 있다.

대부분의 성경학도들은 성화만을 관심하고 형상을 본받음과 영화롭게 됨을 지나쳐 버린다. 거듭남은 우리 영 안에서 성취되었다. 그런데 12장 2절에서는 우리에게 주님이 우리 영 안에서 우리를 거듭나게 하신 다음에 우리 혼 안에서 우리를 변화시키고 계심을 보여준다. 이것은 우리의 혼, 우리의 존재가 하나님의 아들의 형상을 본받아야 함을 의미한다. 게다가 영화롭게 함은 우리 몸 안에서 성취된다. 따라서 우리는 우리의 혼 안에서 거룩하게 됨(성화)과 형상을 본받음을 체험하고 결국 우리의 몸 안에서 영화롭게 됨을 체험한다.

　로마서의 다섯번째 주요 단락은 세째 단락에서 계속 되는데, 우리 그리스도인의 행함을 다루고 있다. 우리가 변화와 형상을 본받음의 과정 속에 있으며, 우리가 영화롭게 되기 전에 땅 위에 살고 있다. 우리의 생활 방식은 12장에서 16장까지에서 다루고 있다. 비록 많은 사항들이 이 단락에서 다루어지고 있어도, 주요 사상은 몸의 생활, 곧 교회 생활이다. 12장은 몸의 생활을 말하고, 16장은 몸의 생활의 참된 실행을 계시해 주는데, 이는 그리스도인의 행함의 첫째 항목도 몸의 생활이요 그리스도인의 행함의 마지막 항목도 몸의 생활임을 가리킨다. 모든 거듭난 자들은 그리스도의 몸의 지체들이다. 우리를 변화시키시는데 있어서 하나님의 의도하심은 우리를 그분의 몸의 살아 있는, 기능을 발휘하는 지체들이 되게 하는 것이다. 로마서의 결론은 우리가 여기 이 땅에 있는 동안, 그분의 살아 있고, 기능을 발휘하는 지체들로서 몸의 생활을 실행하는 것이다. 이것이 이 책의 내용과 단락이다.

정죄

　이제 이 책 안에 있는 몇 가지 세부 사항들을 살펴보도록 하자.

신약의 처음 다섯 권의 책에서는 우주적인 사람, 곧 머리이신 그리스도와 그분의 많은 지체들로 구성된 몸인 교회의 역사가 있다. 이제 우주적인 사람을 정의함에 있어서 우리는 자신이 그분의 비밀스럽고 놀라운 몸의 많은 지체들로서 원래 하나님 앞에 죄가 있고 율법에 따라 그분의 정죄하심 아래 있다는 온전한 그림을 가지게 된다. 로마서의 처음 세 장만큼 온전하게 하나님 보시기에 우리가 죄가 있다고 우리에게 말해주는 성경의 다른 책이나 부분은 없다. 나는 모든 젊은 형제 자매들이 이 책을 연구하는데 시간을 보내기를 기대한다. 그것은 우리에게 그리스도인의 생활에 대한 온전한 개요와 이해를 제시해주기 때문에 우리는 그것을 연구하는데 합당한 시간을 투자하여야 한다. 그것을 연구하는데 심지어 1년을 바쳐도 그리 많은 것은 아니다. 우리는 두 세달을 사용하여 단지 첫 단락만을 연구할 필요가 있다.

하나님을 앎, 사람의 양심, 하나님의 율법

로마서의 첫 단락에서는 우리에게 하나님을 앎, 사람의 양심, 하나님의 율법에 대한 것을 말해준다. 이 세가지 문제들은 이 단락의 기본 요점이다. 우리가 죄 있다는 것을 어떻게 알 수 있는가? 그것은 하나님을 앎으로, 우리의 양심으로, 하나님의 율법으로 말미암아서이다. 만일 이 우주 가운데 하나님도, 하나님에 대한 지식도, 인간 존재 안의 양심도, 하나님께서 우리에게 주신 율법도 없다면, 죄에 대한 지식도 없으리라. 그러나 이 우주 안에 하나님도, 하나님을 앎도, 우리 안의 양심도, 우리 밖에 하나님의 율법도 있기 때문에, 우리는 하나님의 정죄하심을 피할 수가 없다. 우주 가운데서 사람의 바깥에 공의롭고 의로우신 하나님이 계시고 사람 안에 그분은 그분의 어떠하심을 반사하는 양심을 지으셨다. 그리고나서 정한 때에 하나님께서는 우리를 규제하는 율법, 계명을 주셨다. 이러한 법규로 인하여 우리는 자신이 옳은지 그른지 알게 된다.

로마서의 첫 단락에는 세 부분이 있다. 1장 18절에서 1장 마지막까지에서는 하나님에 대한 지식을 다루고 있다. 하나님을 알게 될 때 우리는 죄인으로 정죄받게 된다. 둘째 부분은 2장 전반부로써 양심을 다루고 있다. 이 부분에서는 특별히 이방인들을 다루고 있는데 이는 이방인들에게는 하나님의 율법이 없지만 저희 안에 양심이 있기 때문이다(2:14-16). 저희의 양심으로 인하여 이방인들은 자신들이 죄 없다고 말하지 못한다. 그러므로 하나님을 묘사하고 하나님의 어떠하심을 반사하는 저희의 양심으로 인하여, 저들은 하나님 앞에 정죄 받는다. 로마서 첫 단락의 세째 부분에서는 하나님의 율법을 다룬다(2:17-3:8). 엄밀히 말해서 이 부분에서는 하나님의 율법 아래 있는 유대인들을 다루고 있다. 하나님의 율법에 의하면, 유대인들도 죄가 있으며 정죄 받는다.

하나님의 표준은 하나님 자신임

우리가 옳은지 그른지, 우리가 의로운지 죄 있는지에 대하여, 표준은 하나님 자신이다. 하나님에 대한 지식은 하나님 자신께로부터 오며, 이러한 지식은 어느 정도까지는 우리의 양심을 통하여 우리 안으로 저장된다. 인간의 본성은 양심의 기능을 가진다. 우리 안에 있는 양심의 기능은 하나님을 아는 것과 연관되어 있다. 우리가 유대인이건 이방인이건 간에, 우리 모두는 자신 안에 양심의 기능을 가지고 있으며, 그것은 온전하게는 아니더라도 어느 정도까지 하나님을 아는 것을 반영한다. 그런다음, 하나님에 대한 지식을 확립하고 그것을 더 명확하게 하기 위해서, 하나님께서는 일정한 때에 사람에게 율법을 주셨으며, 그 율법은 하나님에 대한 지식을 한층 더 반영하는 것이다.

그러므로 사도 바울이 영감을 받아 죄 있는 인류를 처리하고자 하였을 때 그가 들어올린 표준은 하나님에 대한 지식, 양심, 율법을 포함하는 하나님 자신이었다. 바울은 사람의 모든 행실을 하나님 자신과, 하나님에 대한 지식과 양심과, 하나님의 율법과 비교하였다. 그러므로 로마서의 첫째 주요 단락에 대하여 그가 내린 결론은 모든 인류가 율법으로 갇히게 되었다는 것으로, 핑계거리로 피할 수단도 없다(3:9-20). 모든 인류는 율법으로 갇힌 바 되어 하나님의 정죄하에 있다.

상기 항목들과 중요한 단어들을 분명하게 마음에 담아두려면, 우리는 다시 한 번 1장 18절에서 3장 20절까지를 읽어 보아야 한다. 이러한 항목들과 용어들은 열린 창들, 빛이며, 그것에 의해 우리는 분명하게 볼 수가 있다. 복음을 전파하여 사람들에게 죄가 있다는 것을 말해 주기 위해서, 우리는 최상의 길을 찾아 그들을 확신시켜 죄를 깨닫도록 해주어야 한다. 대체로 우리가 저들에게 하나님에 대한 지식을 포함한 하나님 자신이나 양심을 제시해 주지 않고서는 효과적으로 사람들을 확신시킬 수가 없다. 많은 때 우리는 사람들에게 죄 있음을 납득시키기 위해서 그들의 양심을 만져야 한다. 많은 유력한 복음 전도자들은 하나님의 율법에 대한 것을 상당히 많이 전파하였다. 그들은 사람들에게 죄 있다는 것을 확신시킬 목적으로 하나님의 율법을 그들에게 밝혀 주었다. 만일 우리가 불신자들이 죄인들이라는 것을 확신시키고자 한다면, 우리는 하나님과 하나님에 대한 지식을 그들에게 매우 분명히 해주어야 한다. 우리는 또한 그들의 양심을 두드려 하나님의 율법을 사용하여 그들을 드러내는 법을 배워야 한다. 그러면 그들은 빛을 받아 자신들이 죄인들임을 깨닫게 될 것이다.

　놀라운 우주적인 사람의 지체들인 우리는 원래 죄 있는 사람들이었다. 하나님에 대한 지식과 우리 사람의 양심과 신성한 율법의 빛 안에서, 우리는 죄가 있고 하나님의 정죄 아래 있다. 우리가 무엇을 행함으로 하나님께 의롭다 함을 받을 수 있다는 구실도 가능성도 결코 없었다. 우리는 하나님과 하나님의 신성한 율법에 자신을 조려, 우리가 하나님의 구속을 필요로 하는 죄인들임을 우리의 양심으로 확신하게 되어야 한다. 이것이 로마서 첫째 단락의 결론이요 기본 요지이다. 만일 우리가 이러한 말을 받아 마음에 새긴다면 이 부분을 읽게 될 때 수정같이 맑게 될 것이다.

칭의

　우리는 로마서의 첫째 단락이 하나님을 앎(1:28), 양심(2:15), 하나님의 율법(17절)에 대하여 말하고 있다는 것을 보았다. 하나님의 말씀을 연구하는 최상의 방법은 중심 노선과 중점을 찾는 것이다. 만일 우리가 중심 노선과 중점들을 소유하게 된다면, 모든 것이 열려서 수정 같이 맑아질 것이다. 그러나 중점이 없다면, 우리가 더 말하고, 정의하고, 설명할수록, 우리는 덜 분명하게 될 것이다. 그러므로 우리가 로마서 첫째 단락의 기본 요점들을 본 바와 마찬가지로, 우리에게는 둘째 단락의 내용과 식견을 묘사할 적합한 단어가 필요하다. 그러나 이것은 가장 어려운 단락이다. 3장 21절에서 5장 11절까지를 여러번 읽고 나서도 우리는 여전히 말씀의 이 부분이 우리에게 말하는 바와 그것을 요약하는 법을 알지 못할지도 모른다.

하나님의 영광

로마서의 둘째 주요 단락에서는 우리에게 우리가 그리스도의 구속을 통하여 어떻게 의롭게 되는 가에 대한 온전한 그림을 제시한다(3:24). 이 단락에서의 첫번째 기본 용어는 하나님의 영광이다. 로마서 3장 23절에서는 『이는 모든 사람이 죄를 범하였으매 하나님의 영광에 이르지 못하더니』라고 한다. 하나님의 영광은 하나님의 칭의의 표준이다. 우리 인간들이 하나님의 영광의 표준에 비추어 자신들을 평가해 볼 때, 우리는 하나님의 영광이 하늘들보다도 더 높다는 것을 깨닫게 된다. 우리가 그것을 어떻게 비교해 볼 수 있는가? 우리가 하나님의 영광에 이르게 될 때, 미치지 못하게 된다.

하나님의 의

둘째 주요 용어는 하나님의 의이다(21-22절, 25-26절). 하나님의 의만이 하나님의 영광의 표준에 이르게 되고 하나님의 영광에 부합된다. 하나님의 영광의 표준이 얼마나 높든지 간에, 하나님의 의는 그 표준에 도달한다. 그것은 하나님의 영광 만큼이나 높다. 표준이 너무도 높기 때문에 사람 혼자 힘으로는 결단코 하나님께 의롭다 하심을 받을 수 없다. 우리가 그 표준에 도달하는 것은 불가능하다. 이것이 이 단락에 있는 생각이다.

화해

세번째 중요 단어는 화목이다(25절). 우리는 하나님의 의만이 그분의 영광의 표준에 도달 할 수 있음을 보았다. 그런데 하나님의 의, 곧 최상의 의가 어떻게 우리에게 적용될 수 있는가? 그것은 화목을 통해서이다. 로마서 3장 25절에서는 『이 예수를(whom) 하나님이 화해소(propitiation place : 속죄소)로 세우셨으니』라고 한다. 이 구절이 그분(whom)으로 시작하고 있다는 것은 화해가 그리스도 자신임을 가리킨다. 그리스도는 하나님께 화해로 세워지셨다. 세워지신 그리스도가 화해이시다.

화해소(propitiation place : 속죄소)와 반포하다(set forth : 세우다)는 구절들은 번역하기가 쉽지 않다. J. N. 다비의 신약에서, 그는 화해소를 시은좌(mercy-seat)로 번역하고 있다. 우리는 이 용어를 구약의 예표의 배경을 고려하여 이해해야 한다. 고대에 한 죄인이 하나님 앞에 정죄됨을 깨닫게 될 때마다, 구속될 필요가 있었다. 이것은 속죄제물을 제단에 가져옴으로써 이루어졌다. 이 속죄 제물이 도살되고 그 피가 제단에 흘려지고 나서, 대 제사장은 그 피를 지성소 안으로 가져가 시은좌 또는 속죄소에 뿌렸다(레 16:14-15). 시은좌 위에서 화해가 있었다. 이러한 화해로 말미암아 이 화해소에서 죄인은 용서 받을 수 있었다. 여기에서 그 죄인의 죄들은 용서되고, 그 사람은 구속되고 하나님과 하나가 된다. 이것이 화해(화목)의 의미이다. 로마서 3장 24절에서부터 26절에서는 그리스도 자신께서 그러한 화해소가 되셨음을 우리에게 말해준다.

하나님께서 그리스도를 세우심

하나님께서는 그리스도께서 십자가에 못 박히신 동안에 어두움이 온 땅에 임하였을 그 때에 그리스도를 화해소로 세우시기 시작하셨다. 그때 그분은 자신을 속죄 제물의 실제인 죄를 위한 유일한 희생제물로써 드리셨다(눅 23:44, 히 9:26). 그리고 나서 삼일째 되는 날 하나님께서는 그분을 부활시키셨다. 이 부활도 하나님께서 그리스도를 세우시는 과정의 일부였다. 주님이 부활하시고 나서, 하나님께서는 그리스도를 하늘들 안으로 영접하시고 그분을 자신의 우편에 앉히셨다. 이러한 영접하심과 앉히심도 세우심의 한 부분이었다. 하나님께서는 그리스도의 십자가에 못 박히심, 부활, 승천하심의 전 과정을 통하여 그리스도를 세우셔서 하나님 우편에 앉게 하셨다. 이 세우심이 그리스도 자신을 바로 화해가 되게 하는 것이다. 이제 화해이신 그리스도로 말미암아 하나님의 의는 우리에게 적용될 수가 있다.

로마서의 이 단락에서는 한면으로 우리가 그리스도 예수 안에 있는 구속을 통하여 즉 그분의 피를 믿음을 통하여 의롭게 되고(3:24-25), 또 한면으로 그리스도의 부활로 말미암아 의롭게 된다(4:25)는 것을 말한다. 그리스도의 피 흘리심과 부활하심은 하나님께서 그리스도를 세우시는 과정에 있어서의 주요 단계들이다. 이러한 수단으로 하나님께서는 그리스도를 세우시는 과정에 있어서의 주요 단계들이다. 이러한 수단으로 하나님께서는 그리스도를 화해소로 세우셨다. 하나님께서는 그리스도가 피를 흘리신 때로부터 그분이 승천하여 하나님 우편에 앉게 되신 때까지, 그리스도를 인정하시고 세우셨다. 하나님께서 인정하시는 것이 우리에게 적용되고 우리의 것이 될 수 있는 것은 이러한 화해로 말미암아서이다. 우리는 화해가 그리스도 자신, 그분의 십자가에 못 박히심, 그분의 부활하심, 그분의 승천하심을 포함한다는 것을 결코 잊어서는 안된다.

믿음으로 화해를 체험함

로마서의 이 단락에서의 네 번째 중요 단어는 믿음이다(3:25-31). 우리는 하나님의 영광, 하나님의 의, 화해소이신 그리스도를 살펴 보았다. 화해를 체험하는 길은 믿음으로 말미암아서이다. 이러한 용어들은 우리 인간의 관념 속에서 찾지 못하기 때문에 붙잡기가 어렵다.

칭의로 하나님의 표준에 이름

다섯째 중요단어는 칭의이다(4:25, 3:24, 26). 칭의의 주된 사상은 우리가 하나님의 표준에 이르는 것이다. 믿음으로 우리는 화해를 체험하고, 화해로 하나님 자신의 의로우심이 우리의 것이 된다. 그러므로 우리는 하나님의 영광의 표준에 도달할 수가 있다. 이제 우리는 의롭게 되고 도달하게 된다.

하나님께로 화목됨

칭의 이후에 우리는 화목을 얻게 된다(5:10-11). 화목되는 것은 화평과 조화를 이루는 것을 의미한다. 이제 칭의로 인하여 우리는 하나님과 조화를 이루게 된다. 우리와 하나님 사이에 화평과 참된 조화가 있다.

하나님 안에서 자랑함

우리가 본 바와 같이 여섯가지 중점들을 로마서의 둘째 단락에서 찾아 볼 수가 있다. 하나님의 영광, 하나님의 의, 화해로 세워지신 그리스도 자신, 믿음, 칭의, 화목, 이 단락의 마지막 구절에서는 『이뿐아니라 이제 우리로 화목을 얻게 하신 우리 주 예수 그리스도로 말미암아 하나님 안에서 또한 즐거워 하느니라』(5:11)고 말한다. 결국 이 전체의 단락은 우리를 하나님 안으로 인도한다. 이러한 화목 속에서 우리는 하나님을 누리고, 하나님 안에서 자랑하고, 하나님 안에서 영화롭게 된다. 이제 하나님이 우리의 분깃이시다. 우리는 하나님과 화목되고, 칭의로 말미암아 우리는 하나님 안에 있고, 하나님이 우리의 자랑이시요, 우리의 누림이시요, 우리의 모든 것이시다. 이것이 로마서의 이 단락의 결론이다.

요약하자면, 하나님의 영광은 그분의 표준이다. 만일 우리가 그 표준에 이르지 못한다면, 우리는 시험을 통과할 수가 없다. 우리 자신 안에서 그분의 표준에 달하기란 불가능하지만, 그분의 의는 우리가 그분의 영광의 표준에 도달할 수 있는 가능성이다. 이제 하나님께서 그리스도를 화해소(속죄소)로 세우셨기 때문에 그분의 의는 우리의 것이다. 우리가 화해를 공유하는 길은 믿음에 의해서이다. 우리가 그리스도를 믿을 때 우리는 화해를 함께 나누며 이러한 화해 아래서와 이러한 화해 안에서 하나님의 의가 우리의 것이 된다. 이제 우리에게는 우리 자신의 것이 아닌 하나님의 것이신 의가 있다. 게다가, 이 의는 우리를 인도하시고 우리를 들어올려 하나님의 영광의 표준에 이르게 하며, 그리하여 우리는 의롭게 된다. 이러한 칭의로 인하여 우리는 하나님과 조화를 이루게 된다. 즉, 우리는 하나님과 화목된다. 우리와 하나님 사이에 진정한 화평과 조화가 있다. 이제 우리는 하나님 안에 있고 우리는 그분 안에서 자랑하고, 누리고, 즐거워한다. 하나님은 우리의 자랑, 우리의 분깃, 우리의 누림이시다. 이것이 칭의의 의미이다. 우리가 이러한 문제들에 깊은 인상을 받기 바란다.

　로마서 5장 10절에서는 『곧 우리가 원수 되었을 때에 그 아들의 죽으심으로 말미암아 하나님으로 더불어 화목되었은즉 화목된 자로서는 더욱 그의 생명 안에서 구원을 얻을 것이니라』고 말한다. 그분의 생명안에서 구원 받는 것은 로마서의 다음 단락에서 다루게 된다. 그것은 바로 11절로 이어진다.

제 10 장

로마서에서의 성화

롬 5:12-21

『이러므로 한 사람으로 말미암아 죄가 세상에 들어오고 죄로 말미암아 사망이 왔나니 이와 같이 모든 사람이 죄를 지었으므로 사망이 모든 사람에게 이르렀느니라 죄가 율법 있기 전에도 세상에 있었으나 율법이 없을 때에는 죄를 죄로 여기지 아니하느니라 그러나 아담으로부터 모세까지 아담의 범죄와 같은 죄를 짓지 아니한 자들 위에도 사망이 왕노릇 하였나니 아담은 오실 자의 표상이라 그러나 이 은사는 그 범죄와 같지 아니하니 곧 한 사람의 범죄를 인하여 많은 사람이 죽었은즉 더욱 하나님의 은혜와 또는 한 사람 예수 그리스도의 은혜로 말미암은 선물이 많은 사람에게 **넘쳤으리라** 또 이 선물은 범죄한 한 사람으로 말미암은 것과 같지 아니하니 심판은 한 사람을 인하여 정죄에 이르렀으나 은사는 많은 범죄를 인하여 의롭다 하심에 이름이니라 한 사람의 범죄를 인하여 사망이 그 한 사람으로 말미암아 왕노릇 하였은즉 더욱 은혜와 의의 선물을 넘치게 받는 자들이 한 분 예수 그리스도로 말미암아 생명 안에서 왕노릇 하리로다 그런즉 한 범죄로 많은 사람이 정죄에 이른 것같이 의의 한 행동으로 말미암아 많은 사람이 의롭다 하심을 받아 생명에 이르렀느니라 한 사람의 순종치 아니함으로 많은 사람이 죄인 된 것같이 한 사람의 순종하심으로 많은 사람이 의인이 되리라 율법이 가입한 것은 범죄를 더하게 하려 함이라 그러나 죄가 더한 곳에 은혜가 더욱 **넘쳤나니** 이는 죄가 사망 안에서 왕노릇한 것같이 은혜도 또한 의로 말미암아 왕노릇하여 우리 주 예수 그리스도로 말미암아 영생에 이르게 하려 함이니라』

6:4-6, 11, 19
『그러므로 우리가 그의 죽으심과 합하여 세례를 받음으로 그와 함께 장사되었나니 이는 아버지의 영광으로 말미암아 그리스도를 죽은 자 가운데서 살리심과 같이 우리로 또한 새 생명 가운데서 행하게 하려 함이니라 만일 우리가 그의 죽으심을 본받아 연합한 자가 되었으면 또한 그의 부활을 본받아 연합한 자가 되리라 우리가 알거니와 우리 옛 사람이 예수와 함께 십자가에 못박힌 것은 죄의 몸이 멸하여 다시는 우리가 죄에게 종노릇하지 아니하려 함이니』, 『이와 같이 너희도 너희 자신을 죄에 대하여는 죽은 자요 그리스도 예수 안에서 하나님을 대하여는 산 자로 여길지어다』, 『너희 육신이 연약하므로 내가 사람의 예대로 말하노니 전에 너희가 너희 지체를 부정과 불법에 드려 불법에 이른것 같이 이제는 너희 지체를 의에게 종으로 드려 거룩함에 이르라』

7:1-6, 18, 20-25
『형제들아 내가 법 아는 자들에게 말하노니 너희는 율법이 사람의 살 동안만 그를 주관하는 줄 알지 못하느냐 남편 있는 여인이 그 남편 생전에는 법으로 그에게 매인 바 되나 만일 그 남편이 죽으면 남편의 법에서 벗어났느니라 그러므로 만일 그 남편 생전에 다른 남자에게 가면 음부라 이르되 남편이 죽으면 그 법에서 자유케 되나니 다른 남자에게 갈지라도 음부가 되지 아니하느니라 그러므로 내 형제들아 너희도 그리스도의 몸으로 말미암아 율법에 대하여 죽임을 당하였으니 이는 다른 이 곧 죽은 자 가운데서 살아나신 이에게 가서 우리로 하나님을 위하여 열매를 맺히게 하려 함이니라 우리가 육신에 있을 때에는 율법으로 말미암는 죄의 정욕이 우리 지체 중에 역사하여 우리로 사망을 위하여 열매를 맺게 하였더니 이제는 우리가 얽매였던 것에 대하여 죽었으므로 율법에서 벗어났으니 이러므로 우리가 영의 새로운 것으로 섬길 것이요 의문의 묵은 것으로 아니할지니라』, 『내 속 곧 내 육신에 선한 것이 거하지 아니하는 줄을 아노니 원함은 내게 있으나 선을 행하는 것은 없노라』, 『만일 내가 원치 아니하는 그것을 하면 이를 행하는 자가 내가 아니요 내 속에 거하는 죄니라 그러므로 내가 한 법을 깨달았노니 곧 선을 행하기 원하는 나에게 악이 함께 있는 것이로다 내 속 사람으로는 하나님의 법을 즐거워하되 내 지체 속에서 한 다른 법이 내 마음의 법과 싸워 내 지체 속에 있는 죄의 법 아래로 나를 사로잡아 오는 것을 보는도다 오호라 나는 곤고한 사람이로다 이 사망의 몸에서 누가 나를 건져 내랴 우리 주 예수 그리스도로 말미암아 하나님께 감사하리로다 그런즉 내 자신이 마음으로는 하나님의 법을, 육신으로는 죄의 법을 섬기노라』

8:2, 4, 6
『이는 그리스도 예수 안에 있는 생명의 성령의 법이 죄와 사망의 법에서 너를 해방하였음이라』, 『육신을 좇지 않고 그 영을 좇아 행하는 우리에게 율법의 요구를 이루어지게 하려 하심이니라』, 『육신의 생각은 사망이요 영의 생각은 생명과 평안이니라』

로마서의 셋째 주요 단락인 중간 부분은 이 책의 심장부이다. 이 부분의 로마서는 5장 12절로 시작하여 8장 끝까지 계속된다. 모든 성경 학도들은 이 단락에 언급된 것들과 여기에 담겨져 있는 사상이 매우 깊다는 것에 동의한다.

그리스도 안에서의 은사와 아담 안에서의 유산

5장에서는 여러가지의 핵심 단어가 있다. 첫째 두 가지는 두 사람과 관련되어 있다. 첫 사람은 아담이요 둘째 사람은 그리스도이시다(5:14-15). 첫 사람인 아담과 관련하여, 두 가지 핵심 단어는 죄와 사망이다(13-14절, 21상반절). 죄는 원인이고 사망은 결과이다. 둘째 사람인 그리스도와 관련하여, 두가지 핵심 단어는 의와 생명이다(17-19절, 21하반절). 의는 원인이고 생명은 결과이다. 그러므로 의는 죄와 대비되고, 생명은 사망과 대비된다. 우리는 죄와 사망을 첫 사람에게서 물려 받지만, 의와 둘째 사람이신 그리스도 안에서 얻게 된다(17절). 아담 안에서 모든 것들이 우리에게 유전 되었다. 반면 그리스도 안에서 모든 은혜가 우리에게 영접되었다. 항목들은 아담, 그리스도, 죄, 사망, 의, 생명, 물려받음, 영접이다.

그리스도와 동일시함

로마서 6장에서 가장 중요한 용어는 성숙한이란 단어이다. 5절에서는 『우리가 그분과 더불어 성숙하였다』고 한다. 성숙한

(grown)이라는 단어는 번역하기가 어렵다. 가지 하나가 한 나무에서 다른 나무로 접붙여진 것 처럼, 접붙여진(grafted)이라는 것을 포함하여 이 단어에 대한 번역이 여러가지가 있다. 흠정역에서는 그것을 심겨진(planted)으로 번역하고 있으며, 미국 표준역에서는 연합된(united)으로, J. N. 다비의 새 번역에서는 동일시 된(identified)으로 번역하고 있다. 또 다른 번역에서는 이 단어를 결합된(joined)으로 표현하고 있으며 또 한 곳에서는 합병된(incorporated)으로 표현하고 있다. 성숙한, 심겨진, 접붙여진, 연합된, 동일시 된, 결합된, 합병된으로 번역할 수 있다. 이것들 중에서 접붙여진과 동일시 된이라는 것이 더 낫게 번역한 것들 중 두가지이다. 이것이 이 전장에서 가장 중요한 용어이다. 우리는 그리스도 안으로 접붙여졌고 그분과 동일시 되었다. 그리스도와 우리, 우리와 그리스도는 이러한 접붙임 안에서, 이러한 동일시 안에서 하나이다. 우리는 더 이상 둘이 아니다. 우리는 그리스도와 하나이다.

이 단락에 있는 핵심 단어들은 십자가에 못 박힌(crucified), 장사된(buried), 부활(resurrection)과 같은 것들이다(4-6절). 우리가 그리스도와 동일시 되고 그분과 하나이기 때문에, 그분 안에서 우리는 십자가에 못 박히고, 장사되고, 부활된다. 우리는 특히 그분의 십자가에 못 박히심에 있어서, 그분의 장사되심에 있어서, 그분의 부활 안에서 그분과 동일시된다.

여기에 나오는 몇 가지 다른 중요한 용어는 옛사람(old man)과 생명의 새로움(newness of life)이다(4-6절). 우리는 이 핵심 용어들 모두를 마음에 간직하고 있어야 한다. 그렇지 않으면 이 단락을 이해할 수 없을 것이다. 옛사람이 십자가에 못 박히고 장사됨은 우리가 생명의 새로움 안에서 행하기 위함이다. 일단 우리가 그리스도의 죽음, 장사, 부활에 있어서 그분과 동일시된다면, 더 이상 옛사람으로 인하여 살지 않고 생명의 새로움 안에서 행하게 된다.

이 단락을 마무리하기 위해서 우리는 간주하다(reckon)와 제시하다(present)라는 핵심 단어들을 추가해야 한다(11, 19절). 우리가 그리스도와 하나임을 깨닫게 될 때, 우리는 그분의 죽으심이 그분 안에서 우리의 죽음으로 여기게 되며 그분이 장사되시고 부활되셨을 때 우리도 또한 그분 안에서 장사되고 부활된다. 그러한 동일시 안에서 우리는 다만 자신이 죄에 대하여 죽고 하나님께 대하여 산 자로 여긴다. 그리고서 19절에서 바울은 『너희 지체를 의에게 종으로 드려 거룩함에 이르라』고 말한다. 우리가 죄에 대하여 죽은 자요 하나님께 대하여 산 자로 여기는 것에 근거하여, 우리는 우리의 지체를 의에게 종으로 드린다.

이러한 아홉가지 핵심 용어들—접붙여진, 동일시된, 십자가에 못 박히심, 장사, 부활, 옛사람, 생명의 새로움, 여김, 드림—은 로마서 6장의 전체 그림을 우리에게 매우 분명하게 해준다.

5장에서 우리는 아담 안에서 출생하였으나 이제 아담에게서 나와 그리스도 안으로 옮겨졌다는 말을 듣게 된다. 아담 안에서 우리는 죄와 사망을 물려받았다. 그러나 이제 그리스도 안에서 우리는 죄와 대비되는 의와 사망과 대비되는 생명을 받는다. 그런데 우리가 어떻게 그리스도 안으로 옮겨지게 되었는지를 이해하려면, 우리에게는 6자의 정의와 설명이 필요하다. 우리는 동일시로 말미암아 아담에게서 나와 그리스도 안으로 옮겨졌다. 우리는 그분과 동일시되었다. 즉, 그분으로 심겨지고, 접붙여지고, 그분과 연합되었다. 따라서, 그분의 죽음은 우리의 것이 되고, 그분의 장사되심도 우리의 것이 되고, 그분의 부활도 우리의 것이 된다. 달리 말해서, 그분의 체험은 우리의 역사이다. 이로써 우리 옛사람은 십자가에 못 박히고 우리는 이제 그리스도 자신의 새로움인 생명의 새로움 안에서 행하고 있다. 그러므로 우리는 자신들을 죄에 대하여는 죽은 자요 하나님께 대하여는 산 자로 여겨야 한다. 이 목적을 위하여 우리는 더 이상 죄에게가 아니라 의에게 우리 자신들 특히 우리 몸의 지체들을 드려야 한다.

거하는 죄로 인한 육신 안에서의 속박

하나님의 율법

비록 우리가 6장을 이해하는 것이 다소 쉽다 하더라도, 7장을 이해하기란 쉽지 않다. 그것은 「오르기 어려운 언덕」이다. 심지어 많은 성경 학도들은 7장을 올바르게 이해하지 못하고 있다. 이 장에서 발견되는 여러가지 핵심 용어들이 있다. 가장 중요한 용어는 하나님의 율법 즉, 그 모든 추가적인 것들을 포함하는 십계명이다(22, 7, 10절). 이것은 모세에게 주어진 율법이다.

육신

둘째 핵심 단어는 육신이다. 바울은 『내 속 곧 내 육신에 선한 것이 거하지 아니하는 줄을 아노니』(18절)라고 하였다. 6장에서는 옛사람에 대하여 말하고 있는 반면, 7장에서는 육신을 다루고 있다. 성경에서 육신이라는 단어는 최소한 세가지 의미를 가지고 있다. 적극적인 면에서 그것은 우리의 물질적인 몸의 일부인 살, 뼈, 피, 곧 우리 몸의 요소와 구성 성분을 가리킨다. 둘째, 육신은 타락한 몸이다. 이것은 소극적인 방면에 대한 것이다. 비록 하나님께서 우리를 위해 올바르고 순수한 몸을 창조하셨을지라도, 그것은 사탄에게 독을 주입받게 되었다. 그것은 선과 악을 알게하는 나무의 열매로 말미암아 타락되었다. 하나님께 지음받고 본성에 있어서 정결한 우리 몸은 타락되고 하락되어 육신이 되었다.

세째, 성경에서 육신은 완전히 타락한 사람이다(3:30, 갈 1:16). 사람은 전적으로 육신의 통제와 영향을 받게되는 그러한 정도에 이르기까지 타락하였다. 그러므로 성경에서는 우리에게 타락한 사람이 육신으로 불리움을 말해준다. 이것은 창세기 6장 3절과 12-13절에 분명하게 언급되어 있다. 이 구절에 나오는 모든 육체는 타락한 사람이 육신의 통제 아래 살고 있으며, 그리하여 하나님 보시기에 육신이 되었음을 가리킨다. 로마서 7장에서 육신이라는 단어는 영과 혼을 포함하여, 육신의 통제아래 있는 전적으로 타락한 사람을 암시하고 있으나 주된 의미는 타락한 몸이다.

육신은 옛사람을 살아냄이다. 옛사람의 생명이 살아내어지기 전에는 단지 옛사람에 불과 하나, 일단 그것을 살아내게 되면, 그것은 육신이 된다. 어떤 사람이 얼마나 훌륭하든지 상관없이 여전히 옛사람이다. 그러나 우리는 육신 즉, 그 사람의 온 생활, 행동, 행함, 태도를 보기 전까지는 그 사람이 옛사람이라는 것을 깨닫지 못한다. 6장의 옛사람은 7장에서 육신으로 표현되고 살아 나타내어진다. 교리적으로 육신은 옛 사람이요, 체험적으로 옛사람은 육신이다.

육신은 증거, 삶, 움직임 안에서의 옛사람이다. 6장에서 옛사람은 거기에 다만 위치상으로만 있고 행위상으로는 있지 않으나, 7장에서는 행위상으로 육신이 있으며 따라서 그 사람은 육신이 된다. 거기 옛사람은 아주 활동적이고, 살아 있고, 움직이며, 특히 선을 행하고 악을 이기기 위하여 노력하고 있다. 그러므로 그 사람은 육신이다.

우리 몸의 지체들 안에 있는 법

로마서 7장에 있는 세째 중점은 우리 지체들 안에 있는 법이다. 7장에서 첫번째 법은 모세의 율법이요, 두번째 법 곧, 우리 몸의 지체들 안에 있는 법은 악한 법이다. 8장에서 그것은 죄와 사망의 법이라 불리운다(2절). 우리의 물질적인 몸의 지체들 안에 있는 이 법은 의심할 여지없이 사탄의 생명에 속한 어떤 것이다. 타락으로 인하여, 사람이 선악을 알게 하는 나무에 참여하게 되자, 사탄의 생명이 사람의 몸 안으로 투입되었다. 지식의 나무의 열매는 사람의 몸 안으로 들어 왔으며, 그리하여 사람의 몸은 독을 주입 받게 되었다. 그러므로 사람의 몸 속에는 뭔가 악한 것이 있다. 성경의 계시에 의하면, 지식의 나무에서 나오는 우리의 모든 행위는 죄와 관계된 어떤 것이다.

사람이 지식의 나무의 열매를 취하여 그것을 먹게 되자, 사탄의 악한 요소가 그 사람의 몸 안으로 들어오게 되었다. 이것은 우리 지체들 안에 법이 있다는 로마서 7장에 있는 사상과 일치한다. 하나님께서 사람의 몸의 지체들 안에 있는 이러한 죄의 법을 창조하지 아니하셨기 때문에, 그것은 사람의 몸 안으로 들어온 사탄에 속한 어떤 것인 지식의 나무의 열매로부터 온 어떤 것임에 틀림없다. 그러므로, 이 악한 법, 곧 죄와 사망의 법은 사탄의 생명에 속한 어떤 것이다.

어떠한 법의 원칙은 언제나 그것의 생명과 일치한다는 것이다. 어떤 종류의 생명에는, 어떤 종류의 법이 있다. 예를 들면, 고양이에게 쥐를 잡는 법을 가르칠 필요가 없다. 고양이의 생명 속에는 쥐를 잡는 율이 있다. 마찬가지로 개에게 짖으라고 가르칠 필요가 없다. 개의 생명 안에는 짖는 율이 있다. 식물의 생명에도 율이 있다. 꽃 양배추는 그 율이 하얀 잎을 산출하는 식물이다. 또 한 종류의 식물은 노란 잎을 돋게 하는 그 자신의 율이 있다. 마찬가지로 꽃들이 피도록 가르칠 필요가 없다. 그 생명 속에는 꽃을 피우는 율이 있다.

동일하게도 우리에게는 속에 사탄의 생명이 있기 때문에 우리 지체들 안에 죄와 사망의 법이 있다. 이것은 불신자들이 마귀의 자녀들이라는 사실로 입증될 수가 있다. 요한일서 3장 9-10절에서는 죄를 실행하는 사람은 마귀의 자녀라고 말하며, 요한복음 8장 44절에서 주 예수님은 악한 바리새인들에게 저희 아비가 마귀라고 말씀하셨다.

생각의 법

게다가 또 하나의 법 곧 세번째 법이 있는데, 그것은 생각의 법이다. 로마서 7장 23절에서는 『그러나 내 지체속에서 한 다른 법이 내 마음(mind)의 법과 싸우는 것을 보는도다』라고 한다. 우리는 생각의 법이 하나님께서 모세에게 주신 율법과 동일하다고 생각해서는 안 된다. 모세의 율법은 우리 바깥에 있는 반면 생각의 법은 우리 안에 있다. 생각은 혼의 일부이기 때문에, 생각의 법은 우리 혼 안에 있는 법이다. 23절에 있는 두가지 법들은 객관적인 법들이 아닌 주관적인 법들이다. 한 법은 주관적으로 우리 몸의 지체들 속에 있으며, 또 한 법은 주관적으로 우리 생각 속에 있다. 이 두가지 법들 곧, 우리 지체들 속에 있는 하나와 우리 생각 속에 있는 또 하나는 서로 맞서 싸운다.

　우리가 본 바와 같이, 모든 종류의 생명에는 일치하는 법이 있다. 우리 혼 안에 있는 사람의 생명은 하나님께 지음 받았기 때문에 선하다. 그러므로, 이 생명의 법은 틀림없이 선하다. 이 창조된 생명이 혼 안에 있기 때문에, 선의 법은 혼 안에 있다. 따라서 생각이 혼의 일부이기 때문에 그것은 생각의 법이라 불리운다. 우리 생각 안에 있는 이 선의 법 곧, 선한 생명의 법은 하나님의 율법과 일치한다. 우리 바깥에 있는 하나님의 율법이 우리가 무엇인가 선을 행하기를 요구할 때, 우리 생각 속에 있는 법은 항상 응답한다. 그러나 생각의 법이 하나님의 법에 반응하여 선을 행하려고 할 때마다, 우리 지체들 속에 있는 법이 일어나 좌절시키고 생각의 법과 싸우게 된다. 하나님의 법과 생각 속에 있는 법은 서로를 「사랑한다」. 그러나 그들은 결코 「결혼」할 수가 없는데 이는 우리 지체들 속에 있는 법이 생각에 있는 법과 싸움으로써 서로를 좌절시키는 원수이기 때문이다.

로마서 7장에서의 싸움은 믿는이들에게와 믿지 않는 이들에게도 관계가 있는데, 이는 로마서 7장에서는 아직 구원과 관련된 것이 아무 것도 없기 때문이다. 하나님의 창조에 있어서 우리는 혼 속에 피조된 사람의 생명을 얻었다. 이 피조된 생명 속에는 선 곧, 선의 법이 있다. 그러나 사람이 타락했을 때 몸 속에 사탄의 생명을 받아들이게 되었다. 이 악한 생명 속에는 사람의 몸의 지체들 속에 거하는 죄와 사망의 법인 악의 법이 있다.

만일 여러분이 언젠가 아편 흡연자들을 본적이 있었다면, 여러분은 이 문제에 대하여 매우 분명하게 될 것이다. 나는 어렸을 때 그들을 본적이 있다. 그들의 생각에 있어서 아편 흡연자들은 자신들이 피워서는 안 된다는 것을 수긍하고, 결코 피우지 않겠다고 결심까지 한다. 그러나 몇 시간 지난 후 저희 몸 속에 있는 약물 중독 증세가 일어난다. 그들은 그러한 중독증에 맞설 수가 없었다. 저희 지체들 속에 한 법 곧, 중독의 법이 있었다. 그들이 이러한 중독증에 맞서 아무리 힘겹게 발버둥쳐도, 그들은 결국 사로잡혀 흡연하는 집으로 가게 되었다. 바울은 『그러나 내 지체 속에서 한 다른 법이 내 마음(mind)의 법과 싸워 내 지체 속에 있는 죄의 법 아래로 나를 사로잡아 오는 것을 보는 도다』(23절)고 하였다. 심지어 아편 흡연자도 자기 지체들 속에 무엇인가가 있어서 자기 생각 속에 있는 어떤 것과 싸우고 그를 그의 지체들 속에 있는 중독의 법에게 포로로 사로 잡아 간다는 것을 깨닫는다. 모든 종류의 정욕도 역시 몸의 지체들 속에 있는 중독증이다. 그러므로 성경에서는 우리에게 정욕이 육신과 관련되어 있음을 말해준다.

죄의 속박과 율법의 의무에서 해방됨

우리는 이제 네가 중요한 용어들—하나님의 법, 육신, 지체들 속에 있는 법, 생각의 법—을 언급한 바 있다. 우리는 또한 싸움(warring)이라는 단어를 기억해야 한다. 지체들 속에 있는 법과 생각의 법 사이에는 전쟁이 있다. 로마서 7장에 있는 여섯째 중요 용어는 죽은(dead)이라는 단어이다. 우리는 율법에 대하여 죽었다(4절). 우리가 여전히 살아 있는 한 율법에 매인바 되지만, 우리가 죽으면 해방되어, 더 이상의 의무가 없게 된다.

로마서 7장 1-6절에서 바울은 남편에 관한 법에 대하여 말하고 있으며 우리는 아내에 비유된다. 여자가 결혼을 하고 나서는 그녀의 남편에게 매이게 되어, 자유가 없다. 그러나 남편이 죽으면, 그 아내는 해방된다. 로마서 7장에 있는 남편에 대한 해석은 큰 문제이다. 남편이 누구인가에 대해서 많은 논쟁이 있어 왔다. 어떤 사람은 남편이 율법을 지칭하고 있다고 하나, 율법이 어떻게 죽을 수 있느냐(3절)고 말한다.

1-6절에서는 『형제들아(이는 내가 법 아는 자들에게 말하노니), 율법이 사람의 살 동안만 그를 주관하는 줄 알지 못하느냐? 남편 있는 여인이 그 남편 생전에는 법으로 그에게 매인 바 되나 그 남편이 죽으면 남편의 법에서 벗어났느니라 그러므로 만일 그 남편 생전에 다른 남자에게 가면 음부라 이르되 남편이 죽으면 그 법에서 자유케 되나니 다른 남자에게 갈지라도 음부가 되지 아니하느니라. 그러므로 내 형제들아 너희도 그리스도의 몸으로 말미암아 율법에 대하여 죽임을 당하였으니 이는 다른 이 곧 죽은 자 가운데서 살아나신 이에게 가서 우리로 하나님을 위

하여 열매를 맺히게 하려 함이니라. 우리가 육신에 있을 때에는 율법으로 말미암는 죄의 정욕이 우리 지체 중에 역사하여 우리로 사망을 위하여 열매를 맺게 하였더니 이제는 우리가 얽매였던 것에 대하여 죽었으므로 율법에서 벗어났으니 이러므로 우리가 영의 새로움 안에서 섬길 것이요 의문의 묵은 것으로 아니할지니라』라고 한다.

　이 구절들에서 아내가 아니라 남편이 죽고, 아내는 남편의 법에서 벗어나게 된다. 어떤 사람은 이것을 우리가 남편인 옛사람을 향한 의무가 없고, 오히려 우리가 율법에 매이게 되는 것으로 해석하여 말할지도 모른다. 만일 이것이 그러하다면 남편은 율법이다. 그러나 이 구절들에서 남편이 죽는다고 말하기 때문에 이러한 해석에는 문제가 있다. 율법은 죽을 수 없으므로, 그것은 죽은 옛사람임에 틀림없다(6:6). 1925년부터 1927년까지 나는 많은 시간을 들여서 이 문제를 연구하였다. 내가 윗치만 니에게 쓴 첫 편지에서 나는 그분께 로마서 7장에 있는 남편이 누구인지 문의 한 적이 있다. 그분이 한 답변에서 그분은 한면으로 남편은 옛사람이나 또 한면으로 남편은 율법을 포함하고 있다고 하였다. 이는 옛 사람과 율법이 서로 밀접한 관련이 있기 때문이다.

　한면으로, 우리는 옛사람이다. 반면 또 한면으로 옛사람은 우리가 소유하고 있는 무엇이다. 이런 이유로, 로마서 6장 6절에서는 우리 옛 사람이라는 구절을 사용한다. 우리가 옛사람 안에 있었을 때 우리는 하나님의 율법에 어쩔 수 없이 매이게 되었다. 그러나 우리 옛사람이 십자가에 못 박혔으며, 그리하여 우리는 지금 율법에서 벗어나게 된다. 이러한 관점에서 보면, 남편은 옛

사람으로서 율법에 복종하고 우리는 옛사람의 아내이다. 우리 옛사람이 살아 있는 동안, 옛사람의 아내인 우리는 율법에 매이게 되나, 이제 우리 남편인 옛사람이 죽었으므로 우리가 율법의 의무에서 벗어나게 된다.

7장에서 가장 중점은 우리 옛사람 곧 옛사람인 우리가 그리스도 안에서 죽었다는 것이다. 그러므로 우리는 율법과 상관이 없다. 따라서 우리는 더 이상 율법을 지키려고 시도해서는 안 된다. 옛사람이 죽고 우리가 해방되었기 때문에 우리는 그것에 대한 의무가 더 이상 없다. 6장에서는 우리에게 우리가 그리스도 안에서 죽었으며 따라서 우리가 죄에서 해방되었다고 말하는 반면(6, 11, 18, 22절), 7장에서도 우리가 죽었다고 말하고 있다. 그러나 여기에서는 우리가 율법에서 해방되었다고 말한다. 6장에서 우리는 죄에서 해방된다. 반면 7장에서 우리는 율법에서 해방된다. 둘다 우리가 그리스도와 함께 죽음으로 말미암은 것이다. 우리가 그리스도와 함께 죽었을 때, 죄에서 해방되고, 율법에서도 해방된다. 우리가 옛사람 안에 살고 있는 한, 우리는 죄의 속박 아래 있었으며, 동시에 우리는 율법을 지킬 의무가 있었다. 이제 우리는 죄의 속박과 율법을 지킬 의무에서 벗어나게 된다.

이것들은 이 단락에서 가장 중요한 문제이지만, 이 몇 장에서 거의 모든 단어가 핵심 단어이다. 6장에서는 죄의 몸에 대하여 말하고 있으며(6절), 7장에서는 사망의 몸에 대하여 말하고 있다(24절). 6장에서 언급된 물질적인 몸은 죄의 몸이다. 그것이 7장에서는 사망의 몸이라 불리운다. 죄의 몸은 아주 능동적이고 죄를 짓는데 능력이 있으나, 하나님의 뜻을 행하는 데 있어서와 율법을 지키는데 있어서, 그것은 사망의 몸이요, 무능하고 능력이 없고, 극도로 연약하다.

6, 7장에는 인격화된 죄라는 또 하나의 용어가 있다. 로마서 6장 14절에서는 죄가 우리를 주관한다고 말하고 있으며 7장 17절에서는 죄가 우리 안에 거하고 있다고 말한다. 사도 바울은 『만일 내가 원치 아니하는 그것을 하면 이를 행하는 자가 내가 아니요 내 속에 거하는 죄니라』(20절)고 말한다. 그러므로 죄는 뭔가 우리 속에서 우리를 통하여 살고, 움직이고, 행동하고, 일을 행하는 것이며, 그것이 살아 있음을 나타낸다.

생명의 영의 법

가장 높고 가장 강한 법에 의한 그 영 안에서 자유

로마서 8장에서는 놀라운 용어인 생명의 영의 법이 있다(2절). 이 구절에 세가지 것들 곧 법, 그 영, 생명이 함께 구성되어 있다. 이 법은 바울이 로마서에서 언급하는 네번째 법이다. 7장에는 세 법들 곧 하나님의 법, 우리 지체들 안에 있는 법, 생각의 법이 있다. 의심할 여지 없이 생명의 영의 법은 신성한 생명의 법이다. 거듭남으로 우리는 신성한 생명을 우리 영 안으로 받아들였으며, 이 최상의 생명과 더불어 최상의 법이 있다. 이 법은 우리를 죄와 사망의 법에서 해방시킨다.

우리가 본 바와 같이, 세번째 법, 즉 생각의 법은 항상 첫번째 법인 하나님의 법에 반응하고 상응한다. 그러나 문제는 두번째 법인 죄와 사망의 법이다. 세번째 법은 두번째 법보다 더 약하기 때문에 두번째 법은 항상 세번째 법에 패배하여 우리를 포로로 사로잡아 간다. 그러나 네번째 법인 생명의 영의 법은, 우리를 포로로 사로잡아 간다. 그러나 네번째 법인 생명의 영의 법은, 우리를 두번째 법에서 자유케 하고 첫번째 법의 모든 요구사항들을 만족케 하는 최고의 최상의 법이다. 이것이 로마서 8장 2절과 4절에 분명하게 언급되어 있다.

육신에나 영에 둔 생각

6절은 로마서 8장에서 또 하나의 매우 중요한 구절이다. 그 속에 있는 거의 모든 단어는 핵심어인데, 이는 그것이 세가지 생명과 네가지 법들과 연관되어 있기 때문이다. 우리가 본 바와 같이, 첫째 법인 하나님의 법은 우리 바깥에 있고 우리 위에 있다. 다른 세가지 법들은 모두 우리 안에 있다. 둘째 법인 죄와 사망의 법은 우리 지체들 속에 있다. 세째 법인 우리 생각의 법은 우리의 생각 속에 있다. 네째 법인 생명의 영의 법은 우리 영 안에 있다. 이것은 우리의 피조되고 타락되고 거듭난 사람의 세 부분들—몸, 혼, 영—과 일치한다. 우리 존재의 각 부분에는 법이 있다. 우리의 몸 속에는 사탄의 생명의 법이 있고, 우리 혼 속에는 인간의 생명의 법이 있고, 우리의 영 속에는 신성한 생명의 법이 있다. 하나님께서 사람을 창조하시고 나서 사람이 타락하기 전에, 사람 속에는 두 법과 더불어 한 생명만 있었다. 그 당시에 하나님의 율법은 아직 주어지지 않았다 하더라도, 원칙상으로는 이미 거기에 있었다. 사람에게는 그 속에 선의 법을 가지고 창조된 인간의 생명이 있어서 하나님의 요구 즉 하나님의 율법에 일치하는 것들을 행하여야 했다.

그러나 타락 이후에, 둘째 생명이 들어왔으며, 이 생명에는 악한 법이 있다. 이 시점에서 사람 안에 곤경이 시작되었다. 하나님의 율법은 요구하고, 우리 혼 곧 우리 사람의 생명 안에 있는 선의 법은 항상 하나님의 율법에 반응하고자 한다. 그러나 우리의 생각이 타락되었기 때문에, 그것은 언제나 선의 편 곧 하나님의 율법의 편에 서지는 않는다. 우리의 생각이 선의 편에 서지 않을 때, 둘째 법은 일어나지 않을 것이다. 그러나 우리의 생각이 선의 편에 가담할 때마다, 둘째 법인 죄와 사망의 법이 들어와 우리를 가로막고 좌절시킨다. 사탄의 죄와 사망의 법은 사람의 생명의 법보다 더 강하다. 그러므로 사람의 생명의 법이 있는 사람의 생명은 언제나 패배 당한다. 그러나 거듭날 때에 우리는 가장 강한 법이 있는 가장 강한 생명을 영접하였다. 생명의 영의 법인 이 법은 이제 우리를 구출 할 수 있다. 이 법은 우리를 죄의 법에서 자유케 하고, 하나님의 율법의 요구 사항들을 채우고, 사람의 생명의 법의 갈망을 만족케 한다.

이러한 생명의 법의 작용은 생각이 어느 편을 택하느냐에 달려 있다. 생각은 우리 지체들 속에 죄의 법이 있는 육신의 편을 둘 수도 있고 또는 영 곧 우리 영 안에 있는 신성한 생명의 법의 편을 들 수도 있다. 두 방면이 있으며, 생각은 중간에 있다. 우리의 체험은 우리의 생각이 어느 편에 서느냐에 좌우된다. 로마서 8장 6절에서는 『육신에 둔 생각은 사망이요 영에 둔 생각은 생명과 평안이니라』고 말한다. 6절에는 세가지 것들이 언급된다. 육신은 바깥에 있고, 영은 안쪽에 있고, 혼을 대표하는 생각은 중간에 있다. 이제 생각은 바깥에 육신이나 안에 영에 있을 수가 있다. 우리의 생각이 육신에 있다면 사망을 초래하지만, 만일 우리의 생각이 영에 있다면, 우리에게는 생명과 평강이 있을 것이다. 만일 우리가 이것에 대하여 분명하지 않다면, 우리가 주님을 참되게 체험하기가 어려울 것이다.

우리가 창조되고, 타락되고, 그 후에 거듭났기 때문에, 한 편으로 동일한 생각이 선할 수도 있고 또 한편으로는 선하지 않을 수도 있다. 로마서 7장 22절에서는 생각이 하나님의 법을 즐거워함을 분명히 지적해 주며, 25절에서는 『그런즉 내 자신이 생각(mind)으로는 하나님의 법을 섬기노라』고 말한다. 이것은 우리 생각 속에 있는 선의 법이 항상 하나님의 법에 상응한다는 것을 의미하나, 이것이 타락한 생각이 전적으로 선하다는 것을 의미하지는 않는다. 에베소서 2장 3절과 같은 그러한 신약의 다른 구절들에서는 우리에게 생각이 죄 있고 악하다고 말하는데, 그곳에서는 『전에는 우리도 다 우리 육체의 욕심을 따라 지내며 육체와 생각의 원하는 것을 하여』라고 한다. 로마서 7장 25절에 있는 생각은 선한 의미로 언급되어 있다. 그러나 로마서 8장 6절에 있는 영의 생각은 영에 둔 생각이다.

제 11 장

로마서에서의 성화, 영화, 선택, 몸의 생활

롬 8:6, 4, 14, 28-30, 32, 35, 38-39
『육신의 생각은 사망이요 영의 생각은 생명과 평안이니라』, 『육신을 좇지 않고 그 영을 좇아 행하는 우리에게 율법의 요구를 이루어지게 하려 하심이니라』, 『무릇 하나님의 영으로 인도함을 받는 그들은 곧 하나님의 아들이라』, 『우리가 알거니와 하나님을 사랑하는 자 곧 그 뜻대로 부르심을 입은 자들에게는 모든 것이 합력하여 선을 이루느니라 하나님이 미리 아신 자들로 또한 그 아들의 형상을 본받게 하기 위하여 미리 정하셨으니 이는 그로 많은 형제 중에서 맏아들이 되게 하려 하심이니라 또 미리 정하신 그들을 또한 부르시고 부르신 그들을 또한 의롭다 하시고 의롭다 하신 그들을 또한 영화롭게 하셨느니라』, 『자기 아들을 아끼지 아니하시고 우리 모든 사람을 위하여 내어주신 이가 어찌 그 아들과 함께 모든 것을 우리에게 은사로 주지 아니하시겠느뇨』, 『누가 우리를 그리스도의 사랑에서 끊으리요 환난이나 곤고나 핍박이나 기근이나 적신이나 위험이나 칼이랴』, 『내가 확신하노니 사망이나 생명이나 천사들이나 권세자들이나 현재 일이나 장래 일이나 능력이나 높음이나 깊음이나 다른 아무 피조물이라도 우리를 우리 주 그리스도 예수 안에 있는 하나님의 사랑에서 끊을 수 없으리라』
9:16
『그런즉 원하는 자로 말미암음도 아니요 달음박질하는 자로 말미암음도 아니요 오직 긍휼히 여기시는 하나님으로 말미암음이니라』
11:5
『그런즉 이와 같이 이제도 은혜로 택하심을 따라 남은 자가 있느니라』
12:1-2, 11, 4-5
『그러므로 형제들아 내가 하나님의 모든 자비하심으로 너희를 권하노니 너희 몸을 하나님이 기뻐하시는 거룩한 산 제사로 드리라 이는 너희의 드릴 영적 예배니라 너희는 이 세대를 본받지 말고 오직 마음을 새롭게 함으로 변화를 받아 하나님의 선하시고 기뻐하시고 온전하신 뜻이 무엇인지 분별하도록 하라』, 『부지런하여 게으르지 말고 열심을 품고 주를 섬기라』, 『우리가 한 몸에 많은 지체를 가졌으나 모든 지체가 같은 직분을 가진 것이 아니니 이와 같이 우리 많은 사람이 그리스도 안에서 한 몸이 되어 서로 지체가 되었느니라』

성화

세 의지들, 세 생명들, 세 법들을 가진 세 당사자들

우리가 앞장에서 보았듯이, 로마서 7장과 8장은 세가지 생명들과 네가지 법들에 대하여 말하고 있다. 하나님의 법 즉, 의문의 법은 사람의 바깥에 있으며, 우리에게 선을 행하고 하나님의 어떠하심에 따라 하나님의 뜻을 행하도록 요구한다. 다른 세가지 법들은 주관적으로 우리 속에 있다. 세 부분으로 된 존재인 사람의 각 부분 속에는 법이 있다. 우리 몸 속에는 죄의 법이 있다. 우리 혼 속에는 선의 법이 있고, 우리 영 속에는 생명의 법이 있다. 우리의 생각은 그 목적이 다만 선을 행하는 것일 수도 있다. 그러나 사람에 대한 하나님의 의도하심은 우리가 선을 행하는 것뿐만 아니라 그분의 생명으로, 즉 생명이신 그분으로 인하여 사는 것이다.

우리는 이 우주 안에 세가지 당사자들—하나님, 사탄, 사람—이 있다는 것을 잘 기억해야 한다. 이 세 당사자들에게는 세 의지들—하나님의 신성한 의지, 사탄의 마귀적인 의지, 사람의 인간적인 의지—이 있다. 성경으로부터 우리는 마귀적인 의지가 항상 신성한 의지를 좌절시키고자 애쓰고 있다는 것을 쉽게 깨달을 수 있다. 사탄의 의지는 항상 하나님의 의지를 손상시키고 가로막으려고 한다. 그러므로, 이 우주 안에는 격렬한 전투가 있다. 심지어 과학에서도 우주 안에 전투, 전쟁과 같은 상반된 것이 있음을 우리에게 말해준다. 이는 두 의지들—신성한 의지와 사탄적인 의지—이 반박하며 서로 싸우고 있기 때문이다.

더욱이, 하나님께서는 세번째 의지 즉 사람의 의지를 창조하셨다. 하나님께서는 이것이 그분과 함께 서 있도록 하려는 의도로 이 의지를 창조하셨다. 그러나 하나님께서는 사람의 의지를 강제적으로 그분과 함께 서 있도록 하지는 않으셨다. 하나님께서는 사람에게 자유 선택권, 즉 그 자신의 의지력을 주셨다. 따라서, 이 의지는 어느 편이든 선택할 수가 있다. 만일 사람이 그러길 바란다면, 하나님을 선택할 수가 있다. 그러나 만일 그가 원한다면, 그는 또한 사탄과 함께 서기를 선택할 수도 있다. 만일 사람이 하나님을 선택하고 하나님의 의지와 함께 선다면, 그때 하나님께서는 그분의 목적을 성취하실 수가 있다. 그러나 만일 사람이 사탄과 함께 서 있기를 선택한다면, 그러면 사탄이 무엇인가를 행하여 하나님의 의지를 좌절시킬 수가 있다. 그러므로 세 당사자들과 세 의지들이 있다.

각 의지에게는 특별한 생명이 있다. 마치 신성한 의지와 더불어 신성한 생명이 있고 마귀적인 의지와 더불어 사탄적인 생명이 있는 것과 마찬가지로, 사람의 의지와 더불어 사람의 생명이 있다. 게다가 각 생명에는 수반하는 율(律)이 있다. 우리는 생명이 율(법)이라는 것을 말하는 것이 아니다. 오히려 어떠한 종류의 생명에는 율이 있다는 것이다. 생물 학자들에 의하면, 어떤 류의 물질적인 생명에게 원칙들과 법들이 있다는 것은 과학적인 사실이다. 신성한 생명에게는 또한 신성한 법이 있고, 사탄의 생명에게는 사탄의 법이 있고, 인간의 생명에게는 인간의 법이 있다. 요약하면, 세 의지들에는 제 각각의 생명들이 있으며, 이 생명들 각각에게는 그 자신의 법이 있다. 이러한 세가지 것들을 항상 기억하도록 하라.

에덴 동산에서의 세 당사자들
　성경의 시작을 볼 때 에덴 동산 안에 이러한 세 당사자들이 있었다. 아담은 두 당사자들—하나님과 사탄—을 대표하거나 상징하는 두 나무 앞에 서 있었다. 생명의 나무는 하나님을 대표하였고, 아담은 거기서 사람을 대표하고 있었으며, 사탄은 거기서 또한 지식의 나무로 대표되었다. 이러한 분명한 그림이 우리에게 보여주는 바는 하나님과 사탄이 사람에게 피선되었다는 것이다. 하나님 자신도 사람 앞에 사탄과 함께 거기 계셨으며, 하나님께서는 사람에게 의지를 주셔서 사람으로 하여금 선택하도록 하셨다. 그러므로, 동산 안에는 세 당사자들, 세 의지들, 세 생명들, 세 법들이 있다.
　동산 안에 이 세 당사자들은 개인적으로 분리되어 있었다. 하나님은 하나님이셨고, 사탄은 사탄이었고, 사람은 사람이었다. 이 셋 중 누구도 나머지와 연합되어 있지 않았다. 하나님의 의도하심은 사람이 그분을 생명으로 영접하는 것이었다. 그러나 사람이 하나님을 자신 안으로 영접하기 이전에, 사탄이 첫 단계를 취하였다. 그가 먼저 뭔가를 행하였다. 사람은 꾀임을 당하여 사탄을 받아들였으며, 사탄은 사람 안으로 들어 왔으며, 둘—사람과 사탄, 사탄과 사람—은 불법적으로 함께 결합되었다. 때문에, 사탄은 사람의 안과 밖에 있다.
　어떤이들은 사탄이 우리 안에 있다고 말하는 것이 너무 지나치다고 느낄지도 모른다. 그러나 에베소서 2장 2절에서는 『그 때에 너희가 그 가운데서 행하여 이 세상의 세대를 좇고(according to the age of this world) 공중의 권세 잡은 자를 따랐으니 곧 지금 불순종의 아들들 가운데서 역사하는 영이라』고 말한다. 공중의 권세 잡은 자인 사탄은 사람 안에서 역사하고 있다. 이것은 사탄이 타락한 사람 속에 있다는 증거이다. 언제 사탄이 사람 안으로 들어 왔는가? 그것은 아담이 지식의 나무의 열매를 취했던 그 때였다. 이러므로 성경에서는 타락한 사람이 마귀의 자식들로 불리우고 사탄이 죄 있는 사람의 아비임을 우리에게 말해준다(요일 3:10, 요 8:44). 사탄이 사람 안으로 들어왔을 때, 사탄의 악한 생명과 더불어 사탄의 법도 함께 왔다.

하나님의 구원에 있어서, 그분은 우리를 구속하시고, 우리를 거듭나게 하셨다. 구속은 주님이 자신의 피를 흘리시는 문제인 반면, 거듭남은 생명의 문제이다. 하나님의 구원에는 놀라운 피도 있고 놀라운 생명도 있다. 소극적인 방면으로 피는 구속을 위한 것인 반면, 적극적인 방면으로 신성한 생명은 거듭남을 위한 것이다. 피는 주님께서 우리를 위해 행하신 것 즉 그분의 역사를 대표한다. 생명은 주님이 우리에게 어떠한 분이신 것, 주님의 인격을 나타낸다. 우리는 피로 말미암아 주님의 구속 역사를 믿으며, 우리에게 생명이 되시는 그분의 인격을 믿는다. 우리가 이렇게 그분 안으로 믿을 때, 우리는 소극적으로 구속되고 적극적으로 거듭나게 된다. 이것은 우리의 죄들이 사함 받고 우리가 그분을 생명으로 영접함을 의미한다. 이로써 그분은 우리 안으로 오신다.

사탄이 우리 안으로 들어온 것이 어느 부분에서 인지를 입증하기란 어렵지 않다. 사탄은 우리의 물질적인 몸 안으로 들어 왔는데, 이는 타락할 당시에 아담이 지식의 나무의 열매를 먹어 몸에 받아들였으며 그것을 자기 몸 안으로 취하였기 때문이었다. 주님이 우리 안으로 들어 오신 것이 어느 부분에서 인지 입증하기란 한층 더 어렵지가 않다. 우리 모두는 주님이 우리 사람의 영 안으로 오심을 알고 있다(고전 6:17, 롬 8:16). 이 두 생명에 더하여, 사람의 생명은 혼 안에 있다. 이제 우리는 우리 속에 있는 세가지 다른 생명들의 각각의 위치를 볼 수가 있다. 몸은 사탄 생명의 부지(터)요, 혼은 인간 생명의 부지(터)요, 영은 신성한 생명의 부지(터)이다. 이것이 왜 로마서 7장과 8장이 우리 몸의 지체들 속에는 죄의 법이 있고, 혼의 생각 속에는 선의 법이 있고, 영 안에는 신성한 생명의 법이 있다고 우리에게 분명하게 말하는 지에 대한 이유이다. 어느 것도 이보다 더 분명할 수는 없으리라.

우리 안의 에덴 동산

우리 그리스도인들이 오늘날 직면하는 문제는 우리 안에 에덴 동산이 있다는 것이다. 세 당사자들 모두가 동산 안에 있었을 뿐 아니라 지금 우리 안에도 있어서 우리를 에덴 동산의 축소판이 되게 한다. 고대에 에덴 동산에 세 당사자들이 있었고, 오늘날 같은 당사자들이 모두 우리 안에도 있다. 우리 안에는 인간 의지와 선의 법과 함께 인간 생명이 있다. 우리 안에는 또한 사탄의 의지와 사탄의 법과 함께 사탄의 생명도 있다. 더욱이 우리 안에는 신성한 의지와 신성한 법과 함께 신성한 생명도 있다. 따라서 우리의 이야기는 아담의 것과 동일하다. 하나님께서 아담에게 자유의지 곧 의지를 주셔서 선택하도록 하심과 마찬가지로, 그분은 우리에게 동일한 의지력과 의지를 주시어 선택하도록 하신다.

만일 우리가 사탄과 함께 나아가고자 한다면, 우리가 멀리 갈 필요가 없다. 만일 우리가 사탄을 친구 삼고자 선택한다면, 전화를 걸 필요도 없다. 그는 우리 가까이 심지어 우리 안에 있다. 우리가 어디에 가든지, 그는 항상 우리와 동행하여, 결코 우리를 떠나지 않는다. 사탄이 이전에 우리를 떠났다고 결코 생각하지 말라. 만일 우리가 이렇게 말한다면, 속임 당하게 된다. 사탄의 악한 생명은 여전히 우리 지체들 안에 있다. 어느날 베드로는 주님께 선한 것을 말씀드렸다. 그러나 그 자신은 사탄이 자신 속에 있다는 것을 알지 못하였다. 따라서 주님께서는 돌이켜 베드로에게 이르시기를 『사단아 내 뒤로 물러가라!』고 하셨다(마 16:23). 비록 사탄이 무소부재한다고 말할 수는 없다 하더라도, 우리는 사탄이 사람의 육신 안에 거하고 있다는 것을 깨달아야 한다. 이것은 성경에 의한 사실이다. 오늘날 사탄 곧 악한 영은 사람 속에서 역사하고 있다. 우리가 인간인 이상, 여전히 이러한 타락한 몸 안에 있으며, 따라서 악한 생명이 악한 법과 더불어 여지껏 우리 안에 있음을 알고 있어야만 한다. 그런데 비록 이 악한 것이 우리 몸 속에 있다 하더라도, 신성한 생명이 우리 영 안에 있기에 우리는 여전히 하나님께 찬양과 감사를 드려야 한다.

우리가 여전히 몸 안에 있기 때문에, 우리는 악한 것들과 상당히 많이 연관되어 있다. 이러한 연유로 우리는 그분을 접촉하러 올 때에 매일 매시간 주님의 피를 의지해야만 하는 것이다. 우리가 죄 있거나 그릇되어 있음을 감지하든 못하든, 우리에게는 여전히 피가 필요하다. 구약의 예표를 보면, 피흘림이 없이는 아무도 주님의 임재 안으로 들어 갈 수 없었다. 우리가 죄 있다고 느끼든 거룩하다고 느끼든, 우리에게는 여전히 피가 필요한데 이는 우리가 이 죄 있는 몸, 곧 죄의 몸 안에 있기 때문이다. 하지만 주님도 우리 안에 계시기에 주님을 찬양해야 한다! 그분은 한층 더 깊게 우리 안에 계신다.

우리의 생각을 영에 둔 것의 비결

사탄은 우리 몸의 지체들 속에 거하고 있으나, 하나님은 우리 영 안에 계신다. 이것은 우리를 로마서 8장 6절로 인도한다. 이 구절은 실제적인 비결을 담고 있다. 이 구절 속에는 세 가지 것들 곧 생각, 육신, 영이 있다. 그 구절에서는 『육신에 둔 생각은 사망이요, 영에 둔 생각은 생명과 평안이니라(For the mind set on the flesh is death, but the mind set on the spirit is life and peace.)』고 말한다. 나는 이 구절에 대한 많은 번역본들을 연구해 보았으며, 헬라어 원문의 의미를 볼 때 이것이 가장 정확한 것이라는 것이다. 새 미국 표준 성경과 개역 표준역에 있는 번역도 좋으며 동일한 의미를 전달한다.

이 구절에서 우리는 다시금 세 당사자들을 보게 된다. 우리 인간들은 생각으로 묘사되어 있고 사탄 곧 악한 자는 육신 안에 있다. 여기에서 영은 두 영—신성한 영과 사람의 영—의 연합이다. 로마서 8장에 있는 영이 성령인지 사람의 영인지 말하기란 다소 어렵다. 6절에서 그것은 하나로 연합된 두 영을 가리킨다. 이것은

『성령이 친히 우리 영으로 더불어 증거하시니라』고 말하는 16절로 입증될 수가 있다. 그러므로, 영 안에는 하나님 곧 신성한 분이 계시고, 생각 안에는 사람이 있고, 육신 안에는 사탄이 있다.

이제 우리가 자신들, 즉 우리의 생각을 누구에게 두느냐 또는 무엇에 두느냐에 따라 우리의 체험이 달라진다. 만일 우리가 우리의 생각을 육신에 즉 사탄에게 둔다면, 그 결과는 사망이다. 아담이 지식의 나무의 열매에 참여 하였을 때 아담도 이렇게 하였으며 동일한 결과의 사망을 맛보았다. 그러나 우리가 우리의 생각을 생명이신 하나님께 두면, 그 결과는 생명과 평안이다. 오늘날 그리스도인들로서 우리는 육신을 이길려고 노력할 필요가 없으며, 죄의 법을 패배시키려고 할 필요도 없다. 우리는 그렇게 할 수가 없다. 우리가 할 필요가 있는 것은 다만 영과 한 입장이 되어 그분을 의지하는 것이다. 우리가 필요로 하는 것은 영 안에서의 구출이다. 우리는 영과 한 입장을 취하고, 우리의 생각을 영에 두고, 주님을 의지해야 한다. 그러면 우리가 구출될 것이다.

이것이 우리 모두가 배워야 할 비결이다. 여러해 동안 그리스도인이 된 이래로 나는 다른 가르침들이 이러한 가르침 만큼이나 그렇게 필요하지 않다고 믿는다. 물론, 주님 자신에 관한 가르침들, 즉 주님이 누구신지, 주님이 어떠한 분이신지, 주님이 우리를 위하여 무엇을 이루셨는지 하는 것은 대단히 필요하다. 그러나 주관적으로 말해서 로마서 8장 6절에 대한 가르침이 가장 필요한 것이다. 우리는 이것을 차를 운전하는 것으로 예를 들 수 있다. 차를 운전하는 데에는 관련된 것들이 많이 있다. 하지만 가장 중요한 것은 즉각적으로 우리 주변에 있는 것을 알아보는 것이다. 만일 우리가 이것을 안다면, 힘들이지 않고서 즐겁게 운전할 수가 있다. 거기에 차를 밀거나 끌 필요가 없으며, 우리가 달리거나 걷거나 많은 에너지를 사용할 필요가 없다. 우리는 다만 거기에 앉아서 운전을 누릴 수가 있다. 이는 달리는 것이 우리가 아니라 차이기 때문이다.

그러나 우리는 차와 협력하는데 비결을 배워야 한다. 차가 달리는가 아닌가는 우리에게 달려 있다. 오늘날 우리에게는 「차」가 있다. 하지만 우리는 그것을 「운전하는」 방법을 알아야 한다. 만일 우리가 방법을 안다면, 문제가 없으며, 우리가 에너지를 쓸 필요도 없다. 35년 전에 나는 여전히 분투하고 있었다. 그러나 그분을 찬양한다. 오늘 나에게는 분투가 없다! 나는 내 영이 나의 「차」임을 알고 있으며, 그것을 「운전하는」 법도 알고 있다. 오늘날 심지어 신체 장애자로도 차를 운전할 수가 있다. 이는 그 사람이 차를 운반하는 것이 아니라 차가 그 사람을 운반하기 때문이다. 그런데 차는 그 사람이 운전하는 것이 필요하다. 마찬가지로 원수를 패배시키는 자는 우리가 아니다. 우리를 이끌어 승리를 얻도록 하는 것은 신성한 생명이다. 그러나 신성한 생명은 우리가 그것을 「운전 할」 필요가 있다.

비결은 로마서 6장 6절이나 6장 11절에서도 찾아 볼 수 없다. 비결은 로마서 8장 6절에서 발견하게 된다. 우리는 자신의 생각을 영에 두는 법을 배워야 한다. 바꿔 말해서, 우리는 하나님을 신뢰하고 주님을 의지하기를 배워야 한다. 만일 우리가 주님을 의지하고 그분을 신뢰하기를 배운다면, 만일 우리가 그렇게 한다면, 만사가 올바를 것이다. 이것은 전기 기구들을 사용하는 것으로 예를 들 수가 있다. 우리가 알아야 할 모든 것은 그것들을 플러그에 꽂는 법이다. 우리가 그것들을 플러그에 꽂는 한 문제가 없다. 꽂지 않는 경우엔 아무도 우리를 도울 수 가 없다. 만일 우리가 기구들을 조작하는 법을 알고자 한다면, 우리에게 그것들이 필요할 때마다 그것들을 플러그에 꽂을 수가 있다. 이것은 간단하지만, 우리 모두가 배워야 할 비결이다.

나는 여러분에게 단순히 교리를 주고자 하는 부담이 없기에 이러한 문제들을 강조한다. 만일 우리가 교리를 배울 필요가 있다면, 그것은 단지「차를 운전하기 위한」목적을 위해서이다. 우리가 차의 구조와 그 부품의 배열을 알고 이해하는 것은 운전하는 한 가지 목적을 위한 것이다. 차의 부품과 기관 작동에 익숙하면 도움을 주지만, 그것이 비결은 아니다. 비결은 운전이다. 마찬가지로 비록 우리가 성경을 이야기와 가르침과 너불어 연구해야 한다 하더라도, 참된 비결은 로마서 8장 6절을 적용하지 않는다면, 우리가 알고 행하는 것은 무엇이든지 거의 성취하지 못할 것이다.

수년 동안 밤낮 내가 성경을 연구해 왔어도, 나는 우리의 영적인 체험에 관련하여 로마서 8장 6절 만큼 중요한 다른 구절을 발견하지 못하였다. 우리의 영적인 체험에 있어서「운전하는」방법이 이 구절 안에 있다. 내가 로마서에서, 즉 1장에서 시작하여 8장에 이르기까지 많은 것들을 여러분에게 제시한 이래로, 우리는 8장 6절에 이르게 되었다. 이것은 우리가「차를 운전하는」법을 아는데 적합한 곳과 비결이 된다.

우리 안에는 세 의지들, 세 생명들, 세 법들이 있다. 우리 자신들은 여기에 있고, 사탄은 우리 안에 있으며, 하나님도 우리 안에 계신다. 이제 우리는 『주여, 저를 도우사 당신을 선택하게 하소서. 저를 도우사 당신을 신뢰하게 하시며 당신을 의지하게 하시고, 저의 노력과 분투를 내려놓게 하소서. 저를 도우사 단독으로 악이나 유혹을 이기려고 무엇을 결코 행하지 않게 하소서. 오히려 저를 도우사 항상 당신을 의지하며, 당신과 한 입장을 취하며, 당신을 신뢰하게 하소서. 주여, 저는 결코 자신을 교정하거나 자신을 구출하려고 어떤 것을 하지 않겠습니다. 주여, 저를 도우사 항상 당신께 의탁하여 당신을 신뢰하며 당신을 의지하게 하소서.』라고 기도해야 한다.

주님을 의지하는 그러한 체험은 달콤하고 매우 유익하다. 그 유용성은 가정에 있는 전기에 비유할 수가 있다. 우리 가정에서 전기는 대단히 유용하다. 마찬가지로 우리는 즉시 주님 안으로 『플러그를 꽂아야』 한다. 이는 그분이 대단히 유용하시기 때문이다. 전기가 집 안에, 심지어 집에서 가장 깊고 숨겨진 방 안에 설치되어 있듯이 주님은 우리의 가장 깊은 부분 속에 설치되어 계신다. 비록 이러한 신성한 전기가 대단히 유용하다 하더라고, 필요한 것이 한 가지가 있다. 우리는 비결을 배우고 주께서 우리에게 자원함을 주셔서 그것을 적용하도록 기도할 필요가 있다. 우리는 항상 자원함으로 그것을 적용하고 『우리 자신들을 프러그에 꽂아야』 한다. 비록 우리가 수백 가지의 메시지들을 듣게 된다 하더라도, 그러한 것들 모두에서 우리 그리스도인의 생활의 참된 비결이 무엇인지를 놓칠 수가 있다. 우리는 생각을 영에 두고 이 실제 안에서 언제나 살도록 실행해야 한다.

내적인 기름부음에 의해 영을 따라 행함

로마서 8장 4절에서는 우리에게 영을 따라 행하라고 말한다. 영을 좇아 행하는 것은 영과 함께 보조를 맞쳐 나감을 의미한다. 우리는 어떻게 영을 알 수 있는가? 그것은 생명과 평안의 느낌에 의해서이다. 생명의 느낌을 이해하는 것은 다소 어렵지만, 평안의 느낌에 대하여 뭔가를 말하기는 더 쉽다. 우리가 무엇을 하든지, 우리에게 평강이 있는지 없는지 속을 점검해 보아야 한다. 물론, 이러한 평강은 외적인 평강이 아니라 내적인 평강이다. 우리에게 내적인 평안이 있는가 아니면 없는가?

이 평안은 내적인 기름 부음의 산물이요 결과이다. 우리가 자신의 생각을 영에 둘 때, 그 영은 우리 안에서 움직이고 역사한다. 만일 우리가 기름 부음과 함께 나아간다면, 우리는 평강, 안위, 큰 빛 가운데 있음을 느끼게 될 것이다. 우리는 신선하게 되고, 강화되고, 만족하게 될 것이다. 이것이 기름부음이요, 이것이 생명의 느낌이다. 우리는 다만 이러한 속의 인식을 따라야 한다. 이러한 내적인 느낌, 이러한 내적인 인식을 따르는 것은 우리가 영을 좇아 행하고 있다는 것을 의미한다.

우리는 자신에게 생명이 있음을 어떻게 알게 되는가? 우리는 속에 신선하게 되고, 강화되고, 활력화되고, 만족하게 된다. 우리가 편안하고 빛 속에 있기 때문에 우리는 자신에게 평안이 있음을 알게 된다. 우리가 공허하고 속에 어둠이 있음을 느낄 때 그리고 우리가 내적인 평안과 안위가 부족함을 느낄 때, 이것은 우리가 영을 좇아 행하지 않고 있음을 의미한다. 그러나 우리가 영을 좇아 행할 때, 우리 속은 언제나 신선하게 되고, 만족되고,

강화됨이 있다. 우리는 계속적으로 생명, 평안, 위안을 체험하게 된다. 이것은 우리가 그 영을 좇고 있음을 의미한다.

그 영으로 인도함을 받음

로마서 8장에서는 또 하나의 용어―그 영의 인도함을 받음―를 사용하고 있다. 14절에서는 『무릇 하나님의 영으로 인도함을 받는 그들은 곧 하나님의 아들이라』고 말한다. 비록 인도함(led)이라는 것이 세 철자로 된 조그만 단어이지만, 매우 중요하다. 우리가 자신의 생각을 영에 두고 영을 좇아 행할 때 우리는 계속적으로 그 영으로 인도함을 받게 된다. 이로써 우리는 참된 하나님의 아들의 생명을 살게 된다. 우리는 생명과 본성에서 뿐아니라 매일의 행함에 있어서 하나님의 아들들이다. 매일의 행함에 있어서와 만사에 있어서 우리는 성령으로 인도함을 받으며, 모든 방면에 있어서 그분과 협력을 한다.

하나님의 아들의 형상을 본 받음

이것에 뒤이어, 로마서 8장 29절에서는 하나님의 아들의 형상을 본받는 것에 대하여 말하고 있다. 영을 좇아 행함으로써, 우리는 점진적으로 그리스도의 형상을 본받게 된다. 이것이 진보이다. 그것은 영 단번에 성취된 어떤 것이 아니다. 이것은 우리의 전 일생 동안 지속되는 역사이다. 우리가 영을 좇아 행하면 행할수록, 우리는 더욱더 그리스도의 형상을 본 받게 된다. 이것이 하나님의 의도하심이다. 하나님의 의도하심은 우리로 그분의 아들의 형상을 본 받는 것, 즉 그분의 아들을 많은 형제들 중에서 맏아들이 되게 하시는 것이다. 그분의 의도하심은 원형 곧 형틀이신 그분의 아들에 의해서와 그분의 아들과 함께 많은 아들들을 산출하시는 것이다. 따라서 우리는 그리스도의 모습, 형상을 본받아야 한다.

날마다, 조금씩, 부분적으로 성령께서는 점진적으로 우리를 그리스도의 형상을 본받게 하신다. 28절에서는 『모든 것이 합력하여 선을 이루느니라』고 말한다. 이것은 우리로 그리스도의 형상을 본받도록 하는 목적을 위한 것이다. 우리가 형상을 본받기 위해서는 우리 안에 성령과 우리 밖의 「만사」가 필요하다. 이것은 케이크를 굽는 것에 비유해 볼 수가 있다. 케이크를 구으려면, 우리에게는 속에 반죽과 밖에 열이 필요하다. 속의 「반죽」은 성령이요, 밖의 「열」은 「만사」이다.

로마서 8장은 두 단락으로 되어 있다. 첫 절반부에서는 속에 역사하는 그 영이 있고, 둘째 절반에서는 「만사」가 합력하여 밖의 선을 이룬다. 만사는 고난, 환난, 곤고(고통), 핍박, 기근, 적신, 위험, 칼, 사망, 생명, 천사들, 권세자들, 현재 일, 장래 일, 능력, 등등을 포함한다(35, 38절). 심지어 우리의 사랑하는 아내와 자녀들도 만사에 포함된다. 우리는 이 모든 것들이 그분의 주권적인 손길 아래 있음을 인하여 하나님을 찬양한다. 그분의 주권적인 손길은 우리의 선을 위하여 모든 필요한 것들을(배열) 안배하시기 위해 역사하신다. 이것은 우리로 그리스도의 형상을 본 받도록 하는 목적, 곧 그리스도를 위하여 하나님의 아들들인 많은 형제들을 산출하여 독생자께서 많은 형제들 중에서 맏아들이 되게 하시려는 목적을 위한 것이다.

영화롭게 하심

　로마서 8장에 있는 마지막 핵심어는 영화롭게 되는(glorified)(30절) 것이다. 우리는 현재 형상을 본받는 과정에 있다. 그러나 우리의 목적은 어느 날 그분이 돌아 오실 때 그분이 우리를 영화롭게 하시리라는 것이다. 그분은 우리를 영광 안으로 인도하실 것이다. 이 영광은 오늘날 이미 우리 안에 있다. 어느 날 그 영광은 우리에게서 온전히 빛날 것이며 우리 몸 안에 있는 사망을 삼켜 버릴 것이다. 우리의 몸은 천한 몸에서 영광의 몸으로 모습이 바뀔 것이다(빌 3:21). 이것이 영화롭게 하심의 의미이다.

　비록 오늘날 영광이 이미 우리 안에 있다 하더라도, 그것은 빛나게 될 필요가 있다. 그것은 아직 온전히 빛나지 않았다. 중심에서 우리 존재의 둘레에 이르기까지 이 영광은 계속적으로 우리 혼에 확장되고, 침투되고, 적셔져서 우리로 하여금 한 가지 것—주님의 오심—만을 기다리는 지점까지 이르게 하신다. 그분이 돌아오실 때, 이 영광은 우리의 온 몸을 적실 것이다. 이 시점에서 우리의 온 몸은 천한 모습에서 영화로운 모습으로 변화될 것이다. 이것이 로마서 8장에 언급되어 있는 영화롭게 하심이다.

　우리는 결코 이 장의 연구를 끝마칠 수가 없다. 나는 많은 때 그곳에 되돌아 왔으며, 그곳은 나의 성경 속에서 표시가 잘 되어 있었다. 우리가 읽고, 연구하고, 이 장 안으로 들어가면 갈수록, 그것은 더 영광스럽다. 이 한 부분에서 우리는 우리 속의 세 법들, 생명의 그 영의 법, 우리 속에 역사하는 내주하시는 영을 깨달을 수가 있다. 게다가,거기에는 「만사」가 우리의 선을 위하여 협력하여 우리로 그리스도의 형상을 본받도록 하고 있는 것이 있다. 이것은 단지 죄를 이기고, 우리를 도와 선을 행하게 하거나 율법의 요구 사항들을 충족시키는 문제만이 아니다. 하나님께서는 우리로 그분의 아들의 형상을 본받기를 갈망하신다. 우리로 그리스도의 형상을 본 받게 하는 것만이 하나님을 기쁘시게 할 것이다. 그러므로, 우리에게는 그리스도의 형상을 본 받는 것이 필요하다.

우리는 이러한 진리에 대하여 많이 깨닫지 못했을 수도 있다. 우리는 흔히 자신이 약하고, 패배했고, 죄 있으며 선을 행하거나 우리의 약점들을 이길 수 없다는 것으로 고통을 받는다. 우리가 자신의 관념 속에 붙잡고 있는 것은 대부분 이러하다. 그러나 이것은 하나님의 의도하심과는 상관이 없다. 그분의 의도하심은 한층 더 높다. 하나님의 의도하심은 우리로 그리스도의 형상을 본 받게 하는 것이다. 그것은 선을 행하는 문제가 아니다. 그것은 원수를 패배시키거나 우리의 약함을 이기는 문제도 아니다. 그것은 그리스도의 형상을 본받는 문제이다. 이것은 훨씬 높고 한층 더 적극적인 것이다.

우리가 이런 류의 일을 하기란 불가능하다. 우리 자신 안에는 이것을 위한 가능성이 없지만, 주님을 찬양하는 것은 가능성이 그분 안에 있다는 것이다. 그분은 우리 안에 계신 그 영이시며, 그분의 주권적인 손길은 모든 필요한 것들을 안배하여 우리를 위해 협력하는 것이다. 그러므로 우리는 그분을 신뢰해야 한다. 우리는 자신을 그분께 의탁하고, 그것을 그분께 내려놓고 그분의 사역을 누려야 한다. 내가 다시 말하거니와, 그것은 선을 행하고, 죄를 이기거나 대적을 패배시키는 문제만이 아니라 그리스도의 살아 있는 형상을 이루는 문제이다. 하나님께서는 이것을 수행하실 것이다. 우리가 행할 필요가 있는 것은 그분과 협력하고 불평하거나 투덜거리지 않고서 그분과 동반하는 것이다. 우리에게 일어나는 것은 무엇이든지 선을 이루기 위한 것이기 때문에 주님을 찬양한다. 우리는 항상 우리에게 일어나는 것은 무엇이나 그분의 주권적인 손길 아래서 우리를 척량하심이라는 확신을 가져야 한다. 그러면 어느날 그분은 오실 것이고 우리는 그분의 영화롭게 하심 안에 있게 될 것이다.

은혜의 선택

로마서 9장, 10장, 11장은 한 구절, 즉 은혜의 선택(11:15)이라는 말로 요약될 수가 있다. 이러한 세 장들이 없다면 우리는 주 예수님을 믿는 것이 우리에게서 시작된 것이라고 생각할지도 모른다. 하지만, 이러한 장들을 읽고 나서 우리는 그것을 시작한 자가 우리가 아니라 하나님이심을 깨닫게 된다. 하나님께서 우리를 선발하셨다. 다시 말해서 그분은 우리를 선택하셨다. 그분이 영원 전에 우리를 선택하셨기에, 우리가 지금 그분을 믿을 수가 있는 것이다. 우리가 지금 숨을 쉬고 있다는 사실도 그분이 우리를 선택하셨다는 증거이다. 더욱이, 이 선택은 결코 변경될 수가 없다. 그것은 우리 사람의 일이나 행위에 따르는 선택이 아니라 하나님의 은혜의 선택이다. 따라서 로마서의 이 단락에서 가장 중요한 구절은 9장 16절이다. 거기에서는 『그런즉 원하는 자로 말미암음도 아니요 달음박질 하는 자로 말미암음도 아니요 오직 긍휼히 여기시는 하나님으로 말미암음이니라』고 말한다. 그것은 역사하고 분투하는 우리로 말미암은 것이 아니라 긍휼과 은혜를 보이시는 하나님으로 말미암은 것이다.

몸의 생활의 실행

  로마서의 마지막 주요 단락은 12장에서 16장까지이다. 왜 우리가 거듭나서 그리스도의 형상을 본받아야 하는가? 그것은 우리를 그리스도의 몸의 지체들로 만드는 것이다. 처음 여덟장에 언급된 항목들 전부와 그 다음에 나오는 세 장에서의 은혜의 선택을 추가해 볼 때 그리스도를 위해 몸을 얻고자 하는 목적이 있음을 알 수가 있다.
  이 책의 마지막 단락은 몸의 생활에 대한 단락이다. 만일 우리가 이 다섯 장들을 주의 깊게 읽어 본다면 13장만이 몸의 생활에 대하여 조금 말하고 있는 것 같다. 하지만 한층 더 한 것이 몸에 대하여 줄곧 이어지고 있다. 14장과 15장에서는 우리에게 특히 서로를 지체들로 받아들이는 법에 대하여 말하고 있다. 이것은 몸의 생활을 위한 어떤 것이다. 더욱이 15장의 마지막 부분에서는 우리에게 다른 지체들의 필요를 돌보는 법 즉, 지구의 다른 지역에 있는 지체들의 필요를 공급할 어떤 것을 기부하고 교통하는 법에 대하여 말하고 있다. 이 또한 몸의 생활에 대한 부분이다. 비록 마지막 장인 로마서 16장이 몸의 생활과 더불어 행할 것이 거의 없는 것처럼 보인다 하더라도, 그곳에서는 몸의 생활이 가득하다. 온 장이 실제적이고 실행적인 몸의 생활을 드러내 보이고 있다.

우리의 몸을 드림

　로마서의 이 마지막 단락에는 중요한 용어들이 많이 있다. 먼저 우리는 자신의 몸을 드려야 한다(12:1). 이것은 우리의 생각, 의지, 의도, 마음의 헌신이요, 우리 몸의 헌신이다. 그것은 우리의 몸을 산 제물로 드리는 것이다. 이 장에 언급된 몸이 두가지 있다. 우리가 자신의 몸을 드릴 때, 그리스도의 몸을 깨닫게 된다. 만일 우리가 자신의 몸을 사랑한다면, 그분의 몸인 교회가 고통을 받는다. 하지만 만일 우리가 자신의 몸을 제물로 드린다면, 그분의 몸이 건축될 것이다. 우리는 그분의 몸을 위해서 우리의 몸을 드려야 한다. 교회 생활 곧 몸의 생활을 위해서는 몸을 헌신할 필요가 있다. 우리는 자신을 확실히, 물질적으로, 몸으로 주님께 드려야 한다. 그러나 만일 우리가 자신을 위해서 우리의 몸을 보존한다면, 그분의 몸은 고통을 받을 것이다. 그분의 몸을 건축하고 돌보기 위해서 우리는 자신의 몸을 드림으로써 그분께 우리의 몸을 넘겨드려야 한다.

우리의 생각을 새롭게 함으로 우리의 혼 안에서 변화됨

　이 단락에 언급된 두번째 문제는 생각을 새롭게 함으로 말미암은 변화이다(2절). 이것은 우리의 혼을 포함하는 어떤 것이다. 먼저 우리는 자신의 몸을 드려야 하며, 그 다음 우리의 혼이 변화되어야 한다. 생각은 혼의 일부이다. 거듭남은 우리의 영 곧 우리 존재의 중심에서 이미 성취되었으나, 우리에게 지금 필요한 것은 우리의 혼이 변화되는 것이다. 우리 영에 내주하는 그 영은 혼을 변화시키기 위해서 중심인 우리의 영을 둘러싸고 있는 부분을 적시고 있다.

몸의 세 부분들—몸, 혼 영—은 여기에 포함되어 있다. 먼저 우리가 교회 생활을 실행할 때, 우리가 취해야 할 첫 단계는 우리 몸을 드리는 것이다. 하지만 이것이 전부가 아니다. 우리가 몸을 드린 후, 우리의 혼은 처리 받을 필요가 있으며, 따라서 우리가 행하여야 할 두번째 일은 우리의 혼이 변화되도록 허락하는 것이다. 우리의 생각, 우리의 사상, 우리의 사고 방식은 특히 변화되어야 한다. 그렇지 않으면, 우리가 교회 생활이 무엇인지를 이해하지 못할 것이며, 우리는 심지어 교회 생활을 손상시킬지도 모른다. 우리가 몸을 드리고, 우리의 혼, 특히 생각이 변화되게 함은 우리가 몸의 생활을 실행하는데 필요한 단계들이다.

교회 생활 안에서 우리가 기능을 발휘하기 위해 영 안에서 불탐

게다가, 우리의 영은 불타야 한다(11절). 여기 우리에게는 몸, 혼, 영이 있다. 우리는 자신의 몸을 드려야 하며, 자신의 혼 안에서 변화되어야 하고, 타오르는 법, 즉 기능을 발휘하기 위해 영 안에서 불타기를 배워야 한다. 이러한 세 가지 단계들을 실행함으로써, 우리는 실제적이고 실행적인 몸의 생활, 곧 교회 생활의 체험을 갖게 된다. 교회 생활은 확실한 방식으로 우리의 몸을 우리가 드리는 데 달려 있다. 그것은 또한 생각을 새롭게 함으로 우리가 혼 안에서 변화되어 온 우주 안에서 하나님의 뜻을 이해하는데 달려 있으며, 그분의 뜻은 교회, 곧 몸을 얻는 것이다. 게다가 그것은 또한 우리가 자신의 영 안에서 불타서 그분의 몸의 지체로서 기능을 발휘하는데 달려 있다. 만일 우리가 이러한 것들을 행한다면, 우리는 몸의 생활의 실행적인 체험 안에 있게 될 것이다.

교회 생활을 위해서 우리에게는 자신의 몸을 드리고, 자신의 혼 안에서 변화되고, 몸 안에서 기능을 발휘하기 위해 영 안에서 불타야 한다. 우리의 기능은 로마서 12장에서 하나의 중요한 문제이다. 4절에서는 『모든 지체가 같은 직분(function)을 가진 것이 아니니』라고 말하며, 다음 구절들에서는 우리에게 기능을 발휘하는 법을 말해준다. 심지어 긍휼을 베풀며 손 대접하는 것도 하나의 기능이다(8, 13절). 이러한 것들을 행하는 것은 우리가 게으른 자들이 아니라 활발한 지체들이라는 것을 나타낸다. 만일 우리가 항상 기능을 발휘하지 않고 반복해서 다만 함께 모이기만 한다면, 우리에게 실제적이고 실행적인 교회 생활이 없을 것이다. 참되고 실제적인 교회 생활은 지체들의 기능에 달려 있다. 로마서 12장은 몸에 대한 장이다. 그런데 그것은 기능이 있는 몸이다.

하나님의 뜻은 몸의 생활을 갖는 것임

로마서 12장 1절-2절에서는 우리에게 자신의 몸을 산 제물로 드리고 생각을 새롭게 함으로 변화를 받아 『하나님의 선하시고 기뻐하시고 온전하신 뜻이 무엇인지 검증해 보라(prove)』고 말한다. 이 구절에서는 「그(the)」하나님의 뜻에 대하여 말하고 있으며, 흠정역에서는 그것을 「저(that)」하나님의 뜻으로 표현하고 있다. 하나님께서는 많은 뜻이 아니라 한 뜻 만을 가지고 계신다. 한가지 뜻이란 무엇인가? 하나님의 뜻을 말함에 있어서 많은 그리스도인들은 이 구절을 그릇되게 적용한다. 엄격히 말해서, 이 구절은 하나님의 뜻이 교회 생활을 갖는 것임을 가리킨다. 만일 우리가 진정 주님과 함께하고, 자신을 몸으로 그분께 드리고, 우리의 혼—우리의 생각, 감정, 의지—안에서 변화되기를 갈망한다면, 이 우주 안에서와 땅위에서 하나님의 뜻이 무엇인지를 깨닫게 될 것이다. 하나님의 뜻은 다름 아닌 교회 생활을 갖는 것 즉 그분의 아들을 위한 몸을 갖는 것이다. 우리가 이것을 본다면, 그것을 위해 모든 것을 희생할 것이다. 이는 우리가 이것이 유일한 뜻임을 알 것이기 때문이다.

우리가 이 구절들을 읽으면 읽을수록, 우리는 이것이 그러한 것들이 의미하는 바임을 더 깨닫게 될 수가 있다. 로마서 12장의 전 문맥을 읽어 볼 때 우리는 하나님의 「그(the)」뜻이 무엇인지를 깨달을 수가 있다. 그것은 몸의 생활, 교회를 갖는 것이다. 이것이 하나님의 뜻이다. 물론 하나님의 뜻이 다른 것들도 포함하고 있지만 다른 모든 문제들은 부차적인 것이다. 하나님의 뜻의 주요 항목은 교회이다. 우리가 얼마나 선하든지 우리가 얼마나 많은 것들을 행하든지 간에 만일 우리가 교회 안에 있지 않다면, 만일 우리가 교회 생활을 실행하지 않고 교회를 위하여 살지 않는다면, 우리는 하나님의 뜻 밖에 있을 것이다.

비록 12장에서 16장까지 언급된 것들이 하나님의 「뜻들

(wills)」로 여겨질지도 모르지만, 몸의 생활이 으뜸가는 항목이다. 14장과 15장에서는 우리에게 다른이들을 받는 법, 다른이들을 돌보는 법, 다른이들을 걸리지 않게 하는 법에 대하여 말하고 있으나, 이 모든 문제들은 부차적인 것이다. 그것들은 우리가 교회 생활을 실행하는데 달려 있다. 12장에서 16장까지에서 계시된 첫번째 항목은 교회 곧 몸이요, 이어지는 항목들 전부는 이 뜻에 추가된 것이다. 그러므로 하나님의 뜻이 무엇인지를 점검하는 것은 교회 생활을 실행하는 것이다. 만일 우리가 합당한 몸의 지체들로서 교회 생활 안에서 행하며 기능을 발휘한다면, 그 때 우리는 그밖의 모든 것을 얻게 될 것이다. 우리는 하나님의 뜻 안에 있는 사람들이 될 것이다.

제 12 장

고린도전서에서의 주요 원칙들

고전 1:2, 9, 18, 22-24, 30
『고린도에 있는 하나님의 교회 곧 그리스도 예수 안에서 거룩하여지고 성도라 부르심을 입은 자들과 또 각처에서 우리의 주 곧 저희와 우리의 주 되신 예수 그리스도의 이름을 부르는 모든 자들에게』, 『주께서 너희를 우리 주 예수 그리스도의 날에 책망할 것이 없는 자로 끝까지 견고케 하시리라』, 『십자가의 도가 멸망하는 자들에게는 미련한 것이요 구원을 얻는 우리에게는 하나님의 능력이라』, 『유대인은 표적을 구하고 헬라인은 지혜를 찾으나 우리는 십자가에 못박힌 그리스도를 전하니 유대인에게는 거리끼는 것이요 이방인에게는 미련한 것이로되 오직 부르심을 입은 자들에게는 유대인이나 헬라인이나 그리스도는 하나님의 능력이요 하나님의 지혜니라』, 『너희는 하나님께로부터 나서 그리스도 예수 안에 있고 예수는 하나님께로서 나와서 우리에게 지혜와 의로움과 거룩함과 구속함이 되셨으니』

2:2, 14-15
『내가 너희 중에서 예수 그리스도와 그의 십자가에 못박히신 것 외에는 아무 것도 알지 아니하기로 작정하였음이라』, 『육에 속한 사람은 하나님의 성령의 일을 받지 아니하나니 저희에게는 미련하게 보임이요 또 깨닫지도 못하나니 이런 일은 영적으로라야 분변함이니라 신령한 자는 모든 것을 판단하나 자기는 아무에게도 판단을 받지 아니하느니라』

3:1, 3.
『형제들아 내가 신령한 자들을 대함과 같이 너희에게 말할 수 없어서 육신에 속한 자 곧 그리스도 안에서 어린 아이들을 대함과 같이 하노라』, 『너희가 아직도 육신에 속한 자로다 너희 가운데 시기와 분쟁이 있으니 어찌 육신에 속하여 사람을 따라 행함이 아니리요』

우리가 앞장들에서 본 바와 같이, 신약의 처음 다섯권은 우주적인 사람 곧 교회와 함께한 그리스도의 역사이다. 이 역사 이후에, 로마서에서는 우리에게 이 우주적인 사람을 정의하는 온전한 개요를 제시해 준다.

이러한 개요에 이어서 고린도전서에서는 사례들과 예증들을 제시하여 이 우주적인 사람 속에 기본적으로 사실상 중요한 두 가지 문제들인 그리스도와 십자가에 못 박히신 그리스도 또는 우리가 그리스도와 십자가라고 말할 수도 있는 것이 있음을 우리에게 보여준다. 1장 22절과 23절 상반절에서 바울은 『이는 유대인은 표적을 구하고 헬라인은 지혜를 찾으나 우리는 십자가에 못 박힌 그리스도를 전하니』라고 말한다. 십자가에 못 박힌 그리스도는 그리스도 자신과 그분의 십자가와 함께 한 그리스도를 언급하는 것이다. 이 우주적인 사람 안에는 적극적인 방면에서 그리스도와 소극적인 방면에서 십자가가 있다. 그리스도와 그분의 십자가가 없다면 믿는이들이 이 우주적인 사람의 실제적인 생활을 깨닫기가 불가능할 것이다. 우주적인 사람의 실제적인 생활은 적극적인 방면에서 우리에게 모든 것이 되시는 그리스도와 소극적인 방면에서 우리의 만유를 포함한 종결인 십자가에 대하여 실제적으로 깨닫는데 달려있다. 그러므로 로마서에 뒤이어서 고린도전서에서는 우리에게 긴 예를 제시하여 우리가 얼마나 그리스도가 만유가 되심을 깨닫고 우리의 매일의 행함에 있어서, 우리의 교회 봉사에 있어서, 만사에 있어서 그리스도의 십자가를 체험해야 하는지를 우리에게 보여준다.

1장에서 3장까지에서의 중요한 문제들

우리의 분깃이신 그리스도

이 책의 처음 세 장들 속에는 몇가지 핵심 구절들이 있다. 고린도전서 1장 2절에서는 『우리의 주 곧 저희와 우리의 주 되신 예수 그리스도』라고 말한다. 이것은 짧은 말이지만 대단히 의미가 깊다. 이는 그것이 그리스도가 저희의 것이요 그리스도가 우리의 것이라고 말하기 때문이다. 그리스도가 다만 우리의 주시요 저희의 주이시라고 말하는 것은 이 구절에 대한 합당한 의미가 아니다. 올바른 의미는 그리스도가 우리의 분깃이시요 저희의 분깃이시라는 것이다. 이것은 9절에서 입증될 수가 있다. 그곳에서는 『너희를 그분의 아들 예수 그리스도 우리 주님의 교통 안으로 부르신 하나님은 신실하시도다』라고 말한다. 그리스도의 교통 안으로 부르심 받는 것은 그리스도를 함께 나누고, 그리스도께 참여하도록 부르심 받는 것이다. 그리스도는 우리에게 분깃으로 주어졌다. 성도들에게 할당된 몫(the allotted portion of the saints)이라는 용어를 골로새서 1장 12절에서 찾아보게 된다. 성도들의 몫, 분깃은 그리스도 자신이다. 골로새서 책에서는 특히 이 문제를 다루고 있으며, 우리가 하나님께 받은 분깃이 그리스도 자신임을 우리에게 말해준다. 철학이나 이 세상의 어떠한 초등학문도 우리의 분깃이 아니다. 다름아닌 그리스도만 우리의 분깃이시다. 그러므로 고린도전서 1장 9절에서는 우리가 우리의 분깃이신 그리스도께 참여하도록 부르심 받았다고 말한다. 우리는 그분께 참여해야 한다.

십자가의 말씀

이것에 이어서 18절에서는 십자가에 대한 말씀을 하고 있다. 이것은 십자가를 전하는 것이다. 사도 바울의 사역과 전파는 십자가의 전파였다. 바울은 그리스도 자신과 십자가와 함께한 그리스도를 전하였다.

하나님의 능력과 지혜이신 그리스도

22절에서는 계속해서 『유대인은 표적을 구하고 헬라인은 지혜를 찾으나』라고 말한다. 표적은 능력의 문제이다. 표적을 수행하려면, 우리에게는 능력이 필요하다. 이 구절에 나오는 지혜는 일을 행하기 위한 지식과 방법을 가리킨다. 만일 우리에게 지혜가 있다면, 우리로 일을 하게 할 수 있는 지식과 방법도 있는 것이다. 능력이 한가지 문제요, 무엇인가를 행하는 방법도 한가지 문제이다. 이 우주 가운데 만물에 있어서 능력과 방법이 필요하다. 우리는 이것을 차로 예를 들 수가 있다. 우리는 차 속에 휘발유가 필요하며 차를 운전하는 법도 알아야 한다.

24절에서는 십자가에 못 박힌 그리스도에 대하여 『오직 부르심을 입은 자들에게는 유대인이나 헬라인이나 그리스도는 하나님의 능력이요 하나님의 지혜니라』고 말한다. 그리스도는 하나님의 능력이요 에너지이시며, 그분은 또한 하나님의 지혜요 방법이시다. 그리스도께서는 우리가 하나님의 일을 하는데 능력이시요, 그분은 또한 우리가 일을 하는데 지혜, 지식, 방법이 되신다.

우리의 의로움, 거룩함, 구속함이신 그리스도

30절에서는 계속해서 『너희는 하나님께로부터 나서 그리스도 예수 안에 있고 예수는 하나님께로서 나와서 우리에게 지혜 곧 의로움과 거룩함과 구속함이 되셨으니(both righteousness and sanctification and redemption)』라고 말한다. 흠정역에서는 마지막 구절을 『지혜와 의로움과 거룩함과 구속함』으로 표현하고 있다. 그러나 첫번째와 여기에서는 헬라어로 τε(테)가 있는데, 그것은 양쪽 다(both)로 표현하는 것이 훨씬 낫다. 이 구조는 지혜가 표제이고 이 표제 아래 세가지 항목들―의로움과 거룩함과 구속함―이 있음을 가리킨다. 그리스도는 우리에게 하나님의 지혜이시다. 그것은 우리의 과거를 위한 의로움, 우리의 현재를 위한 거룩함, 우리의 미래를 위한 구속함을 포함한다. 의로움은 우리가 믿었을 때 우리를 의롭게 되도록 하는 것이다. 구원을 받은 후에 그리스도께서는 우리의 매일의 행함과 만사에 있어서 우리의 거룩함이 되신다. 여기에 언급된 구속함은 장래 우리 몸의 구속이다(롬 8:23). 이는 그것이 세가지 항목들 중에서 마지막으로 언급되어 있기 때문이다. 이 구속은 그리스도 자신이다.

그리스도는 과거를 위한 우리의 의로움이시다. 그리스도는 또한 현재를 위한 우리의 거룩함이시다. 우리는 그리스도 안에서 거룩하게 된다. 그리고 장래 그리스도는 우리의 구속함이 되실 것이다. 즉, 우리의 몸이 그리스도 안에서 구속될 것이다. 이로써 우리는 하나님의 완전한 구원을 누리게 된다. 이 세가지 문제들은 그리스도께서 우리에게 지혜가 되심의 항목들이다. 이것은 그리스도께서 우리에게 모든 것이 되심을 의미한다.

예수 그리스도와 십자가에 못 박히신 이 분

2장에서는 계속해서 『내가 너희 중에서 예수 그리스도와 십자가에 못 박히신 이 분(this one crucified) 외에는 아무 것도 알지 아니하기로 작정하였음이라』(2절)고 말한다. 바울은 자신이 그리스도와 그분의 십자가 외에 아무 것도 알지 않기로 결심하였음을 나타내었다.

육신적인 사람, 혼적인 사람, 영적인 사람

1장 7절에서 바울은 『너희가 모든 은사에 부족함이 없이 우리 주 예수 그리스도의 나타나심을 기다림이라』고 말한다. 고린도 믿는이들은 어떤 은사에도 부족함이 없었다. 그들은 모든 은사를 가지고 있었다. 그러나 3장에서 바울은 『또한 형제들아 내가 영적인 자들을 대함과 같이 너희에게 말할 수 없어서 육신에 속한 자 곧 그리스도 안에서 어린아이들을 대함과 같이 하노라』(1절)고 하였다. 엄격히 말해서 이 구절에 사용된 단어는 육신적인(fleshly)이 아니라 육신에 속한(fleshy)인데 전적으로 육신으로 말미암아 사는 자를 언급하는 것이다. 2절과 3절에서는 『내가 너희를 젖으로 먹이고 단단한 음식(solid food)으로 아니하였노니 이는 너희가 감당치 못하였음이거니와 지금도 못하리라 너희가 아직도 육신에 속한 자(fleshly)로다 너희 가운데 시기와 분쟁이 있으니 어찌 육신에 속하여(육신적이어서:fleshly)사람을 따라 행함이 아니리요』라고 말한다. 비록 고린도인들이 모든 은사를 가지고 있었어도, 그들은 육신적이고 육신에 속하여 그리스도 안에서 여전히 어린아이들이었다.

2장에서 바울은 『그러나 혼적인 사람(soulish man)은 하나님의 영의 일을 받지 아니하나니 저희에게는 미련하게 보임이요 또 깨닫지도 못하나니 이런 일은 영적으로라야 분변함이니라 영적인 사람은 모든 것을 분변하나 자기는 아무에게도 분변을 받지 아니하느니라』(14-15)라고 말한다. 이 두구절에 두 종류의 사람들 즉 혼적인 사람과 영적인 사람이 있다. 이 두 종류의 사람들과 함께 3장에는 육신적인 사람이 있다. 이 구절들에서는 육신적인 사람, 혼적인 사람, 영적인 사람을 계시해 준다.

고린도전서의 주요 원칙들

우리가 언급한 구절들은 고린도전서 책 전체에 대한 핵심적인 구절들이다. 적극적인 방면에서, 그 구절들은 우리에게 어떻게 우리가 자신의 매일의 행함과 그리스도인의 봉사에 있어서 그리스도가 만유이심을 깨달아야 함을 보여주며, 소극적인 방면에서, 그 구절들은 우리에게 십자가가 그리스도 자신 이외에 모든 것들을 처리하는 유일한 길이 되심을 보여준다. 둘째 그 구절들은 우리가 소위 은사들을 가지고 있을지 모르나 우리 그리스도인 생활에 있어서 어린 아이 같을 뿐 아니라 심지어 육신에 속하여 그리스도 안에서 어린아이들일지도 모른다는 것을 보여준다. 세째, 그 구절들은 그리스도인들이 세 종류의 사람들일 수 있음을 우리에게 말해준다. 우리는 영적인 사람들이 될 수 있고 또

되어야만 한다. 우리는 혼적인 사람일 수도 있으나 그리 되어서는 안 된다. 또한 우리는 육신적인 심지어 육신에 속한 사람들일 수도 있는데, 그것은 최악이다. 이것들은 이 책에서 우리에게 계시해 준 세가지 중점들이다. 그 책의 나머지는 이러한 요점들을 예시해 주는 수많은 사례들을 다루고 있을 따름이다.

성경 학도들은 이 책을 적절한 단락으로 나누는 것이 상당히 어렵다는 데 의견을 같이 한다. 그것은 로마서에서와 마찬가지로 단락지어지지 않는다. 우리가 보았듯이 로마서 두장 반은 정죄를 다루고 있다. 그런 다음 의롭게 하심을 다루는 또 두장이 있다. 이것에 이어서 거룩케 하심에 대한 몇 장들이 있으며, 마지막 다섯장에서는 몸의 생활을 다룬다. 그러나 고린도전서는 이런식으로 구성되어 있지 않다. 오히려 그것은 원칙들과 중점들에 따라서 구성되어 있다. 이 원칙들은 첫째 그리스도인의 생활과 봉사에 있어서 우리가 그리스도를 모든 것으로 취하여야 하며, 그리스도 이외의 모든 것들은 실제적으로 십자가로 말미암아 처리 받아야 한다는 것이다. 둘째 우리는 그리스도 자신 보다 오히려 은사들에 주의해서는 안 된다. 우리가 심지어 모든 은사들을 가지고 있을지 모르지만 여전히 어린아이 같고 육신에 속했을지도 모른다. 세째, 우리는 영적인 사람, 혼적인 사람, 또는 육신적인 사람일지 모른다. 그리고서 이 책에서는 이 세가지 중점들을 예시하는 수 많은 사례들을 우리에게 제시한다. 따라서 이 책을 단락으로 나눌 필요가 없다. 우리는 다만 그것이 많은 사례들로 입증된 그리스도인의 생활에 관한 세가지 중점들을 우리에게 보여주고 있음을 명심해야 한다.

그리스도를 우리에게 생명과 만유가 되시는 분으로 체험함

　로마서에서 우리에게 제시한 개요 이후에 신약에서는 계속해서 그리스도인들인 우리가 그리스도께서 우리의 매일의 생활, 교회 생활, 교회 봉사에 있어서 모든 것이 되심을 깨달아야 함을 우리에게 보여준다. 그것은 그리스도 이외의 은사, 교리나 어떤 것의 문제도 아니다. 그리스도는 우리의 능력이셔야 하고, 그분은 우리의 방법이셔야 한다. 우리는 표적, 기적이나 은사를 함께 나누려고 하나님께 부르심 받은 것이 아니다. 지혜, 지식, 교리, 가르침에 참여하려고 하나님께 부르심 받은 것도 아니다. 오히려 우리는 하나님으로 인하여 그리스도의 교통 안으로 부르심 받았다. 하나님께서 우리에게 정하시고 주신 분깃은 은사나 교리나, 지식이나, 가르침이나, 표적이나, 기적이나, 지혜가 아니라 그리스도 자신이다. 그러므로 바울은 이 책 서두에서 『유대인은 표적을 구하고 헬라인은 지혜를 찾으나 우리는 십자가에 못 박힌 그리스도를 전하니』(1:22-23上)라고 선포한다.

　많은 사람들은 그들이 일을 행하는데 있어서 능력, 지혜, 에너지, 강함이 필요하다고 생각한다. 그들은 일을 하는데 지식과 최상의 방법이 필요하다고 느낀다. 그러나, 그들은 그리스도께서 능력이시요, 그리스도께서 지혜이시요, 그리스도께서 에너지이시요, 그리스도께서 강함이시요, 그리스도께서 지식이심을 알지 못할지도 모른다. 그리스도께서는 우리가 일을 행하는데 있어서 방법이 되신다. 하나님께서는 우리에게 그리스도 이외의 다른 어떤 것을 주지 않으셨다. 그리스도께서는 과거에 우리로 의롭게 되도록 하시는 의로움으로써, 현재에 우리의 거룩함으로써, 장래에 우리의 구속함으로써, 하나님의 지혜이시다. 더욱이 그분은 하나님의 능력, 방법, 모든 것이시다. 바울은 심지어 자신이 고린도인들에게 그리스도와 그리스도께서 십자가에 못 박히신 것 외에는 어떤 것도 저희에게 주지 않기로 결정하였음을 저들에게 선언하였다.

우리 모두는 이것에 대하여 분명해야만 한다. 만일 우리가 오늘날의 기독교를 본다면, 하나님께서 우리에게 주신 지혜이신 그리스도가 대단히 무시당해 왔음을 볼 수가 있다. 반대로 형식에 사로잡힌 교회들은 실행에 있어서 합당한 형식에 주의를 기울인다. 근본적인 교회들은 교리들, 가르침들, 신학에 온전히 주의한다. 때때로 그들은 심지어 그리스도에 대하여 잊어버리고 오히려 저들 교리를 주장한다. 또 다른 범주에는 오순절 교회들이 있는데, 그들은 은사들, 즉 주로 한가지 은사—방언 말하는 것—에 주의를 쏟는다. 우리가 어디에 가든지, 만일 우리가 그리스도 자신에 대하여 사람들과 대화 한다면, 굶주리고, 목마르고, 추구하는 자들만이 우리가 말하는 것을 고맙게 여긴다. 다른 많은 사람들은 그것을 고맙게 생각하지 않고 심지어 그것을 잘못된 가르침이라고 정죄한다. 그러나 우리는 하나님의 의도하심이 우리에게 형식이나 교리나 은사를 주는 것이 아님을 깨달아야 한다. 하나님의 의도하심은 그리스도 자신을 우리에게 생명과 모든 것으로 주시는 것이다. 우리는 그리스도를 체험하는 법을 배워야 한다. 우리는 그리스도께서 우리에게 의로움, 거룩함, 구속함이라는 것을 가르침 받아 본 적이 있는가? 우리에게는 이러한 세 가지 항목들을 깨닫고, 배우고, 체험하는 데 많은 시간이 필요하다.

　오늘날 여러 찬송가에서는 「그리스도의 의」에 대하여 말함으로써 그릇되게 가르친다. 그러나 신약에는 그러한 용어가 발견되지 않는다. 그것은 그리스도의 의의 문제가 아니라, 그리스도 자신께서 우리에게 의가 되심의 문제인 것이다. 그리스도의 의와 의이신 그리스도 간에 차이점은 무엇인가? 그리스도의 의를 다만 받아들이는 것은 너무나 객관적이다. 이 경우에 있어서 그리스도께서는 우리에게 이 의를 주시고 하늘들로 떠나시어 우리에게 그분의 「대표자」이신 성령만을 남겨 두실 수 있으셨으리라. 이것은 합당한 이해가 아니다. 의는 그리스도 자신이시요, 우리는 결코 그것을 그리스도에게서 분리시킬 수가 없다. 만일 우리에게 그리스도가 있다면, 우리에게는 의가 있다. 만일 우리에게 그리스도가 없다면, 우리에게는 의가 없다.

　누가복음 15장 11절-32절에 있는 비유를 고려해 보라. 22절에 있는 의복은 그리스도께서 우리의 의가 되시어 우리를 덮고, 우리를 의롭게 하시고, 이로써 우리로 아버지의 영광에 부합될 수 있도록 하심을 상징한다. 그러나 이것이 전부가 아니다. 그리스도께서는 또한 우리가 누리고 참여하기 위한 살진 송아지이시다 (23절). 우리는 그리스도를 의복으로 입고 그리스도를 송아지로 섭취한다. 그것은 우리를 구원하는 그리스도의 의가 아니다. 그것은 우리를 구원하는 의이신 그리스도 자신이다.

　우리는 그리스도 자신이 우리에게 모든 것이 되심을 배워야 한다. 그분 자신은 의이시요, 그분 자신은 또한 거룩케 하심(거룩함)이시다. 성화의 참된 의미를 알기 위해서, 우리는 그리스도를 알아야 하고, 또한 그리스도를 섬기는 법, 그리스도를 누리는 법, 그리스도를 적용하는 법, 그리스도를 체험하는 법을 알아야 한다. 우리는 성화의 실제적인 의미를 전혀 알지 못한다. 성화의 실제적인 의미는 우리에 의해 체험되신 그리스도 자신이다. 우리가 매일 체험하는 그리스도가 길, 성화, 구속이시다.

그리스도의 다시 오심에 대하여 쓰여진 그리스도인 찬송가의 거의 대부분은 너무나 객관적이다. 그들은 단순히 영광스러운 분이 다시 오실 것이기 때문에 이 사건을 영광스러운 것이라고 말한다. 우리는 주관적인 생명의 방식으로 주님의 재림에 대하여 우리에게 말해주는 찬송가를 거의 한가지도 찾아 볼 수가 없다. 주님의 재림의 영광은 사실상 그리스도 자신이다. 우리 안에 계신 그리스도께서 영광의 소망이시다(골 1:27). 그리스도 자신은 영광이시요, 오늘날 이 영광은 우리 안에 있다. 그분 자신은 영광이시요, 그분 자신은 소망이시다. 그분은 우리 몸의 구속함이시다.

모든 형식들, 만일 그러한 것들이 필요하다면, 모든 교리들과 은사들은 그리스도를 위한 것이다. 하나님께서 우리 안으로 역사하시고 우리로 체험케 하시고자 의도하시는 것은 다름 아닌 그리스도이시다. 우리는 매일의 행함에 있어서와 우리의 모든 봉사에 있어서 그리스도를 적용하는 법을 알아야 한다.

그리스도의 십자가를 적용함

우리는 또한 십자가를 체험해야 한다. 그리스도를 누림은 적극적인 방면에 대한 것인 반면에, 십자가는 소극적인 방면에 대한 것으로 그리스도 자신이 아닌 모든 것들을 처리한다. 옛 창조, 자아, 육신, 천연적인 사람, 혼적인 생명 모두는 십자가로 처리될 필요가 있다. 만일 우리가 매일 그리스도를 택한다면, 우리는 십자가를 체험해야 한다. 그리스도와 그분의 십자가는 그리스도인의 생활과 교회 생활에 있어서 모든 문제들에 대한 유일한 해답이다. 그리스도인의 생활과 교회 생활에 있어서 모든 문제들은 그리스도와 그분의 십자가로만 해결될 수가 있다.

만일 결혼한 부부가 잘 지낼수가 없다면, 이것은 그들이 그리스도와 십자가에 대한 체험이 부족하다는 것을 나타낸다. 확신하건대, 만일 그들이 십자가를 취함으로 그리스도를 체험하는 법을 배운다면, 그들은 조화를 이루어 살게 될 것이다. 교회 안에서, 사역에 있어서, 동역자들 가운데서, 형제 자매들 중에서 주된 문제는 한 가지 일—십자가를 취함으로 그리스도를 체험하는 것이 부족함에 기인한 것이다. 가족에 있어서도 마찬가지이다. 만일 모든 가족 구성원들이 매일의 행함에 있어서 그리스도를 적용하며 십자가를 취한다면, 저희 중에 모든 것이 올바를 것이다. 만일 어떤 교회에서 동역자들과 책임 형제들이 그리스도를 모든 것으로 택하고 십자가를 체험하는 법을 깨닫는다면, 역시 저희에게 모든 것이 올바르게 될 것이다.

가르침은 우리의 문제들을 해결할 수가 없다. 우리가 사람들에게 가르침을 주면 줄수록, 우리에게 더 많은 문제들과 곤경들이 발생될 것이다. 예를 들어, 만일 우리가 어떤 남편에게 와서 그로 자기 아내를 사랑하는 법을 가르친다면, 그 사람은 『여러분은 나의 아내에게 가서 나에게 복종하도록 말씀하시는 것이 나을 것입니다』라고 말할지도 모른다. 그래서 만일 우리가 그 사람의 아내에게 가서 그 아내로 자기 남편에게 복종하라고 가르친다면, 그 아내는『여러분은 나의 남편에게 가서 자기 아내를 사랑해야 한다고 말씀하셔야 합니다.』라고 말할지도 모른다. 이 모든 것은 교리에 불과하다. 나는 이 모든 것들을 보았으며 나의 초기 봉사에 있어서 나는 이렇게 여러 번 실패하였다. 내가 어떤 자매와 대화를 나누었을 때, 나는 그 자매에게 에베소서 5장을 읽으라고 말해줄 수 있었다. 그곳에서는 저가 자기 남편에게 복종해야 한다고 말한다. 그러자 그 자매는 내게 책망하며『자매들만 가르치지 마십시오. 가서 제 남편도 가르치십시오』라고 하였다. 그래서 나는 그 남편에게 가서 저에게도 가르쳤으며, 또한 그도 나에게 가서 자기 아내에게 가르쳐 달라고 하였다. 때때로 가르침은 조금 도움을 주지만, 우리의 문제들을 모두 다 해결하지는 못한다. 우리의 모든 문제들에 대한 유일한 해답은 그리스도와 십자가이다.

    많은 때 나는 달리 더 나은 방식으로 사람들을 도우려고 시도하였다. 나는 한 자매에게 말하기를『자매여, 자매는 주님을 사랑하지 않습니까? 자매는 그분이 계신 곳을 아시지요? 그분은 자매 속에 있습니다. 자매는 주님을 접촉하고, 그분과 교통을 나누며, 당신 자신을 그분께 드리고 싶습니까?』라고 하였다. 우리는 자매가 자기 남편과 다툰 것에 대하여 잊어 버리고 다만 그녀가 그리스도를 선택하고 그녀의 옛 사람, 그녀의 육신, 그녀의 혼적인 생명 모두가 십자가에 놓여져야 함을 깨닫도록 도와주어야 한다. 그리고 나서 우리는 그 자매가 매일의 생활에 있어서 십자가를 깨닫는 법을 아는지를 점검해 볼 수가 있다. 비록 이것은 가르침이긴 하나 다른 종류의 가르침이다. 그것은 그녀로 그리스도를 깨닫고 십자가를 적용하도록 돕는 가르침이다. 이런 방식 안에서 문제들은 가르침에 의해서가 아니라 그리스도와 십자가로 말미암아 해결될 것이다.

그리스도인들과의 모든 문제들과 교회들 안의 모든 문제들은 체험된 그리스도와 적용된 십자가로 말미암아서만 해결 될 수가 있다. 고린도의 믿는이들이 은사들, 표적들, 지식, 지혜에 주의를 기울이기 때문에 고린도인들 가운데 분쟁이 있었으나, 그들은 그리스도와 십자가를 거의 무시해 버렸다. 그러므로 많은 문제들이 있었다. 우리에게 은사들과 지식이 많으면 많을수록, 문제들도 더 많게 된다. 모든 분열과 종파들은 은사 있는 사람들에게서 산출되었다. 과거 사 오백 년 동안에, 더 깊고 은사 있는 사람이 있었을 때면 언제나, 분열이나 종파가 자주 생겨났으며, 사람이 더 은사가 있으면 있을수록 분열은 더 심했다.

고린도전서 1장에 언급된 모든 은사들은 천연적인 은사들이 아니라 영적인 은사들이다. 우리는 영적인 은사들은 손상을 시킬 수 없으리라고 생각할지도 모른다. 사실상 은사들 그 자체로서는 손상을 주지 않지만, 은사 있는 사람들이 종종 은사들로 말미암아 많은 손상을 준다. 종교개혁 시대부터 현재에 이르기까지 상당한 은사를 가진 사람치고 종파, 교파나 분열을 일으키지 않은 자는 거의 없었다. 예외가 없었다고는 전적으로 말할 수 없으나, 우리가 한 가지를 지적하기란 다소 어렵다. 지난 세기에 거의 모든 유명한 은사 있는 사람은 이러한 은사로 말미암아 분열을 일으켰다.

비록 우리에게 진정한 은사들이 필요하다 하더라도, 은사들에 주의를 기울여서는 안 된다. 우리는 그리스도 자신께 온전히 주의해야 한다. 모든 은사들은 그리스도를 위한 것이다. 고린도인들은 어떤 은사에 있어서도 부족하지 아니하였다. 12장과 14장에서는 특히 우리에게 얼마나 많은 은사들이 저희 중에 발휘되며 실행되어 졌는지를 보여 준다. 그러나 3장에서는 저희가 육신에 속하여 어린아이와 같다고 말한다. 요즈음 우리는 은사들에 유의해서는 안 된다는 것을 알아야 한다. 만일 우리가 은사들에 유의한다면, 분열될 것이다. 은사들 자체가 좋기는 하나, 우리가 그것들을 어떻게 다루느냐에 따라 달라진다. 우리는 그리스도가 중심이시요 모든 은사들은 그리스도를 위한 것임을 깨달아야 한다.

영적인 사람이 됨

고린도전서에 있는 세번째 주요 원칙은 믿는이가 영적이거나, 혼적이거나, 또는 육신적이거나 심지어 육신에 속할 수 있다는 것이다. 간단히 말해서, 영적인 사람은 자신의 영으로 말미암아 살고 행하는 사람이며, 그 사람의 혼은 항상 영으로 인하여 복종되며, 그 사람의 몸, 곧 육신은 항상 그 사람의 새롭게 된 혼의 강한 의지의 통제를 받고 있다. 그러한 사람은 복종된 혼과 통제받는 육신과 더불어 영으로 말미암아 살고, 행하고, 활동한다.

한편 혼적인 사람은 육신적이거나 영적이지도 않고 다만 천연적이다. 이런 류의 사람은 혼으로 즉 지성으로, 생각으로, 추론으로, 의지로, 감정으로 사는 자이다. 그에게 죄있거나 육신적인 것이 아무 것도 없는데 반하여, 영적인 것도 아무 것도 없다. 그 사람은 육신적이 되는 데에도 중립이고, 영적이 되는 데에도 중립이다. 그 사람은 자신의 지성으로, 자신의 의지로, 또는 자신의 감정으로 일을 행하고, 살고, 언제나 활동한다.

그러한 사람은 하나님의 일들을 이해할 수 없다(2:14). 그 사람에게 영적인 분별력이 없기 때문에 그 사람이 영적인 일들을 알 가능성이 없다. 그 사람은 영적인 일들을 알 수 있는 영적인 기관인 자신의 영을 사용하지 않으므로 영적인 일들을 분별할 수가 없는 것이다. 혼적인 사람이 영적인 일들을 분별하는 것은 우리의 귀를 사용하여 색깔을 실체화 하는 것에 비유될 수가 있다. 색깔을 들으려고 하는 것은 불가능하다. 이것은 잘못된 기관을 사용하는 것이다. 우리의 귀로 색깔을 인식할 가능성은 없다. 만일 우리가 색깔을 실체화하기 원한다면, 우리는 자신의 눈을 사용해야 한다. 마찬가지로, 만일 우리가 혼으로, 우리의 심성으로, 추론, 지성, 생각, 의지나 감정으로 산다면 영적인 일들을 알 수가 없다. 우리가 얼마나 선하든지 간에, 우리는 여전히 영적이 아니라 혼적이다.

육신적인 사람은 육신으로 말미암아 온전히 통제 받는 자이다. 그 사람의 혼은 그의 육신으로 통제를 받으며, 그 사람의 영은 그의 혼으로 가려진다. 이 사람은 육신으로 말미암아 행동하고, 살고, 일을 행한다. 고린도 믿는이들은 육신적이고 심지어 육신에 속했다. 육신적인 것과 육신에 속한 것에는 차이가 있다. 예를 들어 1장과 3장에 언급된 사례는 육신적인 믿는이들을 포함한다. 이 사람들은 분열과 다툼을 야기시켰으며 『나는 바울에게, 나는 아보로에게, 나는 게바에게, 나는 그리스도에게 속한 자라』(1:12) 하였다. 시기와 다툼이 있는 그러한 사람들은 육신적이었다(3:3). 그러나 5장과 6장에 있는 사례들은 한층 더 심각한데, 육신적이고 육신에 속한 사람들 곧 타락한 육신으로 말미암아 살고, 행하고, 일하였던 자들을 포함하고 있다. 육신에 속한(fleshy)은 육신으로부터 직접 악한 일들을 행하는 사람을 의미한다. 육신적인(fleshly)은 육신의 본성의 영향 하에서 일들을 하고 육신의 특성에 참여하는 사람을 의미한다. 다툼, 분열, 시기는 육신의 영향 하에서 되어진 문제들이다. 그러나 타락한 육신으로 악한 일들을 행하는것은, 5장에 기록된 바와 같이, 육신에 속한 것 심지어 짐승과 같은 것이다.

 이 모두는 우리가 영적인 사람으로서 영으로 말미암거나, 혼적인 사람들로서 혼으로 말미암거나, 육신적인 사람들로서 직접 육신으로 말미암거나, 육신에 속한 사람들로서 육신의 영향아래서 일들을 행할 수 있음을 가리킨다. 이런 이유로 바울은 2장과 3장에서 이 네가지 다른 단어들 곧 혼적인(2:14), 영적인(15절), 육신에 속한(3:1), 육신적인(3절)을 사용하였던 것이다.

 나는 여러분이 이러한 원칙들을 간직하고 실행하기를 바란다. 다음 장에서 우리는 최소한 얼마나 우리가 적극적인 방면에서 그리스도를 취하고 소극적인 방면에서 십자가를 체험할 필요가 있는지를 예증하는 고린도전서에 나오는 10가지 문제들을 볼 것이다. 줄곧 우리는 주님의 도우심을 주시하며 그리스도인들인 우리가 우리의 가족 중에서, 교회 안에서, 매일의 행함에 있어서, 교회의 봉사에 있어서 그리스도를 모든 것으로 적용하기를 항상 배워야 한다는 것을 깨달아야 한다. 게다가, 우리가 다른이들과 다투거나, 다른이들을 위해 무엇인가를 하거나, 다른이들을 다루기에 앞서, 우리는 십자가를 자신에게 적용하기를 배워야 한다. 더욱이 우리는 비록 자신이 은사들, 표적들, 지식, 지혜와 같은 그러한 최상의 것들을 가지고 있다 하더라도, 그러한 것들은 그리스도 자신이 아님을 깨달아야 한다. 그것은 이러한 것들의 문제가 아니다. 우리는 그리스도를 얻어야 한다. 만일 우리에게 그리스도가 없다면, 우리는 끝난 것이다. 우리는 여전히 그리스도 안에서 여전히 유아들로서 육신적일지도 모른다. 게다가 비록 우리가 하나님의 자녀들이더라도 우리는 여전히 영적이 아닐 수도 있다. 우리는 혼적이고, 육신적이고, 심지어 육신에 속하였을 수도 있다. 우리는 부담을 받고 주님을 신뢰하며 우리가 영 안에서 모두 행할 수 있도록 해야 한다.

제 13 장

고린도전서에서의 원칙들과 사례들

고전 1:2, 9, 23-24, 30
『고린도에 있는 하나님의 교회 곧 그리스도 예수 안에서 거룩하여지고 성도라 부르심을 입은 자들과 또 각처에서 우리의 주 곧 저희와 우리의 주 되신 예수 그리스도의 이름을 부르는 모든 자들에게』, 『너희를 불러 그의 아들 예수 그리스도 우리 주로 더불어 교제케 하시는 하나님은 미쁘시도다』, 『우리는 십자가에 못박힌 그리스도를 전하니 유대인에게는 거리끼는 것이요 이방인에게는 미련한 것이로되 오직 부르심을 입은 자들에게는 유대인이나 헬라인이나 그리스도는 하나님의 능력이요 하나님의 지혜니라』, 『너희는 하나님께로부터 나서 그리스도 예수 안에 있고 예수는 하나님께로서 나와서 우리에게 지혜와 의로움과 거룩함과 구속함이 되셨으니』

3:1-3
『형제들아 내가 신령한 자들을 대함과 같이 너희에게 말할 수 없어서 육신에 속한 자 곧 그리스도 안에서 어린 아이들을 대함과 같이 하노라 내가 너희를 젖으로 먹이고 밥으로 아니하였노니 이는 너희가 감당치 못하였음이거니와 지금도 못하리라 너희가 아직도 육신에 속한 자로다 너희 가운데 시기와 분쟁이 있으니 어찌 육신에 속하여 사람을 따라 행함이 아니리요』

2:14-15
『육에 속한 사람은 하나님의 성령의 일을 받지 아니하나니 저희에게는 미련하게 보임이요 또 깨닫지도 못하나니 이런 일은 영적으로

라야 분변함이니라 신령한 자는 모든 것을 판단하나 자기는 아무에게도 판단을 받지 아니하느니라』

1:12-13
『이는 다름 아니라 너희가 각각 이르되 나는 바울에게, 나는 아볼로에게, 나는 게바에게, 나는 그리스도에게 속한 자라 하는 것이니 그리스도께서 어찌 나뉘었느뇨 바울이 너희를 위하여 십자가에 못박혔으며 바울의 이름으로 너희가 세례를 받았느뇨』

5:1
『너희 중에 심지어 음행이 있다 함을 들으니 이런 음행은 이방인 중에라도 없는 것이라 누가 그 아비의 아내를 취하였다 하는도다』

6:7
『너희가 피차 송사함으로 너희 가운데 이미 완연한 허물이 있나니 차라리 불의를 당하는 것이 낫지 아니하며 차라리 속는 것이 낫지 아니하냐』

7:32
『너희가 염려 없기를 원하노라 장가 가지 않은 자는 주의 일을 염려하여 어찌하여야 주를 기쁘시게 할고 하되』

9:1, 4-5
『내가 자유자가 아니냐 사도가 아니냐 예수 우리 주를 보지 못하였느냐 주 안에서 행한 나의 일이 너희가 아니냐』, 『우리가 먹고 마시는 권이 없겠느냐 우리가 다른 사도들과 주의 형제들과 게바와 같이 자매 된 아내를 데리고 다닐 권이 없겠느냐』

10:17, 23

『떡이 하나요 많은 우리가 한 몸이니 이는 우리가 다 한 떡에 참예함이라』, 『모든 것이 가하나 모든 것이 유익한 것이 아니요, 모든 것이 가하나 모든 것이 덕을 세우는 것이 아니니』

11:3, 29

『그러나 나는 너희가 알기를 원하노니 각 남자의 머리는 그리스도요 여자의 머리는 남자요 그리스도의 머리는 하나님이시라』, 『주의 몸을 분변치 못하고 먹고 마시는 자는 자기의 죄를 먹고 마시는 것이니라』

12:12-13

『몸은 하나인데 많은 지체가 있고 몸의 지체가 많으나 한 몸임과 같이 그리스도도 그러하니라 우리가 유대인이나 헬라인이나 종이나 자유자나 다 한 성령으로 세례를 받아 한 몸이 되었고 또 다 한 성령을 마시게 하셨느니라』

15:3-4, 54

『내가 받은 것을 먼저 너희에게 전하였노니 이는 성경대로 그리스도께서 우리 죄를 위하여 죽으시고 장사 지낸 바 되었다가 성경대로 사흘만에 다시 살아나사』, 『이 썩을 것이 썩지 아니함을 입고 이 죽을 것이 죽지 아니함을 입을 때에는 사망이 이김의 삼킨 바 되리라고 기록된 말씀이 응하리라』

16:1-2
『성도를 위하는 연보에 대하여는 내가 갈라디아 교회들에게 명한 것같이 너희도 그렇게 하라 매 주일 첫 날에 너희 각 사람이 이를 얻은 대로 저축하여 두어서 내가 갈 때에 연보를 하지 않게 하라』

5:7
『너희는 누룩 없는 자인데 새 덩어리가 되기 위하여 묵은 누룩을 내어버리라 우리의 유월절 양 곧 그리스도께서 희생이 되셨느니라』

10:3-4
『다 같은 신령한 식물을 먹으며 다 같은 신령한 음료를 마셨으니 이는 저희를 따르는 신령한 반석으로부터 마셨으매 그 반석은 곧 그리스도시라』

9:24
『운동장에서 달음질하는 자들이 다 달아날지라도 오직 상 얻는 자는 하나인 줄을 너희가 알지 못하느냐 너희도 얻도록 이와 같이 달음질하라』

3:12, 15, 9
『만일 누구든지 금이나 은이나 보석이나 나무나 풀이나 짚으로 이 터 위에 세우면』, 『누구든지 공력이 불타면 해를 받으리니 그러나 자기는 구원을 얻되 불 가운데서 얻은 것 같으리라』, 『우리는 하나님의 동역자들이요 너희는 하나님의 밭이요 하나님의 집이니라』

고린도전서는 기본적인 원칙들과 많은 사례들로 구성되어 있다. 그것의 참된 내용과 통찰력을 알기 위해서, 우리는 먼저 그 원칙들을 붙잡고 그 다음에 그 사례들을 보아야 한다. 그곳에서는 많은 방면에 있어서 원칙들을 예시해 주고 있다. 이 책 안에 열 한가지 사례들이 있으며 또한 주요 원칙들과 사례들에 추가하여 여러가지 부가적인 원칙들이 있다

그리스도와 그분의 십자가

우리가 이 책에서 사례들을 조사해 본 바와 같이, 우리는 주요 원칙들을 마음에 새겨야 한다. 우리가 앞장들에서 본 것처럼, 첫째 원칙은 적극적인 방면에서 그리스도와 소극적인 것들을 처리하기 위한 십자가이다. 교회 생활 안에서 이 두가지 문제들은 매우 기본적인 것이다. 만일 우리에게 그리스도께서 모든 것이 되신다는 하나님께로부터 오는 이상이 없다면 그리스도인의 행함과 교회 생활의 참된 의미가 무엇인지를 이해하기란 대단히 어렵다. 그리스도 자신은 우리 그리스도인의 행함과 교회 생활의 실제, 중심, 중심 이상이시다. 그분은 하나님께서 우리에게 주신 분깃이시다.

하나님께서는 그리스도 이외의 어떤 것을 우리에게 주실 의도가 없으시다. 만일 하나님께서 우리에게 다른 것들을 주셨다면, 그러한 것들은 우리 자신들을 위한 것이 아니다. 그것들은 우리가 그리스도를 인식하도록 하는 것이다. 형식, 지식, 은사, 기능과 같은 그러한 것들은 우리로 그리스도를 인식하고, 그리스도

를 알고, 그리스도께 참여하고, 그리스도를 적용하고, 그리스도를 체험하도록 돕는 것이다. 하나님의 의도하심은 우리에게 그리스도를 우리의 온전한 분깃으로 주시는 것이다. 그리스도는 저희의 것이요 또한 우리의 것이며(1:2), 우리는 그리스도의 교통 즉, 그리스도께 참여하도록 부르심 받았다(9절). 게다가 하나님께서는 우리의 과거를 위한 의로움, 현재를 위한 거룩함, 장래를 위한 구속함을 포함하여 그리스도를 우리에게 지혜가 되게 하셨다(30절). 하나님의 구원, 목적, 계획 안에서 그리스도께서는 우리에게 능력과 지혜로써 모든 것이 되신다(24절). 이제 우리는 그분을 그러한 방식으로 알기를 배워야 한다. 우리의 매일의 행함 안에서와 교회 생활 안에서, 우리는 그리스도를 모든 것으로 적용하고 그분을 체험하는 법을 배워야 한다. 이것은 적극적인 방면이다.

한편, 많은 소극적인 문제들이 있다. 죄, 자아, 천연적인 생명, 옛 사람, 세상적인 것들, 사탄, 흑암 모두는 십자가로 말미암아 처리되어져야 한다. 그리스도는 그리스도만이 아니시다. 그분은 「십자가에 못 박히신 그리스도」(23절), 즉 십자가와 함께한 그리스도이시다. 오늘날 그리스도를 체험하려면, 그분의 십자가를 적용하여야 한다. 그분의 십자가는 그분이 우리에게 모든 것이 되시기 위한 기반을 예비하는 유일한 길이시다. 그분을 체험하고, 그분을 적용하고, 그분을 모든 것으로 택하기 위해서 우리는 그리스도의 십자가를 체험하고 모든 소극적인 것들을 처리하여야 한다.

이 책에 있는 첫번째 주요 원칙은 그리스도와 십자가이다. 바울은 로마서에서 그리스도인의 생활에 대한 개요를 우리에게 제시하고나서, 고린도전서 책을 우리에게 주어 우주적인 사람—몸을 가진 그리스도—의 생활과 행함을 위한 주요 원칙들을 우리에게 보여준다. 우주적인 사람의 이 몸은 적극적인 방면에서 그리스도를 모든 것으로 선택하는 법과 소극적인 방면에서 십자가를 매일 체험하는 법을 인식하여야만 한다.

지식과 은사들을 가지고 있으나 그리스도 안에서 유아들임

이 책에 있는 두번째 원칙은 우리가 얼마나 많은 은사들과 얼마나 많은 지식을 얻었다 할지라도, 만일 우리가 그리스도를 그분의 십자가와 더불어 체험하는 법을 알지 못한다면, 여전히 유아들이요 육신적이라는 것이다(7절, 3:1-3). 이것은 심각한 문제로써 이 책에서 매우 분명히 해준다. 이것은 또한 오늘날 기독교의 개념과는 반대가 되는 것이다. 기독교 안에 있는 많은 사람들은 우리에게 필요한 것이 은사들, 지식, 교리, 가르침이라고 주장한다. 그러나 이 책에서 사도 바울은 우리가 얼마나 많은 지식과 얼마나 많은 은사들을 가지고 있든지 간에, 심지어 만일 우리가 어떤 은사에 있어서 부족하지 않고 모든 지식을 가지고 있어도, 우리가 그리스도와 그분의 십자가를 체험하는 법을 깨닫지 못한다면 그리스도 안에서 육신적이고 어떤 아이들임을 우리에게 분명하게 말해 준다. 이 원칙은 우리 안으로 인상지워져야 한다.

최근에 나는 이 원칙을 위해 전쟁을 해 왔다. 나는 지성에 교리와 가르침을 가진 많은 사람들을 만나 보았으며, 나는 소위 은사

있는 사람들을 많이 만나 보았다. 나는 또한 많은 이상한 일들과 많은 병고침을 보았다. 이러한 것들로 인하여 나는 사도 바울이 고린도전서에서 기록한 것이 100% 사실임을 깨닫게 된다. 사람들이 많은 지식과 많은 은사들을 가지고 있을지도 모르지만 여전히 저희 매일의 행함에 있어서 그리스도를 체험하고, 저희 교회 생활에 있어서 그리스도를 적용하고, 저희 매일의 용무에 있어서 십자가를 적용하는 법을 알지 못한다. 유감스럽게도, 그러한 사람들은 여전히 어린아이 같고, 얕으며, 많은 경우에 육신적이다.

지식과 은사들은 어느 정도까지 도움을 주기는 하지만, 교회 생활과 우리의 매일의 행함은 지식이나 은사의 문제가 아니라 십자가의 역사 아래서 참되고 실제적으로 그리스도를 체험하는 문제이다. 우리 모두는 이것을 배우고 이것에 우리의 온전한 주의를 쏟아야 한다. 만일 우리가 십자가의 역사 아래서 그러한 방식으로 그리스도를 체험한다면, 우리는 점진적으로 합당하고 적절한 지식으로 장비될 것이며 우리에게 필요한 어떠한 종류의 은사라도 하나님으로 말미암아 우리에게 측량될 것이다. 우리가 지식과 은사들을 탐낼 필요가 없다. 우리는 단순히 십자가의 역사 아래서 그리스도를 체험해야 한다. 대 주재이신 분인 하나님께서는 우리에게 얼마나 많은 지식이 필요하며 우리에게 어떤 종류의 은사들이 필요한지를 아신다. 그분은 우리에게 주신 임의량의 지식과 임의의 은사들을 측량하여 필요를 채우실 것이다. 이것이 지식과 은사들을 얻는 합당한 길이다.

신약에서 그리스도와 십자가에 대한 참된 체험보다도 지식과 은사들을 더 강조한 최소한 한 교회에 대한 기록이 있다. 그들은 지식과 은사들에 있어서 너무 지나치게 앞서 나가 있었다. 이러한 연유로 인하여 이 책에 두번째 주요 원칙이 진술되어 있는 것이다.

네 종류의 그리스도인들

세째, 거듭난 사람은 네 종류의 그리스도인들 중 하나일지 모른다. 그 사람은 영적인 사람이거나, 혼적인 혹은 천연적인 사람이거나, 육신적인 사람이거나, 수치나 느낌도 없는 짐승과 같은 육신에 속한 사람일 것이다. 이 책에서는 우리에게 많은 실례들을 제시하며 영적이거나, 혼적이거나, 육신적이거나, 육신에 속한 사람이 어떠한 자인지를 우리에게 보여준다. 고린도전서에서는 네 종류의 사람들 모두를 기록하고 있다. 사도 바울이 쓴 것에 의하면, 그는 자연스럽게 영적인 사람으로 표명되었다. 그는 자신 안에서 자랑하지 아니하였다. 그렇지만 이 사도의 역사를 알아 보려면, 고린도전후서를 읽어 보아야 한다. 이 두권의 책은 바울의 자서전으로 간주될 수가 있으며, 그가 어떠한 류의 사람인지를 묘사해 주고 있다. 그의 동기, 그의 의도, 그의 인격, 그의 실제 존재, 그의 활동, 그의 하늘에 속하고 영적인 열망 모두가 여기에 묘사되어 있다. 따라서, 최소한 이 책에 있는 한 사람인 사도 바울은 영적인 사람이다. 이 책 속에는 또한 지성, 추론, 지식을 사용하여 영적인 것들을 인식하려고 하는 혼적인 사람들도 있다. 게다가, 이 책 속에는 또한 육신적인 믿는이들도 많이 있으며, 5장과 6장에서 실례를 든 바와 같이, 최소한 얼마는 육신에 속한 자들이다.

우리는 자신들이 이 책 안에 있는 사례들에 이르게 될 때 위의 세가지 주요 원칙들을 명심해야 한다. 그러면 우리는 이 책을 쉽고 합당하게 이해하게 될 것이다.

고린도전서에 있는 사례들

분열의 문제

이 세가지 주요 원칙들을 고려하여, 우리는 이제 각 사례를 숙고해 볼 수가 있다. 첫째 사례는 분열과 분파의 문제이다(1:10-4:21). 고린도에서 얼마는 자기들이 바울에게 속하였으며, 다른 이들은 아볼로에게 속하였으며, 또 다른이들은 게바에게 속하였다고 하였으며, 심지어 다른이들은 저희가 그리스도께 속하였다고 주장하였다(1:12). 이러한 것들은 육신에게서 발생한 분열 또는 분파였는데, 이는 저희의 육신이 처리되지 아니하였기 때문이었다. 십자가의 참된 역사가 저희 육신에 결여되어 있었다. 『나는 바울에게 속했다』고 하는 것은 사람이 육신적이며, 이 사람에게서 십자가의 흔적이 없음을 입증한다. 만일 십자가가 우리 육신에 적용이 된다면, 우리는 자신들이 바울에게 속했거나 또는 그 밖에 누구에게 속했다고 결코 말하지 않을 것이다.

소극적인 방면에서 육신은 처리 받아야 하고, 반면 적극적인 방면에서 우리는 그리스도께서 나누이지 않으셨음을 알아야 한다. 13절에서는 『그리스도께서 나뉘었느뇨?』라고 묻는다. 만일 우리가 그리스도를 알고, 그리스도를 적용하고, 그리스도를 체험한다면, 우리는 그분이 한 분이심을 깨닫게 될 것이다. 그뿐만 아니라, 머리가 하나이기 때문에 몸도 또한 하나이다. 그리스도는 한 분이시요, 교회도 하나이다. 확실히 만일 우리가 그리스도를 안다면, 몸의 하나도 알게 될 것이다. 오늘날 왜 많은 분열이 있는가? 그것은 다만 사람들이 적극적인 방면에서 그리스도를 알지 못하고 소극적인 방면에서 십자가를 체험하지 않는다는 사실에 기인한다. 만일 우리가 그리스도를 알고 십자가를 우리의 육신에 적용한다면, 분열이 없을 것이다. 자연히 우리는 그리스도의 몸의 하나의 실제를 깨닫게 될 것이다. 그러므로 첫째 사례를 지배하는 원칙은 그리스도와 십자가이다.

육신에 속한 형제의 문제

둘째 사례는 육신적이고 육신에 속한 사람에 대한 것이다(5:1-13). 5장과 6장의 기록에 의하면, 육신에 속한 사례들은 여러가지 수치스런 유형에 해당된다. 그러한 것들이 하나님의 말씀에 언급되어 있다 하더라도, 읽기가 즐겁지 못하다. 의심할 여지없이 사람들이 그리스도의 체험을 소홀히 하고 저희 육신에 십자가를 적용하는 체험을 상실하므로 사람들이 그렇게 육신에 속할 수가 있는 것이다. 만일 우리가 진정 십자가의 역사 아래 있고 그리스도를 체험한다면 육신에 속할 수가 없다.

믿는이들 가운데서의 소송의 문제

이 책에 기록된 다음 사례는 소송에 관한 것인데, 그곳에서는 형제들이 서로를 법에 고소하였다(6:1-11). 형제들이 서로를 소송하러 법정에 가는 것은 수치스러운 일이다. 7절에서는 『너희가 피차 송사함으로 너희 가운데 이미 완연한 허물이 있나니 차라리 불의를 당하는 것이 낫지 아니하며 차라리 속는 것이 낫지 아니하냐』고 한다. 이것은 십자가의 가르침이다. 한 형제가 우리를 속인다고 하더라도, 우리는 손실을 당하고 십자가의 체험을 얻고자 해야 한다. 우리는 소송을 이행함으로써 십자가의 체험을 잃어서는 안 된다. 우리가 사건에 승소하고 물질적인 것들을 다소 얻게 될지도 모르나, 값진 십자가의 체험은 잃게 될 것이다. 우리는 소송에서 이득을 얻기보다는 오히려 손실을 당하고 십자가를 체험하기를 선택해야 한다. 이것이 십자가에 대한 실제적인 체험이다.

우리가 십자가에 대하여 말을 할 수도 있지만, 어느날 한 형제가 우리를 속일 지도 모른다. 우리는 법정에 가서 그를 고소하겠는가? 이것은 합당한 길이 아니다. 합당한 길은 속임당함으로써 손실을 당하는 것이다. 비록 우리가 물질적인 것들의 손실을 당한다 하더라도, 우리는 십자가를 체험하고 그리스도를 얻게 된다. 이것은 더 귀하고 이 길 안에서 우리는 하나님께 영광을 돌리게 된다. 그러나 만일 우리가 법정에 간다면, 그것은 주님의 이름에 참으로 수치스러운 일이다. 저 고린도 형제들은 그리스도의 체험과 그분의 십자가를 무시하였으므로 법정에 갔다. 만일 그들이 첫째 원칙인 그리스도와 십자가의 원칙을 적용하였었더라면 소송은 없었을 것이다.

자유남용의 문제

이 서신에서 다루어진 네째 사례는 음식과 몸 안에서의 자유의

남용이다(12-20절). 이 문제를 다룸에 있어서 바울은 고린도인들에게 우리의 몸은 그리스도의 지체들이며(15절), 우리는 주님과 한 영이고(17절), 우리의 몸은 성령의 전이라고(19절) 말하고 있다.

결혼 생활의 문제

이 책에 있는 다섯째 사례는 결혼 생활을 다룬다(7:1-40). 성경 66권 전체에서 이 장만큼 분명하고 포괄적으로 결혼을 다루고 있는 장은 없다. 만일 우리가 이 부분을 주의깊게 읽어 본다면, 우리는 동일한 기본 원칙이 결혼에 적용되는 것을 볼 것이다. 그리스도와 그분의 십자가가 없다면 결혼 문제가 달리 해결될 수가 없다. 비록 우리가 문제를 해결할 수 있다 하더라도, 그것은 합당한 길이 되지 않을 것이다. 마찬가지로 사람이 결혼을 하든 하지 않든 그리스도와 십자가를 체험함으로써만 해결 될 수가 있다. 우리는 십자가를 우리 자신들에게 적용하고 우리의 생명이신 그리스도를 심지어 결혼 문제에 있어서 취하여야 한다. 그러면 우리는 문제들을 해결하는 법이 분명해질 것이다.

이러한 연유로 이러한 장들을 읽을 때 우리는 그러한 것들 이면에 있는 원칙을 깨닫고 적용해야 한다는 것을 강조하는 바이다. 그러면 우리는 그러한 것들이 의미하는 것에 대하여 분명하게 될 수 있다. 예를 들어, 32절에서는 『장가가지 않은 자는 주의 일을 염려하여 어찌하여야 주를 기쁘시게 할꼬』라고 한다. 이것이 그리스도와 십자가의 체험이다. 만일 우리가 그리스도와 십자가를 체험한다면, 우리는 결혼의 문제에서 주님을 기쁘시게 하는 법을 알게 될 것이다. 우리가 결혼을 하든지 하지 않든지, 우리가 누구와 결혼하고, 우리의 결혼 생활을 유지하는 법 모두는 우리가 그리스도와 그분의 십자가를 체험함으로써 어떻게 주님을 기쁘시게 하는 가에 달려 있다.

먹는 문제

여섯째 사례는 먹는 문제와 관련이 되어 있다(8:1-11:1). 분열의 사례는 육신적이고, 5장과 6장에 있는 사례들은 육신에 속한 것이다. 그런데 8장에서 10장에 걸쳐 있는 사례는 육신에 속하고 육신적인 것이다. 이러한 종류의 먹는 것은 육신과 많은 관련이 있다. 먹는 문제에 있어서 다른이들을 고려하지 않던 두 종류의 믿는이들이 있었다. 어떤 믿는이들은 저희 먹는 방식에 빠져 있었다. 따라서 의심할 여지없이 그들은 육신에 속해 있었다. 그러나 다른이들은 육신에 속해 있지는 않았으나 저희 양심에 있어서 강하였다. 그들은 자신들이 무슨 음식을 먹든 상관하지 않았고, 약한 자들의 양심도 관심하지 아니하였다. 그들은 독립적으로 행동하였으며 이로써 육신적이 되었다. 만일 우리가 이 장들을 주의 깊게 읽어 본다면, 우리는 그 장들 속에서 육신적인 방면의 먹는 것에 대하여 더 많이 다루고 있다는 것을 볼 것이다.

고린도에 있는 어떤이들은 저들이 어떤 방식의 먹는 것에 빠졌기 때문이 아니라 양심의 문제 때문에 먹는 문제에 대하여 논쟁하고 있었다. 양심이 강하지 못한 어떤 믿는이들은 우상의 제물로 바쳐진 음식이 우상 숭배와 어떤 연관이 있으며 만일 저희가 그것을 먹는다면 우상에 참여하게 된다는 것을 느꼈다. 비록 이것은 선한 생각이기는 하나, 약한 양심으로 기인한 것이다. 다른 이들은 먹는 것에 대하여 강하긴 하나, 그들은 다른이들의 느낌을 관심하지 아니하였다. 그것은 마치 저희가 말하기를 『우상들은 아무것도 아니다. 만물은 하나님께서 우리를 위하여 창조하셨다. 비록 음식이 우상에게 제물로 바쳐졌어도 우리는 먹어도 괜찮다.』라고 하는 것과 같다. 저희 자신들로 봐서는 합당하지만 다른 이들을 향해서는 저희가 육신적이었기 때문에 부주의 하였다. 그들은 다른이들의 약한 양심을 주의하지 않고 먹는 것을 강조하였다. 그리하여 그들은 약한 자들을 걸려 넘어지게 하였다. 저희가 먹을 권리가 있다 하더라도, 그들은 다른이들을 주의했어야 했다.

그러므로 9장은 8장에 이어서 사도 바울을 예로 제시하고 있다. 저에게는 많은 합법적인 것들을 할 수 있는 권리가 있었어도, 다른이들을 위하여, 그는 그러한 권리들을 사용하지 아니하였다(1, 4-5절). 이것은 비록 그들이 양심이 강하고 우상들에 바쳐진 것들을 먹을 권리가 있다하더라도 다른이들을 관심해야 한다는 그러한 믿는이들에 대한 본보기이다.

우상들에 바친 제물들을 먹는 사례에 있어서, 이 책의 첫째 원칙은 다시금 필요하다. 우리는 그리스도와 그분의 십자가를 체험해야 한다. 십자가를 체험하는 것은 그릇되고 소극적인 것들과 더불어 합법적인 것들, 합당한 것들, 심지어 우리 자신의 권리도 처리하는 것이다. 어떤 이들이 우상들에 바친 음식을 먹을 권리가 있고 저희에게는 그렇게 할 권리도 있었다. 우상들은 아무것도 아니며, 그 모든 음식은 하나님께서 먹기에 좋은 어떤 것으로 창조하셨다. 더욱이 그들은 우상들의 존재를 부인하므로 하나님의 영광을 위하여 먹는 것처럼 보인다. 그런데도, 우리는 다른이들을 관심할 수 있도록 합법적인 것들을 다루는 데 있어서 조차도 십자가를 체험하는 법을 배워야 한다.

이것이 십자가를 더 깊이 체험하는 것이다. 우리는 십자가를 체험하는 것이 잘못된 것들, 잘못된 태도, 잘못된 다른 문제들을 주로 체험하는 것이라는 생각을 가지고 있을지도 모른다. 그러나 이 사례는 우리가 어떤 일을 할 수 있는 온전한 합법적인 권리를 가지고 있다 하더라도 다른이들을 위해 십자가의 다룸을 받아들여야 한다는 것을 우리에게 보여주는 실례이다.

다른 것들에서 뿐만 아니라 이 사례에서도, 사도 바울은 몸의 건축을 관심 하였다(10:17, 23). 비록 우리에게 많은 합법적인 것들을 행할 권리가 있다 하더라도, 우리는 몸의 건축과 몸의 지체들을 관심해야 한다. 우리는 몸의 건축이나 지체들 간의 관계를 손상시키는 어떤 것을 하여서는 안 된다. 이러한 빛 가운데서, 이 사례의 의미는 매우 분명해진다.

머리를 덮는 문제

고린도전서에서 발견되는 일곱번째 사례는 머리를 덮는 문제를 포함한다(11:2-16). 머리를 덮는 문제는 오늘날만의 논쟁거리가 아니다. 그것은 이미 1세기에도 거기에 있었다.

머리를 덮는 것은 우주 가운데서 그리스도의 머리되심, 주 되심과 관계가 있다. 3절에서는 『그러나 나는 너희가 알기를 원하노니 각 남자의 머리는 그리스도요 여자의 머리는 남자요 그리스도의 머리는 하나님이시라』고 말한다. 그러므로 여자는 자기 머리를 가리도록 할 필요가 있다. 여기서 또 다시 우리는 이 책의 첫째 원칙을 적용해야 한다. 저희 머리를 덮고자 하는 유일한 자들은 십자가를 체험함으로 저희 자아를 처리하는 법과 그리스도를 모든 것으로 취함으로 저희의 머리가 되도록 하는 법을 아는 자들이다. 머리를 덮는 것은 그리스도를 머리로 체험하는 문제이다. 이것은 그리스도를 생명과 모든 것으로 취하고 십자가를 체험하는 것을 포함한다.

사람을 돕는 최상의 방법은 머리를 덮는 것의 참된 의미가 저들을 도와 그리스도를 생명으로, 머리로, 모든 것으로 체험하도록 하는 것임을 깨달음에 있다. 그것은 또한 그들을 도와 천연적인 사람과 자아를 처리하기 위해 십자가의 참된 체험을 인식하도록 하는 것이다. 만일 우리가 이 두가지 문제들에 있어서 성도들을 도울 수가 있다면, 자매들은 특히 그들이 기도할 때 자원하므로 또한 마땅히 자기 머리를 가리고자 할 것이다. 그러나 우리는 사람들에게 온전한 자유를 주어야 한다. 한면으로 우리는 「바리새인들」이거나 다른이들을 「바리새인들」이 되도록 만들어서는 안 된다. 반면에 다른 면으로 우리는 표준을 낮추어서도 안 된다.

주의 만찬의 문제

고린도전서에 있는 다음 사례는 주의 만찬에 관한 것이다(11:17-34). 머리 덮는 것의 사례는 머리와 관련된다(3절). 반면 주의 만찬(주의 상)은 몸과 관련된다. 이런 식으로 11장에서는 우주적인 사람—머리와 몸—을 다루고 있다. 원칙상, 우리 모두는 머리와 올바라야 하고 몸과도 올바라야 한다. 만일 우리가 주의 만찬과 그릇되어 있다면, 몸을 분변하지 못함으로 몸과도 그릇되게 된다(29절).

상위의 떡은 두 가지 의미를 가지고 있다. 주님의 만찬은 주님 자신을 기념하기 위한 것이다. 그러므로, 주님의 만찬에서 떡은 우리를 구속하기 위해 십자가에 못 박히신 주님의 육신적인 몸을 상징한다. 우리는 주님 자신을 기념하여 떡을 바라본다. 그러나, 주님의 상은 성도들의 친교, 교통을 위한 것이다. 그것은 몸의 교통을 위한 주님의 잔치이다. 10장 16절에서는 『우리가 떼는 떡은 그리스도의 몸의 교통이(the fellowship of the Body of Christ) 아니냐?』고 말하고 17절에서는 『많은 우리가 한 몸이니』라고 말한다. 우리가 주의 상에 둘러 앉아 서로 교통을 가지며, 교회(엡 4:4)인 우주적인 비밀한 그리스도의 몸의 상징인 떡을 바라본다. 이와 같이, 떡의 한 방면은 주님 자신을 기념하기 위한 것이고, 한편 다른 방면은 비밀한 몸 안에서 모든 성도들과의 교통을 위한 것이다.

그러므로 고린도전서 11장 29절에서 몸을 분별한다는 것은 두 가지 의미가 있다. 우리가 떡에 참여하러 올 때마다 우리는 그 떡이 일상적인 것이 아님을 분별해야 하는데, 이는 그것이 십자가 상에서 우리를 위해 못 박히신 주님의 몸을 상징하기 때문이다. 우리는 아침에 일상적으로 빵 조각을 떼듯이 그것에 참여해서는 안된다. 오히려 우리는 경외함으로 그것에 참여해야 한다. 더욱이 우리는 또한 우주적이고 비밀한 그리스도의 몸을 분별해야 한다. 이것이 왜 우리가 종파속의 「친교」에 참여하지 말아야 하는가에 대한 이유이다. 왜냐하면 그들은 분열이요 그들의 친교에 참여하는 것은 그들의 분열에 참여하는 것이다. 그것은 주님의 상이 아니라 분열의 상이다. 주님의 상은 종파나 교파가 아닌 몸을 대표하는 합당한 입장 위에 있어야 한다.

비록 참으로 전부 구원 받은 수천의 지체들과 더불어 교파 교회 안에서「친교」가 있다 하더라도, 그 상은 여전히 한 몸을 대표하지는 못한다. 오히려 그것은 루터교나, 장로교파나, 침례교파를 대표한다. 그들의 회원이 얼마나 많든지 간에 그것은 여전히 그 종파를 대표한다. 반대로, 만약 서너명의 형제들만이라도 한 입장 위에 서서 몸을 대표하고 있다면, 그들이 가진 것은 몸을 분변하는 합당한 주님의 상이다. 이것이 11장 29절에서 몸을 분변한다는 것의 합당한 의미이다.

우리는 머리와 몸과의 합당한 관계를 가져야 한다. 머리를 덮는 것의 문제는 우리가 머리와 올바른 관계를 가지고 있다는 것을 확실하게 해주며, 주님의 상은 우리를 주님의 몸과의 올바른 관계로 유지되게 한다. 오늘날 많은 그리스도인들이 주님을 기념하는 것에는 주의를 하지만, 몸의 문제는 무시하거나 심지어 반대한다. 따라서 그들의 상은 몸을 대표하지 못하고, 저들의 교파를 대표한다. 이것은 고린도전서의 이 모든 분깃을 무효화 한다. 머리도 사라지고 몸도 사라진다. 이것은 하나님의 대적인 마귀의 간교한 뜻이다. 주께서 우리에게 긍휼을 베푸시기 바란다. 우리는 겸손히 우리 자신들을 그분의 머리되심에 복종시키고 몸에 순종해야 한다. 즉 우리는 머리와 몸과 합당해야 한다. 우리는 그리스도를 체험하고 십자가를 취함으로써만 이렇게 할 수가 있다.

은사의 문제

바울이 고린도전서에서 다룬 아홉째 사례는 은사의 사용이다(12:1-14:40). 심지어 영적인 은사들이라 하더라도 그리스도의 몸에 문제가 될 수 있다. 그 모든 것은 우리가 이러한 은사들을 어떻게 사용하는 가에 달려있다.

먼저 우리는 모든 영적인 은사들과 은사들을 사용하는 것이 몸을 위한 것이어야 함을 깨달아야 한다. 고린도전서 12장 12절에서는 『몸은 하나인데 많은 지체가 있고 몸의 지체가 많으나 한 몸임과 같이 그리스도도 그러하니라』고 말한다. 모든 은사들의 기능과 사용은 몸을 위한 것이어야 한다. 더욱이 우리는 머리도 그리스도요 몸도 그리스도임을 깨달아야 한다. 이것에 이어서 13절에서는 『우리가 유대인이나 헬라인이나 종이나 자유자나 다 한 영 안에서 한 몸 안으로 침례를 받았고』(회복역)라고 말한다. 이것은 성령으로부터 온 모든 은사들이 몸을 위한 것이라는 것을 우리에게 말해준다. 그러나 유감스럽게도 오늘날 은사들은 흔히 몸을 건축하기 보다는 오히려 믿는이들을 몸으로부터 벗어나게 한다. 건축을 위하여 사용되어져야 하는 것이 벗어나는 것이 된다. 이것은 그릇된 것이다. 우리에게 은사들이 많고, 은사들로 더욱 기능을 발휘하고, 은사들을 사용하면 할수록, 우리는 몸을 더 건축할 필요가 있다. 모든 믿는이들은 몸에 초점을 맞추어야 한다. 우리는 우리의 은사를 사용함으로 말미암아 어떠한 지체도 몸으로부터 벗어나게 해서는 안 된다.

우리가 은사들을 사용하는 최상의 방식은 사랑의 방식 안에서이다(13:1-13). 사랑은 최상의 탁월한 길이다. 참된 사랑은 십자가와 함께한 그리스도이시다. 다른이들을 향하여 참된 사랑을 행하기 위해서 우리는 십자가와 더불어 그리스도를 체험해야 한다. 우리의 자아는 처리 받아야 하고, 우리는 그리스도를 모든 것으로 취하여야 한다. 그러면 우리는 다른이들을 사랑하는 법을 알게 될 것이다. 심지어 사랑을 행함에 있어서도 우리에게 사랑이 없을 수가 있는 것이다. 이에 반하여 다른이들을 사랑하기는커녕 우리는 다른이들을 관심하지 않고 매일 방언만을 말할지도 모른다. 만일 우리가 12장에서 14장까지를 주의깊게 읽어본다면, 우리는 저자의 의도가 은사들을 사용하기보다는 오히려 사랑을 갖는 쪽임을 볼 것이다. 만일 우리가 영적인 은사들을 사용하는 것이 다른이들을 건축하지 않거나 다른이들에게 이득이 되지 않는다면, 우리는 자원하여 은사들을 내려놓고 다른이들을 향하여 우리의 사랑을 실행해야 한다. 이것이 우리가 우리의 은사들을 사용하는 최상의 길인데, 이는 그 목적이 몸을 건축하는 것이기 때문이다. 만일 우리가 은사들을 사용하는 것이 이 목적을 이루지 못한다면, 우리는 은사들보다는 오히려 사랑을 실행해야 한다.

여기서 다시 한번 우리는 이 책의 첫째 원칙을 적용해야 한다. 은사들을 가진 사람은 처리받아야 한다. 그런 다음 우리는 은사를 사용하는 최상의 길인 사랑을 갖게 될 것이다. 이 사랑은 의심할 여지 없이 십자가의 체험을 가진 그리스도이시다.

부활에 관한 문제

열번째 사례는 부활의 문제를 포함한다(15:1-58). 참된 그리스도인 조차 부활이 있음을 믿지 않는다는 것은 놀라운 일이다. 이들은 「현대주의자들」이 아니었다. 고린도인들은 참된 그리스도인들이었다. 그런데 그들 중에는 부활의 사실을 믿지 않는 자들이 있었다. 이 사례는 이 책에 있는 세번째 원칙인 영적이거나, 혼적이거나, 육신적인 것의 원칙과 연관되어 있다. 소수의 이러한 사람들은 자신들의 지적인 이해로 부활에 관하여 논증하고자 하는 자들이었기 때문에 혼적인 사람들이었다. 우리는 영적인 것들을 우리의 지성 즉 우리의 혼적인 생각으로 이해 할 수가 없다. 만일 우리가 그리하고자 한다면, 우리는 혼적이다.

이 장에서 부활을 확증하고 그리스도의 몸의 최종적인 완결을 계시하는 영적이고 하늘에 속한 계시가 있다. 그리스도의 몸의 최종 완결은 그리스도께서 돌아오사 생명이 사망을 삼키는(54절) 날에 일어날 것이다. 그러므로 여기에 부활의 문제뿐만 아니라 사망을 삼키는 생명의 문제도 있다. 그 때에 그리스도의 몸은 그 온전한 완결안에 있게 될 것이며, 그리스도께서 어떠한 분이시며 그분이 어느 정도 이신지를 증거할 것이다.

물질 소유의 문제

고린도전서에서 바울이 다룬 마지막 사례는 물질적인 소유를 주고 받는 것에 대한 사례이다(16:1-9). 물질적인 것들을 주고 받는 것의 문제는 매우 실제적이다. 우리의 그리스도인 생활과 교회 봉사는 주고 받는 것으로 넘쳐야 한다. 우리는 자신이 하나님께로부터 받은 모든 것들을 우리 자신들을 위해 저장해 두어서는 안 된다. 오히려 우리는 다른이들에게 주고, 우리가 소유한 것을 내 보내어 다른이들을 돌보아야 한다. 만일 우리가 이런 류의 믿는이가 아니라면, 우리는 잘못되어 있다. 만일 물질적인 소유에 관하여 우리가 실패하게 된다면, 우리는 영적인 믿는이들이 아니라 육신적이거나 혼적일 것이다. 만일 주께서 우리에게 얼마간의 금전을 주신다면, 우리는 몸을 돌보기 위하여 다른이들에게 주어야 한다. 심지어 주고 받는 것은 몸의 생활의 문제이다.

 물질적인 소유를 처리함에 있어서 우리는 기도하고, 주님의 인도하심을 구하고, 몸 안에서의 상황을 돌아보고 성도들의 필요를 돌보기를 배워야 한다. 만일 우리가 일정한 양의 금전을 받게 된다면, 우리는 얼마를 다른이들에게 주고 그리고나서 나머지를 우리 자신을 위해서가 아니라 몸을 위해서 쓰는 정도까지 우리가 주님의 자녀들과 그분의 몸을 관심해야 한다.

 2절에 따르면 우리는 주의 첫날에 우리의 선물(gifts)을 드려야 한다. 이것은 부활을 상징하는 여덟째 날이다. 우리가 부활의 날에 연보를 하는 것은 우리가 드리는 것이 부활 안에서 이루어져야 한다는 것을 가리킨다. 우리는 옛방식으로가 아니라 새로운 방식으로 드려야 한다. 우리는 옛 창조를 상징하는 일곱째 날의 원칙 안에서 드려서는 안되고, 부활의 새로움을 상징하는 첫째 날의 원칙 안에서 드려야 한다. 만일 우리가 주의 날에 하나님께서 보시는데서 무엇인가를 드린다 하더라도, 그것이 주의 날의 원칙 안에 있지 않을 수도 있다. 그것은 황폐하고, 공허하고, 흑암 가운데 있는 옛 주(week)의 첫 날의 어떤 것일 수도 있다(창 1:2). 그러한 드림에 생명이나 빛이 없을 수도 있다. 이것은 우리의 연보에 『꿀』을 더하는 것인데, 그것은 우리와 다른이들과의 친밀함 가운데 있는 육신과 우리 옛 본성의 달콤함인 것이다. 이것은 그릇된 것이다. 우리는 주께서 물질적인 것들을 여분으로 주시는 것마다 부활의 방식으로 드려야 한다. 육신과 옛 창조는 철저히 처리받아야 한다.

때로는 우리가 특별한 필요를 채우기 위해서 우리의 친척들에게 좋은 것들을 전해 줄 수도 있다. 비록 이것이 주님의 인도하심에 따른 것일 수도 있으나 생명의 분배함은 없을 수도 있는 것이다. 오히려 우리는 자원하여 여분을 동역자들과, 주님의 종들과, 육신 안에서는 관계가 없으나 몸 안에서는 참된 관계가 있는 주님의 백성들에게 드려야 한다. 우리는 자신들이 천연적인 방식으로나 우정 또는 친척관계이므로 다른이들을 사랑하기 때문에서가 아니라 주님의 부담, 관심, 역사로 인하여 다른이들에게 준다. 우리는 옛 창조 안에서가 아니라 새 창조 안에서, 일곱째 날이 아니라 여덟째 날에 드린다. 원칙상 우리는 주의 날에 드린다.

여기에서 또 다시 주고 받는 문제에서 조차도 우리의 자아는 십자가로 말미암아 처리 받아야 한다. 우리는 모든 기반을 그리스도께 드리고 모든 찬양을 우리의 머리이신 그분께 드려야 한다. 그러면 우리의 드림은 합당하게 이루어질 것이다. 물론, 문자적으로 말해서 고대의 그리스도인들은 주의 날에 함께 모였다. 이것은 주의 날의 문자적인 의미이나, 또한 영적인 의미도 있는데, 그것은 우리가 옛 종교의 방식으로는 아무것도 하지 않는다는 것이다.

앞서 말한 열 한가지 사례들에서는 영적인 사람들, 혼적인 사람들, 육신적인 사람들, 육신에 속한 사람들이 있다. 우리는 이 네가지 조건들을 이 책에 나오는 모든 사람들에게 적용할 수가 있다.

몇가지 부차적인 원칙들

믿는이들의 실제적인 상태에 대한 그림

고린도전서에는 비교적으로 말해서 부차적이나 중요한 몇가지 원칙들도 있다. 먼저 이 책은 우리에게 믿는이들의 참된 상태에 대한 그림을 제시한다. 그것은 구약에 나오는 이스라엘 사람들의 것과 매우 유사하다. 유대인들의 역사에 따르면, 그들은 애굽에서 유월절로 말미암아 구원을 받고, 애굽에서 구출되어 광야로 인도되었다. 광야에서 방황이 있은 후, 그들은 명령을 받아 가나안의 좋은 땅 안으로 서둘러 들어갔다. 이스라엘 백성의 역사는 고린도전서에서 재연된다. 5장에서 고린도인들은 그리스도를 그들의 유월절로 누렸다(7절). 이제 우리도 그들처럼 무교병의 절기를 누리고 있다. 따라서 우리는 묵은 누룩을 제거해야 한다.

10장에서는 또 다시 고린도인들이 이스라엘 백성과 마찬가지였다고 기록하고 있다. 그들은 유월절을 누렸고, 애굽에서 구출되었고, 광야로 인도되었다. 그러나 저들 중 대부분은 육신적이고 혼적이었다. 극소수만이 영적이었다. 구약과 신약에 나오는 기사는 정확하게 서로 일치한다. 하나님께서 이스라엘 백성에게 좋은 땅 안으로 재촉하여 들어가도록 말씀하신 바와 마찬가지로, 사도 바울도 고린도인들에게 경주를 달리고 목표를 쫓으라고 하였다. 우리는 10장 첫 부분과 더불어 9장 마지막 부분을 읽어 볼 필요가 있다. 이 두 부분이 분리되어서는 안 된다. 9장 끝 부분에서는 우리에게 달려야 할 경주가 있다고 말하고(24-27절), 10장에서는 우리에게 이스라엘 자손들이 경주를 달렸고 실패했다고 말한다(1-13절). 그러므로 오늘날 우리는 더 나은 방식으로 경주를 달려야 한다. 더 나은 길은 육신에 대하여 잊어버리고 천연적이고 혼적인 생명을 부인하고 재촉하여 영 안으로 들어가는 것이다. 그러면 우리는 목표인 그리스도께 도달하게 될 것이다.

구원 받는 것 이외에 또 보상을 받음

이 책속에는 우리가 그리스도를 우리의 유월절, 우리의 구속자로 취하여 하나님의 정죄와 세상적으로 점유된데서 구원받아야 할 원칙이 있다. 애굽에서 구원 받는 것은 한 가지 일이고 재촉하여 하나님의 충만안으로 들어가고 그리스도를 누리고, 목표에 도달하고, 보상을 받는 것은 또 한 가지 일이다. 경주의 끝에 보상을 받는 것은 부가적인 문제이다. 비록 우리가 구속되었다 하더라도, 경주의 끝에 가서 손실을 당할 수도 있는 것이다.

고린도전서 3장 14절과 15절에서는 『만일 누구든지 그 기초(토대-foundation) 위에 세운 공력이 그대로 있으면 상을 받고 누구든지 공력이 불타면 해를 받으리니 그러나 자기는 구원을 얻되 불 가운데서 얻은 것 같으리라』고 말한다. 여기에서 그것은 구원이 아니라 보상을 받는 문제이다. 만일 우리의 일이 남아 있지 않다면 불태워질 것이다. 이 일은 나무, 풀, 짚의 본성에 속한 것이다(12절). 육신적이고 세상적인 일은 불태워질 것이고, 우리 자신도 손실을 당하게 될지도 모른다. 그러나, 이러한 말씀이 얼마나 엄하게 들리든지 간에 우리는 그것을 받아들여야만 한다. 우리는 사람들의 비난을 상관하지 않는다. 우리는 다만 주님의 말씀을 그분의 백성에게 제시하기 원할 따름이다. 우리는 자신의 인간적인 생각으로 속임당해서는 안 된다. 이 부분의 말씀에서는 분명하게 우리에게 우리가 참되게 구원 받았으나 불을 통하여 해를 입을 수도 있다는 것을 말해 준다. 불이 의미하는 바는 오직 주님만이 아시지만, 그러한 것이 있다.

여기에 구원 받는 것이 하나의 문제요 우리가 구원을 받았더라도 보상을 받거나 불을 통과하여 손실을 당하는 것은 별개의 문제라는 원칙이 있다. 이스라엘 자손들은 유월절 어린양으로 말미암아 구원을 받고 애굽에서 구출되고, 만나를 누리고 갈라진 바위에서 나오는 생수를 누렸다. 10장에서는 오늘날 우리도 역시 그리스도를 만나와 날마다의 우리의 누림을 위해 생수가 흘러나오는 갈라진 반석으로서 누리고 있음을 우리에게 말해 준다(3-4, 11절). 그러나, 우리는 이스라엘 자손들과 똑같으며 하나님의 의도에 미치지 못할 수도 있다. 이 경우에 우리는 좋은 땅의 풍성을 충만한 보상으로 받지 못하고 일종의 손실을 당할 수도 있다.

이것이 주님의 말씀에서 매우 순수하게 제시하고 있는 바이다. 비록 우리가 명백하게 구원을 받았다 하더라도, 우리 앞에는 우리 모두가 달려야 할 경주가 있다는 것을 인식하여야 한다. 심지어 사도 바울 자신도 자신이 어떻게 경주를 달려야 할지 주의해야 했다는 것을 말한바 있다(9:24-27). 그는 다른이들이 그의 가르침으로 도움을 받을지라도, 자기 자신은 경주에서 실패할지도 모른다고 염려하였다. 구원과, 경주를 달리고 보상을 받거나 손실을 당하는 것은 전혀 별개의 문제이다.

하나님이 경작하신 땅, 하나님의 건축이 됨

이 책에서 발견되는 또 하나의 원칙은 3장에 있다. 9절에서는 우리가 하나님이 경작하신 땅과 하나님의 건축이라고 말한다. 하나님의 「농작물」로서 우리는 자라야 한다. 우리는 그리스도를 우리 안으로 심겨진 생명의 씨로 소유한다. 우리는 또한 성령을 우리에게 물을 주는 생수로 소유하고 있다. 이제 우리는 하나님의 농장으로 자라고 하나님의 건축으로 건축되어야 한다.

제 14 장

고린도후서에서의 사역과 사역자들

고후 3:3, 6, 17-18
『너희는 우리로 말미암아 나타난 그리스도의 편지니 이는 먹으로 쓴 것이 아니요 오직 살아 계신 하나님의 영으로 한 것이며 또 돌비에 쓴 것이 아니요 오직 육의 심비에 한 것이라』, 『저가 또 우리로 새 언약의 일군 되기에 만족케 하셨으니 의문으로 하지 아니하고 오직 영으로 함이니 의문은 죽이는 것이요 영은 살리는 것임이니라』, 『주는 영이시니 주의 영이 계신 곳에는 자유함이 있느니라 우리가 다 수건을 벗은 얼굴로 거울을 보는 것같이 주의 영광을 보매 저와 같은 형상으로 화하여 영광으로 영광에 이르니 곧 주의 영으로 말미암음이니라』

4:7, 10-11, 16
『우리가 이 보배를 질그릇에 가졌으니 이는 능력의 심히 큰 것이 하나님께 있고 우리에게 있지 아니함을 알게 하려 함이라』, 『우리가 항상 예수 죽인 것을 몸에 짊어짐은 예수의 생명도 우리 몸에 나타나게 하려 함이라 우리 산 자가 항상 예수를 위하여 죽음에 넘기움은 예수의 생명이 또한 우리 죽을 육체에 나타나게 하려 함이니라』, 『그러므로 우리가 낙심하지 아니하노니 겉 사람은 후패하나 우리의 속은 날로 새롭도다』

6:4-10
『오직 모든 일에 하나님의 일군으로 자천하여 많이 견디는 것과 환난과 궁핍과 곤난과 매 맞음과 갇힘과 요란한 것과 수고로움과 자지 못함과 먹지 못함과 깨끗함과 지식과 오래 참음과 자비함과 성령의 감화와 거짓이 없는 사랑과 진리의 말씀과 하나님의 능력 안에 있어 의의 병기로 좌우하고 영광과 욕됨으로 말미암으며 악한 이름과 아름다운 이름으로 말미암으며 속이는 자 같으나 참되고 무명한 자 같으나 유명한 자요 죽는 자 같으나 보라 우리가 살고 징계를 받는 자 같으나 죽임을 당하지 아니하고 근심하는 자 같으나 항상 기뻐하고 가난한 자 같으나 많은 사람을 부요하게 하고 아무것도 없는 자 같으나 모든 것을 가진 자로다』

11:23-29
『저희가 그리스도의 일군이냐 정신 없는 말을 하거니와 나도 더욱 그러하도다 내가 수고를 넘치도록 하고 옥에 갇히기도 더 많이 하고 매도 수없이 맞고 여러 번 죽을 뻔 하였으니 유대인들에게 사십에 하나 감한 매를 다섯 번 맞았으며 세 번 태장으로 맞고 한 번 돌로 맞고 세 번 파선하는데 일 주야를 깊음에서 지냈으며 여러 번 여행에 강의 위험과 강도의 위험과 동족의 위험과 이방인의 위험과 시내의 위험과 광야의 위험과 바다의 위험과 거짓 형제 중의 위험을 당하고 또 수고하며 애쓰고 여러 번 자지 못하고 주리며 목마르고 여러 번 굶고 춥고 헐벗었노라 이 외의 일은 고사하고 오히려 날마다 내 속에 눌리는 일이 있으니 곧 모든 교회를 위하여 염려하는 것이라 누가 약하면 내가 약하지 아니하며 누가 실족하게 되면 내가 애타하지 않더냐』

12:7-10
『여러 계시를 받은 것이 지극히 크므로 너무 자고하지 않게 하시려고 내 육체에 가시 곧 사단의 사자를 주셨으니 이는 나를 쳐서 너무 자고하지 않게 하려 하심이니라 이것이 내게서 떠나기 위하여 내가 세 번 주께 간구하였더니 내게 이르시기를 내 은혜가 네게 족하도다 이는 내 능력이 약한 데서 온전하여짐이라 하신지라 이러므로 도리어 크게 기뻐함으로 나의 여러 약한 것들에 대하여 자랑하리니 이는 그리스도의 능력으로 내게 머물게 하려 함이라 그러므로 내가 그리스도를 위하여 약한 것들과 능욕과 궁핍과 핍박과 곤란을 기뻐하노니 이는 내가 약할 그 때에 곧 강함이니라』

13:13
『주 예수 그리스도의 은혜와 하나님의 사랑과 성령의 교통하심이 너희 무리와 함께 있을지어다』

그리스도의 살아 있는 편지를 쓰는 살아있는 사역

고린도후서 3장 3절에서는 『너희는 우리가 사역함으로 나타난 그리스도의 편지니(Since you are being mainfested that you are a letter of Christ ministered by us)』이는 먹으로 쓴 것이 아니요 오직 살아계신 하나님의 영으로 한 것이며 또 돌비에 쓴 것이 아니요 육의 심비에 한 것이라』고 말한다. 이 말씀은 그리스도께 속한 것이 사람들 안으로 사역되어 그들로 그리스도의 살아있는 편지가 되게 한다는 것을 가리킨다. 이것은 살아있는 사역의 일이요 어떠한 류의 은사의 일이 아니다. 나는 은사에 의해서만 그리스도의 생명을 사람 안으로 역사되게 한 자를 결단코 본 적이 없다. 우리는 은사나, 가르침이나, 말이나, 지식으로만 그리스도를 다른 이들 안으로 사역할 수 없다. 오히려 그것은 우리 안으로 역사되어 우리를 그리스도의 사역자들과 그리스도의 사역이 되게 하는 그리스도께 속한 것으로 말미암아 되어야 한다. 우리 사람들은 그리스도의 살아있는 사역이 된다. 우리가 사역할 때, 우리는 그리스도에 대한 지식을 전해주고, 또 말씀을 통하여 그리스도 자신을 그들 안으로 사역한다.

이러한 종류의 사역은 그리스도를 사람들 안으로 역사하여 그들로 그리스도의 살아있는 편지들이 되게 한다. 이 편지들은 잉크로 쓰여지지 않은 것 즉, 지식의 편지로 쓰여진 것이 아니라 그것들은 살아계신 하나님의 영으로, 생명이신 하나님 자신으로 쓰여진다. 이렇게 사역하기 위해서, 지식을 갖는 것만으로는 충분하지가 않다. 우리는 영안에 있어야 한다. 그러면 우리가 말하고, 전파하고, 가르칠 때, 그 영의 요소, 본질이 사람들 안으로 사역되고 사람들 안으로 역사되어 그들로 그리스도의 살아 있는 편지들이 되게 한다.

문자가 아닌 그 영과 생명의 사역자들

6절에서는 『저가 또 우리로 새 언약의 사역자들 되기에 만족케 하셨으니 문자(letter)로 하지 아니하고 오직 영으로 함이니 문자는 죽이는 것이요 영은 생명을 주는 것이니라(the spirit gives life.)』고 말한다. 여기에 중요한 원칙이 있다. 우리는 율법의 문자를 처리해서는 안 된다. 우리는 단순히 문자에 주의해서는 안 되는데, 이는 문자가 죽이기 때문이다. 생명을 주는 것은 그 영이다.

문자는 생명이 아닌 어떤 것이 됨으로써 죽임

우리는 이 구절에 있는 「죽이다」는 것의 더 깊은 의미를 온전히 이해하지 못할지도 모른다. 만일 우리가 하나님의 생명이 아닌 것에 주의한다면, 그것이 진정 죽이는 것이다. 죽이는 것은 생명을 역사하지 않은 곳에 두는 것이고, 생명으로 기능 발휘가 되지 않도록 하는 것이다. 우리는 사망을 가져오는 것이 죽이는 것이라고 느낄지도 모르나, 비록 우리가 사망을 가져오지 않더라도 단지 생명이 아닌 것들에 주의하는 것도 진정 죽이는 것이다. 외관상 우리가 사망에 속한 어떤 것을 가져오지 않을 수도 있으나, 사람들의 관심을 생명에서 많은 다른 것들로 돌리도록 할 수도 있는 것이다. 이것이 사망인 것처럼 보이지는 않더라도, 사실상 그것은 참으로 죽이는 것이다.

여러해 동안 나는 문자가 죽인다(the letter kills)는 구절로 말미암아 괴롭힘을 당하였다. 나의 인식에 의하면, 내가 문자를 처리하였을 때, 마치 나는 죽임 당하지 않은 것 같았으며, 나에게는 죽이려는 의도도 없었다. 오랜 시간이 지난 후에 점차적으로 나는 합당한 의미를 이해하기 시작하였다. 문자가 죽인다고 우리가 말할 때, 그것은 단순한 교리, 문자에 대한 지식이 사람들로 하여금 생명이 아닌 것들에 주의하도록 하는 것을 의미한다. 어떤 사람이 사역을 할 때, 사망에 속한 것도 없지만, 거기에 생명도 없고 오직 생명이 아닌 어떤 것만 있을지도 모른다는 것인 것 같다. 우리는 이것이 사망이라고 말할 수는 없지만, 생명과 더불어 한 것도 아무것도 없다. 그것은 생명의 부재이다. 따라서 그것은 죽이는 것이다. 이것이 문자가 죽인다(the letter kills)는 것의 올바른 의미이다. 이 구절의 더 깊은 의미는 우리가 생명이 아닌 것들을 처리하거나, 주의 할 때, 그것이 죽이는 것이라는 것이다.

문자에서 생명으로 전환한 것에 대한 개인적인 간증

내 자신의 그리스도인 생활에 있어서 나는 이러한 체험을 한 바 있다. 내가 구원받은 초기에 나는 몹시 살아 있었다. 한 사람이 구원받고 나서 즉시 그 사람은 살아있고 기도하고 말씀을 알고 싶어한다. 젊은 형제는 특히 더 많은 지식을 얻고 싶어한다. 그에 따라서 나는 말씀 연구와 해석에 있어서 특히 엄격하였던 형제회와 접촉하게 되었다. 7년 동안 나는 형제회 교사들 밑에서 연구하였다. 나는 이 기간 동안 그들의 집회에 거의 대부분을 참석하였다. 나는 성경 각권마다와 모든 예표들, 예언들, 해석들에 대한 메시지를 1000번 이상이나 들어보았다.

형제회에서는 많은 시간을 들여서 다니엘 2장, 7장, 9장, 11장 특히 칠십 이레와 마지막 이레의 후반, 이 시대의 마지막 삼년 반에 대한 9장 마지막 부분을 연구하였다. 형제회와 함께한 그 칠 년 동안 나는 실로 저들의 가르침에 「중독(addicted)」되었다. 나는 심지어 그들이 한 단어 한 단어 가르친 것을 암송할 수 있었다. 외관상 잘못된 것도 사망도 없었다. 그들은 다른 이들을 비난하지 않고 그들이 다른 이들에게 해야 하는 것을 적극적으로 전해주었다. 그러나 그 칠년 동안 나는 그리스도가 우리에게 생명이 되시며 오늘날 이 살아있는 그리스도가 우리 안에 거한다고 말하는 메시지를 결단코 들어보지 못하였다. 아무도 이것에 대하여 말하지 아니하였다. 오히려 그들이 항상 이야기했던 것은 예표들, 예언들, 예언들의 성취였다. 그들 가운데 한 사람은 심지어 「살아있는 성구사전」이었다. 그 사람은 어느 구절이 어느 책 어느 장에 있는지를 여러분에게 곧 바로 말해 줄 수 있었다. 그 사람은 성경 문자 연구에 있어서 대단히 훈련된 자였다.

형제회와 칠 년간 있은 후, 1931년 가을 무렵, 나는 자신 속에 무엇인가가 잘못되어 있는 것이 틀림없다고 느끼게 되었는데 그 것은 나에게 있어서 주님의 크신 긍휼이었다. 나는 세상을 사랑하지 않았다. 나는 젊은이로써 그것을 포기하였다. 나는 또한 죄를 범하지 아니하였으며 주님을 추구하고자 하는 마음을 가지고 그분의 말씀을 날마다 연구하였다. 나는 또한 규칙적으로 집회에 갔으며, 때로는 깊은 눈 속을 헤치고 걸어서도 갔다. 그러나 나는 여전히 속에 죽었음을 느꼈으며 나에게는 열매가 없었다. 칠년 동안 나는 한 사람도 주님께 인도하지 못하였다. 나는 약하고, 가난하고, 무능하다고 느꼈다. 이 시점에서 나는 계속해서 그들의 집회에 참석하였으나, 내가 기도하러 매일 아침 일어 났을 때, 10분에서 15분 정도 떨어져 있는 산에 올라갔다. 나는 주님께 기도하며 울부짖으며 『주여, 제게 무엇이 잘못되어 있습니까?』라고 말씀드렸다. 가을부터 다음해 봄까지 6개월 정도 후에 내가 돌파하였던 것은 이렇게 하여서 였다. 그 당시에 나는 내가 받았던 모든 가르침이 건전하고 영적이었지만 그러한 것들이 죽이는 것이었음을 깨달았다. 그러한 것들은 칠년 동안 나를 죽이고 있었다. 비록 내가 처음 구원 받았을 때는 몹시 살아 있었다 하더라도, 나는 칠년 후에 죽어 있었다. 문자의 가르침은 나를 죽였다.

  1932년 7월경, 내가 6개월 동안 이런식으로 기도한 후에, 주님께서는 그분의 주권하에서 무엇인가를 행하셨으며 나는 윗치만 니 형제님과 접촉하도록 인도하심을 받게 되었다. 주님은 그를 내가 살고 있던 도시로 인도하셨다. 그것은 나의 생애에 있어서 분기점이요 전환점이었다. 나는 형제회와 집회를 갖는 것을 그만둘 의도가 없었으나, 니 형제님이 떠난 다음날 한 사람이 나를 보러왔다. 그 사람은 영적인 일들 아닌 개인적인 일들에 관하여 말하려고 왔으나, 그날 저녁 주님은 우리를 해변으로 인도하셨으며 그 사람은 나에게 자신을 침례주도록 요청하였다. 그것은 기적적인 것이었다. 나는 젊었으며 이렇게 할 수 없다고 느꼈으나 그 사람은 근거를 가지고서 나에게 자신을 침례주도록 요청하였는데 왜냐하면 내가 이미 그 사람과 침례에 대하여 많은 것들을 함께 나누었기 때문이었다. 그 당시 나는 스물 다섯 살쯤 되었다. 그것은 주님이 나의 고향에서 하신 역사의 시작이었다.

자연스럽게 성령께서는 우리를 인도하셔서 종파에 참석하는 것을 그만두게 하셨으며 우리 둘은 함께 모이기 시작하였다. 이틀 후에 다른 사람들이 내가 맨 처음의 한 사람에게 침례주었다는 것을 듣고 그들도 침례 받으려고 왔다. 그래서 세째 날에 우리는 다른 두 사람에게 침례를 주었다. 주일 경에는 일곱 명이 우리 중에 있었으며 다음 주에는 아홉 명쯤 되었다. 다음 주일에 우리는 열 한명과 함께 주님의 상을 나누기 시작하였다. 우리는 이렇게 모였다. 그 후에 한 자매가 우리와 함께 모이기 시작하였다. 숫자는 급속히 증가하였으며 연말에 가서는 80명 정도가 우리와 함께 모이고 있었다. 이것은 나의 전 존재가 문자에서 생명으로 전환됨으로써 발생되었다. 비록 내가 젊었고 많이 알지는 못하였지만, 내 메시지는 호전적이고 도전적이었으며 사람들은 매혹되었다.

이것으로 말미암아 지금 나는 문자가 죽인다는 것이 무엇을 의미하는가를 깨닫게 된다. 그것은 생명보다도 지식에 주의하는 것이다. 많은 신학교와 성경학교에서 그들이 가르치면 가르칠수록 그들은 그들의 가르침으로 말미암아 사람들을 더 많이 죽이게 된다. 많은 젊은 사람들이 구원을 받게 될 때, 그들은 살아있고 주님을 추구하게 되지만, 신학교에 들어가고 나서는 온종

일 그들은 지식 문자의 죽이는 것 아래 있게 된다. 우리는 다만 지식과 문자가 아닌 영과 생명에 주의하기를 배워야 한다. 만약 우리가 생명이 아닌 어떤 것에 주의한다면, 우리는 다른 이들을 죽이게 될 것이다. 비록 우리가 이렇게 할 의도가 없다 하더라도, 우리는 무의식적으로 그렇게 할 것이다.

문자는 죽이지만 그 영은 생명을 준다. 따라서 우리는 영을 사용하고 그 영으로 주도하도록 해야 한다. 그러면 생명이 사역될 것이다. 그리스도의 살아있는 편지들은 지식이나, 가르침이나 교리에 의해서가 아닌 그 영에 의해서, 생명을 사역함으로써만 작성될 수가 있다.

주목하고 반사함으로써 그리스도의 형상으로 변화됨

3장 17절과 18절에서는 『또한 주는 그 영이시니 주의 영이 계신 곳에는 자유함이 있느니라 그러나 우리가 다 수건을 벗은 얼굴로 거울처럼 주의 영광을 바라보고 반사하매 저와 같은 형상으로 변화하여 영광으로 영광에 이르니 곧 주의 영으로 비롯됨이니라(And the Lord is the Spirit : and where the Spirit of the Lord is, there is freedom. but we all with unveiled face, beholding and reflecting like a mirror the glory of the Lord, are being transformed into the same image from glory to glory, even as from the lord Spirit.)』고 말한다. 더 나은 번역자들은 바라봄(beholding)이라는 여기 헬라어 단어가 또 하나의 동사를 필요로 한다는데 동의한다. 어떤 번역본들에

서는 바라봄(beholding)이라는 단어를 사용한다. 반면 다른 것들에서는 반사한다는 의미를 나타낸다. 그러나 헬라어에서는 반사하기 위해서 바라본다는 의미를 전달한다. 따라서 우리는 「반사하기 위해 바라보다」거나 「바라보고 반사한다.」로 읽도록 「반사하다(reflecting)」는 두번째 동사를 추가하여야 한다. 만일 우리가 이 두 가지 용어들을 함께 놓는다면 우리는 헬라어의 합당한 의미를 가지게 된다.

18절에서는 우리가 우리 자신이 거울인고로 거울 「속」이 아니라 거울「처럼」바라보고 반사한다고 말한다. 거울처럼 우리는 열려지고 벗겨진 얼굴로 바라보고 반사한다. 만일 우리의 얼굴을 가리는 덮개가 있다면, 우리는 열린 얼굴을 갖지 못하나, 이제 덮개는 벗겨졌다. 우리는 어떤 가려진 것이 없는 거울과 같이 실체를 바라보고 반사할 수 있는 벗겨진 얼굴을 소유하게 된다. 거울이 사람을 바라볼 때, 그 사람은 거울 속에 있고, 거울은 그 사람을 반사한다. 우리가 거울 속에 있는 그 사람을 볼 수 있기에 직접 이 사람을 볼 필요는 없다. 거울은 그 사람을 바라봄으로써 그 사람을 반사한다. 이전에 이스라엘 사람들은 덮개가 있었다. 그러나 우리에게 있어서 덮개는 이제 사라지고, 따라서 우리를 가리는 것은 아무것도 없다. 우리는 그리스도를 바라보고 그분을 주목하는 벗겨지고 가리워진 것이 없는 거울이다. 우리가 그분을 바라보면 볼수록, 우리는 그분을 더욱 더 반사하게 된다.

18절에서는 계속해서 우리가 그리스도의 형상으로 변화되고 있다고 말한다. 흠정역에서는 이 단어를 변한(changed)으로 표현하고 있는데, 그것은 너무 빈약하다. 이것은 로마서 12장 2절에서 변화된(transformed)으로 번역된 것과 같은 단어이다. 우리가 그리스도를 반사하기 위해 바라봄으로써 우리는 같은 형상 즉 그리스도의 형상으로 변화되어 영광에서 영광으로 이르게 되는데 바로 주 영으로부터 비롯된 것이다. 우선, 거울 속에는 형상이 없을지도 모른다. 그러나 거울이 어떤 사람을 바라보면 볼수록, 그 사람의 형상은 거울 속에 더 나타나게 된다. 거울과 같이 우리는 원래 그리스도가 아닌 것을 바라보았지만, 그리스도의 구속하심으로 말미암아 그것은 처리되었다. 이제 거울처럼 우리는 자유롭고 벗겨져서 그리스도를 바라보고 우리가 그리스도를 바라보면 볼수록 그분의 형상은 우리 안에 더 새겨진다. 이로써 우리는 그리스도의 형상으로 변화된다.

참된 생명의 사역은 사람들을 도와서 거울처럼 벗겨진 방식으로 그리스도를 바라보는 법을 깨닫도록 하고 그분의 형상으로 변화되게 하는 것이다. 우리가 그분을 바라보면 볼수록, 우리는 그분을 더 반사하고 그분의 형상으로 더 변화된다. 만약 거울이 사람을 반시간 동안만 바라본다면, 그 사람이 거울 속에 그리 많이 반사되지 않을 것이다. 거울인 우리가 그리스도를 바라보는 길이 만큼, 우리는 그분의 형상으로 변화되어 그분의 형상을 온전히 더 반사하게 된다. 이것은 은사나 가르침이나 지식의 문제가 아니다. 이것은 살아있는 생명의 사역의 문제이다.

우리는 주님으로 처리받아야 한다. 그제서야 우리는 사람들을 도와서 그분으로 처리받도록 하는 법, 그들의 덮개를 벗기는 법, 그들의 마음을 돌이키는 법을 알 것이다. 그들은 그리스도와 올바를 것이며, 그들은 그분을 바라보고, 그분을 주목하고 어떤 좌절도 없이 그분과 직접적인 교통을 갖는 법을 알 것이다. 그들은 점진적으로 그리스도의 형상으로 변화되어 참되고 온전하게 그리스도를 반사하게 될 것이다. 이것이 살아있는 생명의 사역으로 역사한 열매이다. 이것은 은사, 지식, 가르침이 결코 성취할 수 없는 역사이다.

이런류의 역사는 살아있는 생명의 사역으로 말미암아서만 성취될 수가 있다. 그것은 십자가의 역사와 우리 안으로 역사되는 살아계신 그리스도께로서 비롯된다. 십자가의 역사와 우리 안으로 역사되는 살아계신 그리스도로 말미암아 우리는 그 사역을 가지면 그 사역이 된다. 사람들이 벗겨진 거울들이 되도록 도움을 받아 그리스도를 바라보고 반사하고 그분의 형상으로 변화되는 것은 이러한 살아있는 사역으로 말미암아서이다. 이것은 단지 객관적인 지식을 다른 이들에게 전해주는 것이 아니다. 그것은 십자가의 역사로 인하여 영 안에서 다른 이들에게 사역된 몹시 살아 있고 대단히 주관적인 어떤 것이다.

겉 사람의 후패함과 속 사람의 새로움

4장 7절에서는 『그러나 우리가 이 보배를 질그릇에 가졌으니』라고 말한다. 의심할 여지없이, 우리는 질그릇들이고 우리 속에 있는 보물은 삼일 하나님의 체현이신 그리스도이시다. 우리 속에 있는 이 보배는 다른 이들에게 얼마나 유력하게 되고 나타나게 되고 사역될 수 있는가? 다른 길은 없고 오직 십자가의 역사를 통하여 우리가 파쇄됨으로 말미암아서이다.

혼은 몸이나 영과 한 입장을 취함

16절에서는 『그러므로 우리가 낙심하지 아니하노니 겉사람은 후패하나 우리의 속은 날로 새롭도다』고 말한다. 여기에 우리가 말씀을 연구하는데 있어서 큰 문제가 있다. 겉사람은 무엇이고 속사람은 무엇인가? 우리는 겉사람이 천연적인 사람이고 속사람이 영적인 사람이라고 재빨리 답할지도 모른다. 그러나 만일 우리가 그렇게 급하게 대답을 한다면, 실수를 하게 될 것이다. 성경 한 구절이나 한 장을 설명하는 것은 쉬운 일이 아니요, 정확하지 않게 해석하기가 쉽다. 말씀의 어느 부분을 해석하는 합당한 방법은 그 문맥을 이해하는 것이다. 우리는 고린도후서 4장의 전 문맥을 읽어 볼 필요가 있다. 10절과 11절에 의하면, 겉사람은 혼뿐만 아니라 더욱 몸을 가리킨다. 10절에서는 『항상 예수 죽인 것을 몸에 짊어짐은』이라고 말한다.

엄밀히 말해서 이 장에 있는 겉사람은 몸을 언급하지만, 그것은 몸과 한 입장을 취하고 몸의 통제를 받는 혼을 포함하고 있다. 그것은 혼과 연결되어 있고 혼과 통합(합병)된 몸이다. 하나님의 주권하에서 우리 몸은 언제나 고통 당하게 된다. 혼과 함께 한 몸은 항상 소모된다. 사도 바울이 당한 고통의 대부분은 자기 몸을 소모하는 것이었다. 그는 자기 몸 안에서 몹시 고통당하였다. 9절에 의하면 그는 『거꾸러뜨림을 당하여도 망하지 아니』하였다. 이것은 그가 핍박을 받았을 때, 그의 몸이 거꾸러뜨림을 당하였으나, 그 자신은 죽임 당하지 않았고, 멸망당하지 아니하였다는 것을 의미한다. 이 문맥에 언급된 것들 모두는 주로 몸의 고통과 소모를 가리킨다. 그런데 혼은 몸과 많은 관계가 있다.

우리 몸이 고통 받을 때, 우리 혼도 고통받는다. 만일 우리가 우리 몸에 어떤 종류의 고통을 받지 않는다면, 우리 혼이 많은 고통을 당하지는 않는다. 혼은 주로 몸의 고통을 통하여 고통을 당한다.

그러면 속사람은 무엇인가? 엄밀히 말해서 여기서 속사람은 영만을 가리키지 않는다. 그것은 영과 함께한 혼 즉 우리의 겉사람을 가리킨다. 로마서 8장 6절은 이것을 확증해 준다. 거기에서는 우리 혼의 주요 부분인 우리의 생각이 육신 또는 영과 한 입장을 취할 수 있음을 말해준다. 만일 우리의 혼이 육신과 한 입장을 취한다면, 그것은 겉사람의 일부가 된다. 만일 그것이 영과 한 입장을 취한다면, 그것은 속사람의 일부가 된다. 이것이 고린도후서 3장에 있는 겉사람과 속사람의 의미이다.

고난을 통하여 새롭게 됨

겉사람은 혼과 함께한 몸이다. 이것은 소모되어야 한다. 속사람은 영과 함께한 혼이다. 이것은 새롭게 되어야 한다. 우리의 체험으로 인하여 우리는 이것을 깨닫게 될 수가 있다. 우리가 어쩌면 어떤 종류의 질병으로 고난을 당하고 있을 때, 이것은 몸을 통한 고난이다. 그러나 이때 우리의 몸이 소모되고, 우리의 혼도 소모된다. 반면 동시에 우리의 혼은 우리의 영으로 더불어 소생하게 된다. 고난 받기전에 우리의 혼은 우리의 몸과 대단히 많이 관련되어 있었다. 그러나 고난의 기간이 있고나서 우리의 혼은 영으로 많이 돌아선다. 혼과 몸 사이의 관계는 소모되고, 혼과 영 사이의 관계는 소생되고 새롭게 된다.

만일 핍박자들이 우리를 때리거나 감옥에 집어넣는다면, 우리는 의심할 바 없이 몸 안에서 고통받게 될 것이다. 동시에 몸과 연관된 우리의 혼도 고난당할 것이다. 만일 우리의 혼이 우리의 몸과 관련되어 있지 않다면, 그것은 몸이 고난을 받을 때 고난받지 않을 것이다. 우리 몸이 고난을 받을 때 우리의 혼도 고난을 받는데 이는 둘이 「결혼」하였기 때문이다. 우리의 혼은 몸과 관련되어 있기 때문에 주님은 우리의 혼이 몸으로부터 영으로 돌이키도록 하기 위해서 우리의 몸에 고난을 일으키신다. 그러므로 우리가 병에 걸리거나 수감된 이후에, 즉 우리가 몸 안에서 고난을 받은 이 후에, 그 결과는 혼이 몸으로부터 영으로 돌아서고 변화되는 것이다. 그것은 몸과의 관계에서 정결케 되고 영과의 소생되고 새롭게 된 관계 속으로 이끌려지게 된다. 그리고 나서 우리의 생각, 의지, 감정은 영적으로 소생되고, 강화되고, 새롭게 된다.

　우리가 고난받기 전에, 우리의 혼은 몸에 너무 밀착되어 있고 겉사람의 일부인 몸에 너무 지나치게 연관되어 있다. 그래서 주님은 겉사람을 처리하여 겉사람을 고난 당하도록 즉 소모되도록 할 필요가 있으시다. 겉사람이 소모되면 될수록, 우리의 혼은 육신으로부터 영으로 더 돌아서게 된다. 한편 혼은 영과 함께 새롭게 되고 소생된다. 이것이 16절에 있는 후패하고 새롭게 된다는 것에 대한 합당한 의미이다. 그제서야 우리의 혼은 몸에 즉 육신에 그리 밀착되지 않을 것이다. 우리의 혼은 정결케 되고, 조정되고, 새롭게 되고, 영으로 돌이키게 되어 영과 협력하고 영과 합병될 것이다. 이 새롭게 된 혼—새롭게 된 생각, 의지, 감정—

은 영으로 그리스도를 표현하는데 적합하다. 다시금 이것은 은사나 지식의 말씀이 아니라 살아있는 사역의 말씀이다.

사역의 일은 우리의 혼을 몸에서 영으로 돌이키도록 하는 것임

믿지 않는 자의 혼은 100퍼센트 그 사람의 몸 쪽에 위치하고 있다. 그 사람의 혼은 조금도 그 사람의 영으로 돌아서 있지 않다. 그리스도 안에서 어린 믿는이의 혼도 그의 몸 쪽에 상당히 자리잡고 있다. 비록 그가 주님을 사랑하더라도, 그의 혼은 영과 많이 합병되어 있지 않다. 우리 자신의 혼 중에서 얼마나 많은 부분이 우리의 육신에 밀착되어 있으며, 우리의 혼이 우리의 영과 한 입장을 취하는 것은 얼마나 많은가? 우리는 너무 많은 시간을 육신과 함께 보내고 매우 적은 시간을 영과 함께 보낸다. 어떤 방식으로 우리의 혼이 육신에서 영으로 돌이킬 수 있는가? 그것은 가르침으로 인하여서가 아니라 고난으로 인하여서이다. 가르침으로는 우리의 혼을 몸으로부터 영으로 돌이키도록 하는 데 적합하지가 않다. 가르침은 우리로 이해하도록 할 수는 있어도, 우리를 실제 안으로 인도하지는 못한다. 형제나 자매가 육신적으로와 물질적으로 고난을 당하면 당할수록, 형제나 자매의 혼은 점차 육신 편에서 영으로 더 돌아서게 된다. 이것은 겉사람이 소모되고 속사람이 새롭게 되는 것을 의미한다. 나는 고난당하기 전에 강한 사람들이었던 사랑하는 형제 자매들을 많이 보아왔다. 그들은 몸 안에서와 육신 안에서 강하였다. 그런데 주님은 그들을 질병의 상황 속에 넣으셔서 그들은 수년 동안 육신적으로 고통을 당하였다. 점차 그들이 육신적으로 고통을 당하면 당할수록, 그들이 생각, 의지, 감정은 몸에서 영으로 더 돌아서게 되었다. 결국 오랫동안 육신적으로 고통을 당하여 온 그러한 사람들은 대단히 영적이 되었다. 그들의 생각, 감정, 의지가 육신쪽에 서지 않고 영쪽에 편중되어 있다. 이것은 겉사람이 소모되고 속사람이 새롭게 되었음을 나타낸다. 주님이 우리의 혼을 다루심은 이러한 방식 안에서이다. 고난은 우리의 혼을 몸에서 영으로 돌아서게 한다. 이것이 사역의 일이다.

십자가의 역사로 인한 하나님의 사역자들

주님으로 짜여지고 그분을 앎

6장에서는 십자가의 역사와 그리스도께서 우리 안으로 역사됨을 강조한다. 4절에서는 『오직 모든 일에 우리가 하나님의 사역자들로 자천하여』라고 말한다. 사도 바울이 쓴 다른 책들에서 그는 자신을 종이나 노예로 불렀으나, 이 책에서 그는 사역자라는 단어를 대부분 사용하고 있다. 헬라어 본문에서 노예와 사역자라는 단어들은 다르다. 노예라는 단어는 특별한 배경을 가지고 있다. 그 당시 지중해 연안에는 사람이 주인에게 팔려 노예 곧 어떠한 자유도 없는 사람이 되는 관습이 있었다. 이것이 바울이 노예라는 단어를 사용했을 때 그가 의미한 바였다. 사도들은 주님의 노예들이었다. 한편, 사역자라는 단어는 주님께 속한 어떤 것이 어떤 사람 안으로 역사되어 그 사람을 주님의 사역자가 되게하는 것을 의미한다.

어떤 사람이 한 사람의 노예일 수는 있어도 그 사람에게 좋은 사역자는 아닐지도 모른다. 노예가 된다는 것은 그 사람에게 자유가 없다는 것을 의미한다. 그 사람은 또 한사람에게 팔렸고, 그 사람은 권리도 없고, 그 사람은 자기 주인에게 복종한다. 그런데, 그 사람이 자기 주인에 대해서는 아무것도 알지 못할 가능성도 있다. 그 사람은 그 주인에게 복종하는 법을 알지는 모르나 그의 주인이 하고자 하는 것과 그 주인에게 복종하는 법을 알지는 모르나 그의 주인이 하고자 하는 것과 그 주인의 생각과 갈망이 무엇인지 모른다. 따라서 그 사람이 선한 노예라고 할 수는 있으나, 선한 사역자는 아닌 것이다. 사역자가 되고 그 주인을 대신하여 사람들을 다루기 위해서, 사람에게는 그 주인이 역사되어져야 한다. 주님의 마음, 갈망, 의도, 사상, 다른 이들과의 관계가 그 사람에게 분명해져야 한다. 그러면 그 사람은 자기 주인을 대표하고 주인을 따라서 정확하게 말하는 사역자로서 다른 이들에게 갈 수가 있다.

　우리는 이것을 외교상황에서 볼 수가 있다. 주중 미 대사와 같은 그러한 한 국가의 외무장관은 자기 정부의 상황을 아는 사람이어야 한다. 만일 어떤 사람이 자기 행정부의 의도, 목적, 정책, 갈망, 타국과의 관계를 안다면, 그 사람은 다른 나라에 대하여 합당한 대표자가 될 수가 있다. 그러나 어떤 사람이 한 나라의 시민이지만 자기 정부의 상황에 대하여 아무것도 모른다면, 그 사람은 자기 나라의 장관(minister : 사역자)은 결코 되지 못할 것이다. 마찬가지로, 주님께 속한 어떤 것이 주님의 종 안으로 역사되어져 왔다면, 그 사람은 주님의 사역자가 된다.

　고린도후서에서 사역자라는 용어는 이 책에서 주님의 종들이 주님으로 짜여졌기 때문에 다른 책들에서 보다 더 많이 사용되었다. 주님의 성격, 생명, 의도, 갈망, 목적에 속한 어떤 것이 그들 속으로 역사되어 그들을 그리스도의 사역자들이 되게 하였다.

고난과 은혜를 체험함을 통하여 그리스도의 사역자들이 됨

새 언약의 사역자들은 4절에서 10절에 걸쳐 묘사되어 있다. 거기에서는 『오직 모든 일에 우리가 하나님의 사역자들로 자천하여 많이 견디는 것과 환난과 궁핍과 곤란과 매 맞음과 갇힘과 요란한 것과 수고로움과 자지 못함과 먹지 못함과 깨끗함(pureness : 순수함)과 지식과 오래 참음과 자비함과 성령 안에서와 거짓이 없는 사랑과 진리의 말씀과 하나님의 능력 안에 있어 의의 병기로 좌우하고 영광과 욕됨으로 말미암으며 악한 이름과 아름다운 이름으로 말미암으며 속이는 자 같으나 참되고 무명한자 같으나 유명한 자요 죽은자 같으나 보라 우리가 살고 징계를 받는자 같으나 죽임을 당하지 아니하고 근심하는 자 같으나 항상 기뻐하고 가난한 자 같으나 많은 사람을 부요하게 하고 아무것도 없는자 같으나 모든 것을 가진 자로다』라고 말한다.

8절에서는 악한 평판에 대하여 말하고 있다. 많은 때 악한 평판은 사실상 우리를 안위한다. 우리는 자신들이 주님께 신실하기 때문에 좋은 평판을 얻을 것이라고 생각해서는 안된다. 우리에 대하여 나쁜 평판이 많지도 모른다. 8절에서는 또한 사역자들이 속이는 자들로 여겨졌다고 말한다. 만일 우리가 주님께 신실하다면, 많은 때 사람들은 우리가 속이는 자들이라고 말할 것이다. 우리가 주님께 신실하지 못할때만 사람들은 우리를 정직한 자로 칭찬할 것이다. 그러나 그런 류의 정직은 참된 정직이 아니다. 그것은 정치적인 정직이다.

  11장에서도 다시금 주님의 사역자들에 대한 고난과 십자가의 역사에 대하여 말하고 있다. 23절에서 29절에 걸쳐 바울은 『저희가 그리스도의 사역자들이냐 정신없는 말을 하거니와 나도 더욱 그러하도다 내가 수고를 넘치도록 하고 옥에 갇히기도 더 많이 하고 매도 수 없이 맞고 여러번 죽을 뻔 하였으니 유대인들에게 사십에 하나 감한 매를 다섯번 맞았으며 세번 태장으로 맞고 한번 돌로 맞고 세번 파선하는데 일주야를 깊음에서 지냈으며 여러번 여행에 강의 위험과 강도의 위험과 동족의 위험과 이방인의 위험과 시내의 위험과 광야의 위험과 바다의 위험과 거짓 형제 중의 위험을 당하고 또 수고하며 애쓰고 여러번 자지 못하고 주리며 목마르고 여러번 굶고 춥고 헐벗었노라 이외의 일은 고사하고 오히려 날마다 내 속에 눌리는 일(염려 덩어리 : the crowd of cares)이 있으니 곧 모든 교회를 위하여 염려하는 것이라 누가 약하면 내가 약하지 아니하며 누가 실족하게 되면 내가 애타지 않더냐』고 말한다. 여기에서 우리는 고난당하는 사람을 보게 된다. 사역은 이런 류의 고난에서 나온다.

  12장 7절에서는 『여러 계시를 받은 것이 지극히 크므로 너무 자고하지 않게 하시려고 내 육체에 가시 곧 사단의 사자를 주셨은 즉 이는 나를 쳐서 너무 자고하지 않게하려 하심이니라』고 말한다. 주님께서는 사도 바울이라고 할지라도 자긍하고 자고할 수 있다는 것을 아셨으므로 저에게 육체에 가시를 주셨다. 여기 육신 안에서(in the flesh)라는 것은 몸 안에 있는 육신적인 고난을 의미한다. 8절과 9절에서는 계속해서 『이것이 내게서 떠나기 위하여 내가 세번 주께 간구하였더니 내게 이르시기를 내 은혜가 네게 족하도다 이는 내 능력이 약한데서 온전하여짐이라 하신지라 이러므로 도리어 크게 기뻐함으로 나의 여러 약한 것들에 대하여 자랑하리니 이는 그리스도의 능력으로 내게 장막으로 덮게 하려 함이라』고 한다. 주님은 바울이 가시를 제해달라고 간구한 것에 답하지 아니하셨다. 오히려 주님은 가시를 거기에 두시고 바울이 그분의 은혜를 더욱 많이 체험하는 기회를 삼도록 하셨다.

10절에서는 『그러므로 내가 그리스도를 위하여 약한 것들과 능욕과 궁핍과 핍박과 곤난을 기뻐하노니 이는 내가 약할 그 때에 곧 강함이니라』고 말한다. 이것이 사역자와 사역에 대한 묘사이다. 사역은 고난과 주님 자신을 은혜로써 참되게 체험하는데서 나온다. 강함과 능력은 우리가 체험하고 우리의 은혜가 되는 주님 자신이다.

삼일 하나님의 사역자들

고린도후서의 책은 『주 예수 그리스도의 은혜와 하나님의 사랑과 성령의 교통하심이 너희 무리와 함께 있을찌어다』(13:13)라고 결론 짓는다. 이것은 삼일 하나님이 너희 무리와 함께 있을찌어다라고 말하는 것이다. 사랑은 은혜의 근원이고 은혜는 사랑의 표현, 나타남이며, 교통은 이 은혜가 우리에게 전달됨이다. 사랑은 은혜 안에 있고 은혜는 교통 안에 있다. 더욱이 교통은 성령께 속한다. 우리가 성령의 교통을 가질 때, 우리는 그리스도의 은혜를 누리게 되고, 우리가 그리스도의 은혜를 누릴 때, 우리는 하나님의 사랑을 갖게 된다. 이것은 삼일 하나님이 우리 안으로 역사되어 우리가 삼일 하나님과 하나가 됨을 의미한다. 그와 같은 자격으로 우리는 삼일 하나님의 사역과 더불어 삼일 하나님의 사역자들이 된다. 우리는 은사와 삼일 하나님의 사역을 지니게 되고 삼일 하나님을 다른 이들에게 사역하게 된다. 이것이 고린도후서의 책에 대한 줄거리이다.

제 15 장

갈라디아서에서의 그 영으로 인하여 행함

갈 3:16, 29
『이 약속들은 아브라함과 그 자손에게 말씀하신 것인데 여럿을 가리켜 그 자손들이라 하지 아니하시고 오직 하나를 가리켜 네 자손이라 하셨으니 곧 그리스도라』, 『너희가 그리스도께 속한 자면 곧 아브라함의 자손이요 약속대로 유업을 이을 자니라』

5:16-17, 22, 25
『내가 이르노니 너희는 성령을 좇아 행하라 그리하면 육체의 욕심을 이루지 아니하리라 육체의 소욕은 성령을 거스리고 성령의 소욕은 육체를 거스리나니 이 둘이 서로 대적함으로 너희의 원하는 것을 하지 못하게 하려 함이니라』, 『오직 성령의 열매는 사랑과 희락과 화평과 오래 참음과 자비와 양선과 충성과』, 『만일 우리가 성령으로 살면 또한 성령으로 행할지니』

신약 책의 순서와 배열에 있어서 주님의 주권이 있다. 로마서에 이어서 고린도전후서를 갖는 것이 적절하다. 고린도인들에 대한 두 서신서는 우리에게 그리스도인의 행함과 그리스도인의 생활이 은사나 지식에 속한 것이 아니라 십자가의 역사로 말미암아 우리 안으로 역사된 그리스도의 문제라는 것을 보여준다. 그 서신서들에서는 소극적인 방면에서 은사와 지식을 다루고 적극적인 방면에서 살아계신 그리스도께서 그분의 십자가를 통하여 우리 안에 역사하심을 다룬다. 이것은 이 두 책들의 중심사상이다. 그리고 고린도전후서에 뒤이어서 우리에게는 갈라디아서가 있다. 이것이 올바른 순서이다.

율법과 유대교의 문제

종교의 영역 안에서 율법은 유력한 문제이다. 인류 문명 수천 년 동안 사람에게 주어진 율법만큼 유력하고 현저한 것은 결코 없었다. 인류 가운데, 많은 철학과 윤리 체계가 창안되었다. 사람의 생각에 의하면, 철학과 윤리와 사람들 가운데 형성된 어떤 종교는 어느 정도는 도움을 준다. 이 영역 안에서 가장 뛰어난 (탁월한) 항목이 하나님께서 사람에게 주신 율법이다. 이것은 중대한 문제이다. 인류 문명에 있어서 모든 족속중에서 하나님께서 주신 율법이 가장 위대한 항목이다. 그것은 다른 인간적인 요소 전체보다 더 위대하다. 그것은 모든 철학과 윤리적인 가르침과 지상 위의 모든 종교 형태보다도 더 위대하고, 더 낫고, 더 높다.

하나님께서 주신 율법에 기초하여, 유대 종교가 형성되었다. 유대교는 가장 높고 가장 참된 종교이다. 그러나 그리스도께서는 이미 오셨으며, 교회가 존재하게 되었다. 이제 우주 안에, 특히 이 땅 위에, 우주적인 사람이 있다. 이 율법에 기초한 유대 종교와 더불어 하나님께서 주신 율법이 어떻게 그리스도와 교회와 함께 공존할 수 있는가? 우리가 어떻게 이 우주적인 사람과 더불어 종교와 함께하는 율법을 가질 수 있는가? 이 둘은 서로 양립할 수 없지 않는가? 또는 이 둘은 조화 될 수 있는가? 이것이 교회가 직면하게 된 첫번째 가장 큰 문제이다. 교회가 생겨나고 나서 곧 바로, 교회는 가장 큰 문제인 율법과 종교에 직면하게 되었다. 유대교와 율법은 교회 건축에 가장 큰 방해 요인이다. 그러므로 바울이 고린도인들에게 두 서신을 쓰고나서, 갈라디아서에서 이 율법의 문제를 다룬다. 우리는 율법의 문제로 더불어 깊은 인상을 받을 필요가 있다. 우리는 율법이 하나님의 경륜에 관하여 서 있는 입장을 이해해야 한다. 우리는 하나님께서 어떤 위치를 율법에게 주셨으며 율법의 기능과 목적이 무엇인지를 알아야 한다.

율법의 위치

유대인들은 하나님을 제외하고 율법만큼 위대한 것이 아무것도 없다고 믿고 있다. 하나님 자신만이 율법보다 더 높고 위대하시다. 그들이 이해하는 바에 의하면 그들은 모든 기반을 율법에 둔다. 그 율법은 하나님 자신 바로 다음이다. 이제 우리 자신들은 율법의 문제를 처리해야 한다. 우리가 이해하는 바와 하나님의 계시에 의하면, 하나님께서 율법에 합당하신 위치가 어떤 것인가?

아이 관리자와 같은 노예임

율법은 더 이상 가장 중요한 항목이 아니다. 갈라디아서 3장 24절에서는 율법이 그리스도께로 인도하는 우리의 아이 관리자라고 한다. 흠정역에서는 이 단어를 선생(schoolmaster)으로 그릇되게 번역하고 있다. 엄밀히 말해서 율법은 선생이 아니라 아이 관리자이다. 코니베어(conybeare)는 고대에 우리가 오늘날 가지고 있는 학교 조직이 없었다는 것을 우리에게 말해준다. 그 당시에는 선생들이 있어서, 부모들이 그들의 어린 자녀들을 그 선생들의 집으로 보내었다. 그 당시 더 부요한 사람들은 노예들이 있어서 부모들이 저희 자녀들을 선생의 집으로 공부하도록 보낼 때, 노예를 그들과 함께 가도록 하였다. 자녀들이었기 때문에, 그들은 저희 부모의 집에서 선생의 집까지 여행하는 동안 길을 잃어 버릴 수도 있었다. 따라서 그들을 돌볼 노예가 필요하였다.

어떤 성경 번역본에서는 사람들에게 율법이 선생이라고 그릇 이해하도록 하고 있다. 율법은 선생이 아니다. 선생은 그리스도이시고, 율법은 아이 관리자이다. 하나님의 의도하심은 우리를 그리스도께로 인도하는 것이다. 그런데, 부모들이 어리고 미성숙한 자녀들을 선생에게 인도하는데 노예들을 사용한 것과 마찬가지로 하나님께서는 율법을 아이 관리자로 사용하셔서 그분의 백성을 그리스도 곧 선생에게로 인도하신다. 자녀들이 어리고, 우둔하고, 아이이기 때문에, 그들에게는 아이 관리자가 필요하다. 그러나, 그들이 성숙하게 되면, 아이 관리자가 필요없다. 따라서, 갈라디아서 3장의 문맥에 의하면, 율법의 위치는 노예의 위치이다.

하녀임

갈라디아서 4장 21절-31절에서는 율법의 위치에 관하여 우리에게 무엇인가 좀 더 보여준다. 아브라함에게는 두 아내가 있었다. 사라는 하나님의 은혜의 예표이고, 반면 아브라함의 계집종인 하갈은 율법을 예표한다. 율법의 위치는 계집 종 혹은 첩의 위치이다. 그러므로 율법의 위치는 적극적이 아니다. 우리 중의 누구도 첩의 아이가 되기를 원치 않으리라.

이로 인하여 우리는 율법이 하나님의 최종 목적에 따른 어떤 것이 아님을 알게 된다. 율법은 목표를 향하여 도움을 주었으나, 하나님의 궁극적인 목적에 포함되어 있지는 않다. 갈라디아서 3장 19절에서는 율법은 『범법함을 인하여 더한 것이라』. 하지만 그것은 하나님께서 원래 의도하신 것이 아니었다고 우리에게 말해준다. 율법은 하나님의 원래의 목적이 아니었으며, 그것은 그분의 궁극적인 목적, 그분의 궁극적인 완결의 일부가 아니다. 오히려 그것은 도중에 더해졌다. 하나님의 영원한 목적을 성취하는 과정 중에 무슨 일이 발생하였는데, 따라서 율법은 그 상황을 바로잡고 조정하기 위해서 더하여졌다. 우리는 이것에 대하여 매우 분명해야 한다.

율법의 목적

하나님의 원래의 목적과 궁극적인 의도는 우리에게 그리스도를 주시는 것임

갈라디아서 책에서는 하나님의 원래의 목적과 궁극적인 의도 하심이 우리에게 그리스도를 주시는 것이라는 것을 계시한다. 하나님의 계획과 하나님의 목적은 우리에게 그리스도를 모든 것으로 주시는 것이다. 아브라함의 때에, 하나님께서는 오셔서 그에게 율법과 씨들이 아니라 한 씨를 약속하셨다. 아브라함에게 한 그 약속은 갈라디아서 3장 8절에서 복음이라고 불리운다. 8절에서는 『또 하나님이 이방을 믿음으로 말미암아 의롭다 하실 것을 성경이 미리 알고 먼저 아브라함에게 복음을 전하되 모든 족속이 네 안에서(in you) 복을 받으리라 하였으니』라고 한다. 우리는 주님이 하늘들로 승천하신 후에 복음전파가 시작되었다고 생각하였을지도 모른다. 그러나, 갈라디아서 3장에 의하면 하나님께서는 적어도 창세기 12장에서 그분이 아브라함에게 한 씨를 약속하셨을 때 인류에게 복음을 전하기 시작하셨다. 복음의 메시지는 『모든 족속이 네 안에서 복을 받으리라』이고, 이 메시지의 내용은 「네 씨는 곧 그리스도라」이다. 16절에서는 『그러나 이 약속들은 아브라함과 그 씨에게 말씀하신 것인데 여럿을 가리켜 그 씨들이라고 하지 아니하시고 오직 하나를 가리켜 네 씨라 하셨으니 곧 그리스도라』고 말한다. 하나님께서는 복음을 아브라함에게 전하셨으며 그 메시지는 모든 족속이 그 안에서 복을 받으리라는 것이었다. 그 메시지의 내용은 그리스도께서 유일한 씨가 되시는 것인데 이는 하나님의 의도하심과 목적이 우리에게 그리스도를 모든 것으로 주시는 것이기 때문이다.

때가 차기 전 한 시점에서(4:4), 하나님께서는 오셔서 그분이 한 씨인 그리스도를 주시겠다고 약속하셨다. 우리는 이 그리스도가 누구인지를 인식하여야 한다. 그리스도는 만유를 포함한 분이시다. 그분은 하나님의 체현이시요 신격의 모든 충만이 그분 안에 거하신다(골 2:9). 그분은 하나님의 실제시요, 하나님의 모든 어떠하심, 하나님의 모든 충만이 그분 안에 체현되어 있다. 그리스도는 그러한 분이신데, 그분은 아브라함의 씨가 되셨다. 그러므로, 그분은 사람이시다. 한편 그 씨이신 그리스도는 축복이 되시고, 또 한편 이 씨는 그 축복을 상속하는 자가 된다(갈 3:8-9, 14, 16). 게다가, 그분은 축복하는 분이시다. 그분은 축복하시는 하나님이시요, 그분은 약속하신 축복이시요 그분은 축복을 상속하는 그 씨이다. 이것은 전적으로 놀랍다! 만일 우리가 이 축복의 분깃을 얻고자 한다면, 우리는 그리스도 안에 있어야 한다. 원칙상, 하나님께서는 여러분이나 나를 축복하지 않으신다. 그분은 그 씨이신 한 사람만을 축복하신다. 만일 우리가 축복을 받고자 갈망한다면, 우리는 이 한 씨의 일부가 되어야 한다. 우리는 그리스도 안에 있어야 하고, 그리스도의 일부가 되어야 하고, 그리스도께 속해야 한다.

갈라디아서 3장 29절에서는 『또한 너희가 그리스도께 속한 자면 곧 아브라함의 씨요 약속대로 유업을 이을 자니라』고 말한다. 씨라는 단어는 단수이다. 아브라함의 자손들은 많다. 그러나 그들은 그리스도 안에 있다. 여러분과 나는 그리스도 안에 있어야 한다. 그리스도는 만유이시다. 그분은 축복하시는 분이시요, 약속된 축복이시요, 축복을 상속하는 분이시다.

율법은 우리를 그리스도께로 안내함

그러면 율법의 기능은 무엇인가? 자녀들이 선생의 집에 도착하기 전에, 그들은 아이 관리자의 돌봄이 필요하다. 마찬가지로, 우리가 그리스도께 오기 전에, 율법이 우리를 안내하고, 우리를 보호하고, 우리를 빗나가지 않도록 지키고 우리를 그리스도께로 인도하도록 할 필요가 있었다. 이것이 율법의 위치와 기능이다. 하나님께서는 우리로 율법을 지키도록 요구할 의도가 없으시다. 그분은 우리가 율법을 지킬 수 없음을 이미 알고 계신다. 오히려 우리에게 율법을 주신 하나님의 의도가 우리가 죄 있고 우리에게 그리스도가 필요함을 입증하기 위해서 우리가 율법을 깨뜨리라는 것이다.

그러나, 율법과 같은 그러한 좋은 것조차도 대적인 사탄에게 이용되어 하나님의 백성이 그리스도를 접촉하지 못하도록 좌절시켰다. 이것은 대적의 간교함이었다. 부모들은 아이 관리자를 자녀들을 선생에게로 인도하는데 이용하였으나, 대적은 아이 관리자를 자녀들을 선생에게 가까이 하지 못하도록 하는데 사용하였다. 이것은 사탄이 교회의 초기에 행하였던 바로 그러한 것이었다. 유대교도들, 곧 유대교를 위해 지나친 그러한 유대인들은 율법이 그리스도를 대치하는 그러한 정도로 율법을 강조하였다. 유대 주의자들을 통하여 사탄은 하나님의 백성을 그리스도에게서 빗나가게 하는데 율법을 이용하였다.

이 때문에 갈라디아서 책이 쓰여진 것이다. 그것은 율법이 하나님의 궁극적인 의도하심이 아니요, 하나님의 원래의 계획에 속한 것도 아니라는 것을 우리에게 분명히 할 목적으로 쓰여졌다. 율법은 어떤 목적을 위해서 도중에 더해진 것이었다. 하나님의 그리스도께서 오셨으므로, 우리는 이제 선생의 집에 있으며, 우리는 심지어 선생과 하나이다. 그러므로 우리에게는 더 이상 율법이 필요없다. 율법은 끝났다. 우리는 율법을 내려놓고, 율법에 대하여 잊어 버리고, 율법을 포기하고, 율법을 제쳐두어야 한다. 바울은 이 책을 갈라디아인들에게 써서 그들에게는 더 이상 율법이 필요 없다는 것을 그들에게 말하였다. 이는 선생이 여기에 있고, 우리가 선생과 하나이기 때문이다. 첩인 하갈과 그녀의 아들이 쫓겨나야 했던 것과 마찬가지로, 율법도 쫓겨나야 한다 (4:30). 우리에게 필요한 것은 선생이신 그리스도와 함께 머무르고, 그분 안에 있는 것을 누리고, 그분과 하나되는 것이다. 만일 우리가 이 짧은 말을 이해한다면, 우리는 갈라디아서 책을 이해할 수가 있게 된다.

그 영으로 인하여 그리스도를 누림

내가 구원받고 나서, 나는 로마서와 갈라디아서의 책들에 많은 주의를 기울였다. 나는 몇 권의 책을 사서 그것들을 해석하는데 도움을 주었던 것에 거의 대부분의 시간을 쏟았다. 나는 갈라디아서에 대한 최상의 주해서가 마틴 루터가 쓴 것이라는 말을 듣게 되었다. 나는 사본을 얻어 그것을 연구해 보았다. 그러나, 갈라디아서에 대한 루터의 주해서는 주로 믿음에 의한 칭의에 대하여 말하고 있다. 그것은 우리에게 모든 것이 되시는 그리스도에 대하여는 거의 말하지 않는다. 나는 갈라디아서 여섯장들을 반복해서 읽어보았지만, 그것들을 이해할 수가 없었다. 나는 이 책 속에 있는 거의 매 구절을 암송할 수 있었으나, 바울이 말하고 있던 바를 이해할 수가 없었다.

최근에 주님은 나의 눈을 여서서 갈라디아서가 다섯 단어 즉 율법과 그리스도, 십자가, 육신, 그 영으로 요약 될 수 있음을 나에게 보여 주셨다. 율법은 그리스도와 대비되고, 그리스도를 대치하며, 육신, 자아는 그 영과 대비된다. 하나님의 의도하심은 우리가 그리스도를 누리고, 그리스도를 소유하고, 그리스도를 체험하고, 그 영으로 말미암아 그 영 안에서 그리스도를 살아내는 것이다. 그러나, 우리가 어리석게도 자신의 관념에 의하여 우리 자신으로 말미암아 즉 육신으로 말미암아 율법을 지키고자 하는 것이다. 그러므로 율법은 그리스도와 반대된다. 마찬가지로, 육신, 자아는 그 영에 맞선다. 만일 우리가 그 영 안에 있다면, 그리스도께서 우리에게 모든 것이 되시나, 만일 우리가 우리의 자아, 우리의 육신 안에 있다면, 우리는 율법을 지키고자 할 것이다.

육신은 율법과 관련되어 있다. 반면 그 영은 그리스도의 요소이다. 이제 그리스도의 십자가가 개입하여 육신과 자아를 죽이고 우리를 율법에서 자유케 한다(2:19-20, 5:24). 소극적으로 말해서, 우리는 죽었고 율법과 아무 상관이 없으며, 적극적인 방면에서, 십자가는 우리를 그 영으로 인도한다. 우리가 그 영 안에 있을 때, 우리는 그리스도를 생명으로 소유하며, 우리는 그리스도를 모든 것으로 누리고, 우리는 그리스도를 체험하고, 우리는 그리스도를 살아낸다. 이로 인하여 생명 안에서 자라게 된다. 우리는 이 책의 다섯 가지 핵심 용어들 곧 율법, 그리스도, 육신, 그 영, 십자가를 명심하여야 한다. 이 책에서 말하고 있는 모든 것은 이 다섯가지 용어들 속에 포함되어 있다.

그리스도 대(對) 종교

갈라디아서 5장의 중심 사상은 종교와 그리스도의 대비이다. 만일 우리가 이것을 마음에 새긴다면, 우리는 이 장의 합당한 의미를 알게 될 것이다. 사도 바울은 이것을 예증하기 위한 한 예로써 자신을 제시하였다. 이전에, 그는 유대 종교에 상당히 열중하였다. 그는 유대교에서 훈련받았고 그것을 철저히 습득하였다. 그뿐만 아니라 그는 그것에 열심이었으며 전적으로 자신을 그것에다 드렸다. 이것이 사람의 방식이다. 그러나, 어느 날 하나님께서 오셔서 종교나, 조직이나, 일편의 형식이나, 가르침이나, 실행이 아니라 그분 안의 인격을 계시해 주셨다(16절). 비록 바울이 자기 조상의 종교에 열심이었으며 100퍼센트 그것을 위하였으나, 하나님께서는 그 안에 그리스도를 계시하셨다. 그런 다음 그리스도께서는 그에게 모든 것이 되셨다. 그리스도께서는 그 안에서 생명, 계시, 이상이 되셨으며, 그분은 그의 바깥으로 전파, 일, 활동이 되셨다. 게다가, 바울이 깨닫고 체험한 살아계신 그리스도의 인격에 대한 복음은 사람이 저에게 가르쳐 준 것이 아니라 예수 그리스도의 계시였다(11-12절).

그리스도와 함께 십자가에 못 박힘

2장에서 체험 있는 믿는이인 바울은 자신이 그리스도와 함께 십자가에 못 박혔으며, 따라서 자신은 율법에서 해방되고 율법에 대하여 죽었음을 우리에게 말해준다(19-21절). 더 이상 그가 살지 않고 그리스도께서 그 안에 사시기 때문에, 그는 율법과 아무 상관이 없다. 그는 더 이상 율법을 지킬 의무도 없고 율법에 매이지도 아니하였다. 이제 그는 이 살아있는 인격과 협력할 필요만 있다.

약속된 씨―그리스도

갈라디아서 3장을 이해하기 위해서, 우리는 핵심적인 사상 안으로 들어가야 한다. 유대인들은 율법이 하나님께서 그들에게 주신 주요 항목이라고 생각하였다. 그러나, 이 책의 저자인 바울은 하나님께서 주신 주요 항목이 율법이 아니라 그분의 약속이라는 것을 그들에게 입증해 보였다. 하나님께서 아브라함에게 주신 약속은 씨인데, 그것은 성육신 되어 사람이 되신 하나님이시다(16절). 그분 안에서 즉, 바로 이 씨 안에서, 하나님께서는 모든 족속에게 축복과 분깃이 되실 것이다. 더욱이, 축복인 그 씨는 그 영에 의해서만 소유되고, 실제화되고 체험되어질 수 있다(14절). 우리는 축복을 받기 위해서 영을 소유하고 영 안에 있어야 한다. 하나님은 그리스도 안에 계시고, 그리스도는 그 영이시고, 그 영은 증인이요, 실제이시다. 만일 우리가 그 영을 영접한다면, 우리에게는 그리스도가 계시며 우리는 그리스도 안에 계신 하나님을 소유하게 된다.

이 장 안에 있는 핵심 사상은 하나님의 의도하심이 그 영으로 말미암아 그리스도 안에서 그분 자신을 우리의 분깃, 우리의 축복이 되게 하시는 것이다. 하나님의 의도하심은 율법이 아니다. 율법은 도중에 더해졌다. 우리는 그리스도 안에 있어야 하고, 우리는 그 영 안에 있어야 한다. 우리는 그 영을 영접하여 그리스도를 모든 것으로 누리고, 그리스도 안에 있고, 그분과 하나 되고, 그리스도께 속하여야 한다. 이제 우리는 한 씨 속에 포함되어 있으며, 이 한 씨는 우리에게 모든 것이 된다(16, 29절). 3장에서는 그것이 우리 자신이 율법을 지키는 문제가 아니라, 그 영으로 인하여 그리스도 안에 있는 것의 문제임을 계시해 준다. 그 영으로 인하여 우리는 우리에게 모든 것이 되시는 그리스도를 누리고, 체험하고, 깨닫고, 소유한다.

아들의 명분

갈라디아서 4장에서는 이제 우리가 더 이상 어린 아이들이 아님을 우리에게 말해준다(1-3절). 오히려, 선생에게로 인도함을 받은 자들인 우리는 그분 안에 있으며, 그분은 우리 안에 계신다. 이제 우리는 아이들일 뿐만 아니라 아들들과 유업을 이을 자들이다(5-7절). 우리는 아이들의 생명과 아들의 명분이 있다. 이 장에 언급된 아들의 명분은 특이하다. 고대 로마 제국의 관습에 따르면, 아들은 상속권을 얻었다. 이것이 아들의 명분의 의미이다. 그러나, 성숙하기 전에 아들은 다만 아들이었다. 그는 아들의 명분은 아직 갖지 못하였다. 사람이 20세가 되기 전에, 그 사람은 아들의 생명이 있는 그 사람 아버지의 아들이지만, 그 사람에게는 아들의 권리 즉, 아들의 명분은 없다. 그 사람이 성인이 되기 전에는 그 사람의 아버지가 소유한 모든 것을 물려받을 권리가 없다. 어느 날 그 아버지는 그 사람이 아들일 뿐 아니라 아버지의 모든 것을 유업으로 이을 온전한 권리를 가진 아들의 명분을 가지고 있음을 선포할 것이다.

이 장에서 사도의 생각은 그리스도께서 오셔서 그분의 역사를 성취하셨을 때로부터, 우리가 더 이상 미성년이 아니다. 이것은 우리가 행한 어떤 것에 따른 것이 아니라 그리스도께서 성취하신 것에 따른 것이다. 우리는 더 이상 미성숙한 미성년자들이 아니라 성숙한 아이들이기 때문에, 하나님께서는 우리에게 아들의 명분을 주신다. 이제 우리는 하나님의 어떠하심을 상속할 수 있다. 이 유업은 그리스도 자신인 신격의 충만이다. 우리가 성숙한 자들, 즉 성년의 아들들이기 때문에, 우리는 그리스도의 어떠하심을 유업으로 이을 아들의 명분의 자격이 있다. 이전에, 우리는 노예 곧 아이 관리자의 돌봄 아래 있는 자녀들이었다. 그러한 자들로서, 우리는 선생이 소유한 모든 것을 누릴 수 없었다. 그러나, 이제 우리는 아이 관리자의 손길에서 선생에게로 옮기게 되었다. 우리는 성년이 되었고 아들의 명분 곧, 상속권을 얻게 되었다. 이 유업은 다름 아닌 신격의 모든 충만을 가진 그리스도 자신이다. 그러므로, 우리는 충만되어야 한다. 즉 그리스도 안에 있는 신격의 충만이 우리 안에 형상을 이루게 되어야 한다(19절). 그리스도의 어떠하심과 그리스도께서 소유하신 모든 것은 우리 안에 형상이 이뤄져야 한다. 우리가 이렇게 충만되는 것은 우리가 하나님의 아들들임을 증거한다.

영 안에서 살고 그 영으로 인하여 행함

갈라디아서 5장에서는 그리스도께서 우리를 율법에서 자유케 하시고 우리를 그분과 하나로 만드셨기 때문에, 우리가 율법으로 되돌아가서는 안 된다고 우리에게 말한다(1절). 만일 우리가 율법으로 되돌아간다면, 그리스도께서는 우리에게 아무 유익이 없을 것이며, 우리는 그리스도에게서 무효가 되고 끊어지게 될 것이다(2, 4절). 오히려 우리는 이제 그 영으로 인하여 살고 그 영으로 인하여 행하여야 한다(16, 25절). 우리가 그 영으로 인하여 살고 행할 때, 육신과 자아는 제해진다. 자아와 육신이 그리스도의 십자가에서 이미 처리되었다 하더라도, 이 일은 우리에게 적용되고 체험되어져야 한다. 우리가 그 영으로 인하여 살고 행할 때, 우리의 자아와 육신은 실제적인 체험에 있어서 처리 받게 된다.

이 장에서 「그 영으로 인한」이라는 구절은 헬라어에 정관사가 없기 때문에 독자들에게 골칫거리이다(5, 16, 18, 25절). 번역자들은 이 부분이 성령을 가리키는 것인지 아니면 우리 사람의 영을 가리키는 것인지 결정하는 데 어려움을 겪는다. 갈라디아서

5장 16절에서는「그 영으로 인하여 행하라」고 말하나, 헬라어 본문에서는 단지「영으로 인하여 행하라」고 표현될 수도 있다. 17절에서는「육신의 소욕은 그 영을 거스린다」고 말하고, 22절에서는「그 영의 열매」에 말하는데, 둘 다 정관사를 사용하고 있다. 비록 이러한 구절들이 동일한 문법적인 구조로 되어 있다 하더라도, 어떤 번역본에서는 전자의 영(spirit)과 후자의 영(Spirit)으로 묘사하고 있다. 게다가, 25절에는 정관사가 없는데, 하지만 많은 번역본에서는 그 단어를 영(Spirit)으로 묘사하고 있다. 정관사가 있든 없든, 동일한 단어를 영(spirit)이나 영(Spirit)으로 표현할 수가 있다.

더구나, 성령이라는 용어는 이 장에서 사용되지 않는다. 각각의 경우에 있어서 그것은 뉴마(pneuma)라는 단어의 형태뿐이다. 이것은 단지 하나님의 영이 우리 사람의 영과 하나이며, 우리 영 안에 사는 것이 그 영 안에 사는 것이라는 것을 우리에게 보여준다. 우리는 주님과 한 영이다. 그 영과 우리의 영은 한 영으로 연합된다. 그 영 안에서 행하는 것이나 영 안에서 행하는 것은 같은 것을 의미한다. 그것은 우리가 그 영과 연합된 우리 사람의 영 안에서 살고 행하는 것을 의미하거나 또는 우리가 그분 자신을 우리의 영과 연합되게 한 그 영 안에서 살고 행하는 것이라고 말 할 수도 있다.

이제 우리는 그리스도인의 행함이 그 영으로 살고 행하는 것의 문제라는 것을 깨달을 수 있다. 그러므로, 우리는 우리의 영을 사용하는 법을 배워야 한다. 이것이 핵심이요 비결이다. 우리가 본 바와 같이, 하나님의 의도하심은 그리스도가 우리에게 모든 것 되시고, 그리스도가 우리 안에 즉 우리의 영 안에 계시는 것이다. 우리가 지금 해야 하는 것은 그 영으로 살고 행하는 것이다. 따라서, 우리는 우리의 영을 사용하는 법을 알아야 한다. 그러면 우리는 매일의 행함에 있어서 실제적인 그리스도에 대한 체험을 갖게 될 것이다.

세상은 우리에게 대하여 십자가에 못 박히고 우리도 세상에 대하여 그러함

6장은 간단하다. 그것은 주로 세상이 우리에게 대하여 십자가에 못 박히고 우리도 세상에 대하여 그러함을 계시한다(14절). 우리는 십자가에 못 박혔으며, 우리는 십자가 상에 있다. 그러므로, 그리스도의 십자가는 우리의 기반이다. 게다가, 십자가로 인하여 율법과 유대교를 포함하는 온 세상은 십자가에 못 박혔다. 14절에 있는 세상은 인류를 포함하여 땅 위에 있는 모든 것을 지칭하는데, 저자의 생각 속에 세상은 특히 율법을 가진 유대교를 포함한다. 우리는 1장 4절에서 동일한 생각을 포함하고 있기 때문에 이것을 아는데, 말하기를 『그리스도께서 현재의 악한 세대(the present evil age)에서 우리를 건지시려고 우리 죄를 위하여 그분 자신을 드리셨으니』라고 한다. 여기의 헬라어는 세상을 의미하는 코스모스(kosmos)가 아니라, 세대(시대 : age)를 의미하는 아이오노스(aionos)이다. 전체의 세상은 많은 시대로 구성이 되며, 각 시대는 우리가 현재 접하는 세상의 일부이다. 사도 시대에 현재의 악한 세대는 주로 유대교였다. 그러므로, 사도 시대에 현세대로부터 구출되는 것은, 비록 원칙상 세대가 세상의 모든 것을 포함하고 있다 하더라도, 유대교로부터 구출되는 것을 의미한다.

우리가 관련되어 있는 한, 십자가로 인하여 유대교와 율법을 포함하는 온 세상이 십자가에 못 박힌다. 다른 한편 세상이 관련되어 있는 한, 우리가 십자가에 못 박힌다. 따라서, 우리 둘 사이에는 십자가가 있어서 우리와 세상은 서로 아무 상관이 없다. 우리의 위치는 십자가이다. 그러므로, 우리의 생명, 생활, 매일의 행함에 있어서, 우리는 할례나 무할례에 대하여 아무것도 모르고, 한 가지 일—새 창조가 되는 것만을 알 따름이다(6:15). 할례와 무할례는 옛 창조에 속하는 문제들이나, 지금 우리는 새 창조이다. 바울은 이러한 문제들에 대하여 아무것도 몰랐다. 그는 자신에게 율법의 흔적을 지니기를 원치 아니하였다. 오히려 그는 자기 몸에 예수의 흔적을 지녔다(17절).

우리 주 예수 그리스도의 은혜가 우리의 영과 함께함

6장 마지막 구절에서는 『형제들아 우리 주 예수 그리스도의 은혜가 너희 영에 있을찌어다. 아멘』이라고 한다(18절). 갈라디아서의 결어 즉, 결론은 우리가 두 가지 것들—은혜와 우리의 영—을 알아야 한다는 것이다. 오늘날 그리스도의 은혜와 우리의 영에 대하여 거의 무지하다는 것은 얼마나 유감스러운 일인지! 오늘날의 기독교 안에서 이러한 두 가지 문제들에 대한 어떠한 메시지도 들어보기 힘들다. 우리 영 안에 있는 은혜는 다름 아니라 그 영이신 그리스도 안에 계신 하나님이시다. 은혜에 대한 다른 어떤 정의도 무의미하다. 18절에 있는 은혜는 우리 안에 심지어 우리 영 안에 있는 은혜이다. 그 밖에 무엇이 우리 영 안에 있을 수 있는가? 우리는 은혜가 성령께 속한 것이고, 성령은 우리 영 안에서 우리를 강화시키고, 조절하고, 빛 비춤을 주고, 안내하고, 인도하고, 가르침을 준다고 말할 수도 있지만, 이것은 너무나 얕다. 결국 우리는 이러한 안내하고, 인도하고, 빛 비추고, 강화시키고, 도움을 주고, 말하는 영이 은혜 곧 그분 자신이라고 말해야 한다. 우리 영 안에 있는 은혜는 다름 아니라 우리가 날마다, 시간마다, 매순간 누리는 삼일 하나님―그 영이신 그리스도 안에 계신 하나님 자신―이시다. 우리가 우리의 안위, 우리의 강함, 우리의 평강, 우리의 능력, 우리에게 모든 것으로 누리게 되는 것은 그 영으로 인하여 그분의 아들 안에 계신 은혜이신 하나님이시다. 이것보다 은혜에 대한 더 나은 정의가 없다.

우리는 이 은혜를 알아야 하고, 또한 우리는 이 놀라운 은혜가 우리 영 안에 있기 때문에 우리의 영을 사용하는 법을 알아야 한다. 그러므로, 우리는 우리의 영으로부터 우리의 혼을 분별하는 법을 배워야 한다(히 4:12). 만일 우리가 우리의 영을 분별하는 법을 알지 못한다면, 우리는 광야에서 방황한 이스라엘 자손과 같게 된다. 히브리서의 책에서는 세 부분―바깥 뜰, 성소, 지성소―으로 이루어진 성전에 대하여 언급하고 있다. 우리의 몸은 바깥뜰에 해당되고, 우리의 혼은 성소에, 우리의 영은 지성소에 해당된다. 마찬가지로, 애굽, 광야, 가나안의 좋은 땅은 각각 몸, 혼, 영에 해당된다. 애굽에서 그리스도를 유월절로 누리는 것은 바깥뜰에 있는 제단에서 속죄제물을 누리는 것과 같다. 애굽을 떠나 광야 안으로 들어온 자들은 혼 안에 있는 사람들을 예표한다. 광야에서 방황했던 자들은 만나와 갈라진 바위에서 나오는 생수를 누렸다. 즉, 그들은 제사장들이 성소에서 했던 바와 같이 어느 정도의 하나님의 임재를 누렸다. 이것은 오늘날 혼 안에 있는 그리스도인들, 혼적인 그리스도인들에 해당된다. 히브리서는 우리를 격려하여 재촉해서 좋은 땅으로 들어가도록 한다. 이것은 지성소 안으로 들어가는 것이다 .우리는 우리의 영으로부터 우리의 혼을 분별함으로써 실제적인 방법으로 지성소 안으로 들어갈 수 있다. 우리가 우리의 영 안으로 들어갈 때, 우리는 좋은 땅을 누리게 된다.

제 16 장

에베소서에서의 교회의 방면들

엡 1:17
『우리 주 예수 그리스도의 하나님, 영광의 아버지께서 지혜와 계시의 정신을 너희에게 주사 하나님을 알게 하시고』
3:11
『곧 영원부터 우리 주 그리스도 예수 안에서 예정하신 뜻대로 하신 것이라』
1:9-10
『그 뜻의 비밀을 우리에게 알리셨으니 곧 그 기쁘심을 따라 그리스도 안에서 때가 찬 경륜을 위하여 예정하신 것이니 하늘에 있는 것이나 땅에 있는 것이 다 그리스도 안에서 통일되게 하려 하심이라』
3:2, 9
『너희를 위하여 내게 주신 하나님의 그 은혜의 경륜을 너희가 들었을 터이라』,『영원부터 만물을 창조하신 하나님 속에 감취었던 비밀의 경륜이 어떠한 것을 드러내게 하려 하심이라』
4:4-6
『몸이 하나이요 성령이 하나이니 이와 같이 너희가 부르심의 한 소망 안에서 부르심을 입었느니라 주도 하나이요 믿음도 하나이요 세례도 하나이요 하나님도 하나이시니 곧 만유의 아버지시라 만유 위에 계시고 만유를 통일하시고 만유 가운데 계시도다』
3:14-19
『이러하므로 내가 하늘과 땅에 있는 각 족속에게 이름을 주신 아버지 앞에 무릎을 꿇고 비노니 그 영광의 풍성을 따라 그의 성령으로 말미암아 너희 속사람을 능력으로 강건하게 하옵시며 믿음으로 말미암아 그리스도께서 너희 마음에 계시게 하옵시고 너희가 사랑 가운데서 뿌리가 박히고 터가 굳어져서 능히 모든 성도와 함께 지식에 넘치는 그리스도의 사랑을 알아 그 넓이와 길이와 높이와 깊이가 어떠함을 깨달아 하나님의 모든 충만하신 것으로 너희에게 충만하게 하시기를 구하노라』

1:22下-23
『그를 만물 위에 교회의 머리로 주셨느니라 교회는 그의 몸이니 만물 안에서 만물을 충만케 하시는 자의 충만이니라』

2:15-16
『원수된 것 곧 의문에 속한 계명의 율법을 자기 육체로 폐하셨으니 이는 이 둘로 자기의 안에서 한 새 사람을 지어 화평하게 하시고 또 십자가로 이 둘을 한 몸으로 하나님과 화목하게 하려 하심이라 원수 된 것을 십자가로 소멸하시고』

4:22-24
『너희는 유혹의 욕심을 따라 썩어져 가는 구습을 좇는 옛사람을 벗어 버리고 오직 심령으로 새롭게 되어 하나님을 따라 의와 진리의 거룩함으로 지으심을 받은 새 사람을 입으라』

5:25, 32
『남편들아 아내 사랑하기를 그리스도께서 교회를 사랑하시고 위하여 자신을 주심 같이 하라』,『이 비밀이 크도다 내가 그리스도와 교회에 대하여 말하노라』

2:20-22.
『너희는 사도들과 선지자들의 터 위에 세우심을 입은 자라 그리스도 예수께서 친히 모퉁이 돌이 되셨느니라 그의 안에서 건물마다 서로 연결하여 주 안에서 성전이 되어가고』

에베소서는 우주적인 사람의 몸인 교회를 계시하는 가장 완전한 책이다. 모든 성경 학도들은 이 책이 교회에 관한 것이라는 것을 알고 있다. 에베소서에 계시되고 언급된 것은 깊은 문제이다. 그 안에 포함된 사상은 신약에서 가장 깊은 사상이다. 이 책에 있는 거의 모든 증거들은 우리의 관념을 벗어난다. 우리의 천연적인 관념 속에서 우리는 여기에 계시된 유형의 생각을 갖지 못한다. 종교, 도덕성, 선을 행하는 것에 대하여 어떤 생각을 갖기는 쉽다. 우리는 어떤 교리, 가르침, 지식, 일, 봉사에 대한 생각을 쉽사리 가질 수도 있다. 이러한 것들은 천연적인 지성과 연관되어 있기 때문에 우리의 생각은 이러한 생각으로 번잡하다. 그러나 이 책은 이 모든 것들과 100퍼센트 다른 어떤 것을 담고 있다.

지혜와 계시의 영

따라서, 이 책을 이해하기 위해서, 우리에게는 영적인 계시가 필요하다. 이로 인해서 이 책의 첫 장에서 처음부터 저자는 주께서 우리에게 지혜와 계시의 영을 주셔서 우리가 종교적인 것들이나, 도덕적인 것들이나, 단순한 교리와 가르침이 아니라 하나님의 영원한 목적에 대한 것들을 온전히 알 수 있도록 구하는 기도를 드리는 것이다(1:17). 이 기도에 언급된 영은, 엄밀히 말해서. 성령이 아니라는 것을 주의하도록 하라. 오늘날 그리스도인들은 성령에 대하여 많은 말을 하고 있으나 사람의 영은 거의 전적으로 무시해 버린다.

우리에게는 성령이 필요할 뿐 아니라, 한층 더 우리에게는 성령과 협력할 수 있는 우리 사람의 영이 필요하다. 우리는 이것을 햇빛과 전기로 예를 들 수가 있다. 해는 찬란하게 빛날지 모르지만, 우리에게 필요한 것은 햇빛을 받아들이는 맑은 창이다. 햇빛 자체는 문제가 없지만, 창문에 문제가 있을지도 모른다. 마찬가지로 전기에는 문제가 없을 수 있지만, 전구에는 문제가 있을지도 모른다. 전기가 건물 안에 설치되어 있다 하더라도, 우리에게는 여전히 합당한 전구가 필요하다. 전기와 협력할 수 있는 합당한 전구가 없다면, 전기는 적용되어 그 기능을 수행할 수가 없다. 부활의 날과 오순절 날 이후에, 그 모든 방면에 있어서 성령이 믿는이들에게 주어졌다. 그분은 교회 안으로 분배되시고 교회 위에 부어지셨다. 따라서 성령께는 문제가 없다. 유일한 문제는 우리에게 있으며, 이 필요는 우리의 영의 문제이다. 그러나, 우리는 우리 사람의 영을 무시한 채 성령께 많은 주의를 기울일 수도 있다. 사람의 영은 참된 필요가 있는 곳이다.

에베소서 1장 17절에서는 『우리 주 예수 그리스도의 하나님, 영광의 아버지께서 지혜와 계시의 영을 너희에게 주사 하나님을 온전히 알게 하시고』라고 한다. 성경의 많은 번역본에서는 여기의 영이라는 단어를 대문자화 하지 않고 사용하는데 그것은 아주 좋다. 이러한 것과 같은 그러한 구절에 있는 영이라는 단어는 사람의 영을 가리키는지 아니면 성령을 가리키는지 식별하기가 어려우나, 이 구절에서 그것은 성령보다도 사람의 영을 가리킨다. 우리에게는 지혜와 계시의 마음만이 아닌 영이 필요하다. 에베소서의 책을 이해하기 위해서, 우리의 생각은 제 2차적으로 중요하다. 주요 문제는 우리에게 지혜와 계시의 영이 필요하다는 것이다. 그러므로 우리는 영과 마음의 차이점을 알아야 하고, 우리의 영을 사용하도록 하여 그 영이 강화되고, 정결케 되고, 민감하고, 지혜와 계시의 영이 되도록 해야 한다. 그러면 우리는 이 책에 계시된 것들을 종교적인 방식으로나, 도덕적인 방식으로나, 윤리적인 방식으로나, 단순히 지식적인 방식으로가 아니라 영적인 방식으로 인식할 수가 있다.

  나는 그리스도인들이 단지 윤리적인 방식으로만 성경을 아는 것을 보고 싶지 않다. 공자의 제자들은 항상 윤리적인 방식을 취하여 종교적인 책들을 이해한다. 심지어 성경이 그들의 손에 들어가게 되면, 그들은 그 성경을 윤리적으로 이해한다. 오늘날 거듭난 많은 그리스도인들은 같은 것을 하고자 한다. 성경을 이해하기 위해서, 우리는 이 길에서 구출될 필요가 있다. 윤리적인 방식으로 성경을 이해하는 데서 우리의 이해와 인식이 벗어나야 한다. 윤리적인 방식은 100퍼센트 생명 나무가 아니라 선과 악의 지식의 나무에 속한다. 오히려 우리는 지혜와 계시의 영을 가져야 한다. 지혜와 계시의 영은 생명 나무에 관련되어 있다.

  에베소서의 책에서 어떤 것을 깨닫기 위해서, 우리는 우리의 영을 사용해야 한다. 우리는 우리의 천연적인 지성, 천연적인 관념, 단순한 교리와 가르침, 우리의 종교적인 이해, 윤리적인 방식에 대하여 잊어 버려야 한다. 만일 우리가 이 모든 것들을 포기한다면, 지혜와 계시의 영을 갖는 것이 쉬울 것이다. 그리고 나서 우리는 하나님의 빛 속에서 하나님의 목적에 관한 것들을 보게 될 것이다. 우리는 이 책에 언급된 것들을 정확하게 이해하게 될 것이다.

하나님의 영원한 목적과 경륜

에베소서의 개요를 깨닫기 위한 최상의 길은 그 중점을 확인하는 것이다. 첫째, 이 책은 하나님의 영원한 목적을 계시한다. 많은 그리스도인들은 신약에 그러한 특별한 용어인 영원한 목적이라는 것이 있다는 것을 결코 인지하지 못하였다. 심지어 내가 거의 15년 동안 그리스도인이었으며 신약을 연구하였으며 에베소서를 여러 번 읽어 보았어도, 나는 하나님의 영원한 목적에 대한 이러한 문제를 여전히 보지 못하였다.

에베소서 3장 11절에서는 『그분이 그리스도 예수 우리 주 안에서 하신 영원한 목적에 따라서』라고 말한다. 헬라어로 영원한이라는 단어는 시대의(of the ages) 즉, 영원함을 의미하는 아이온(aion)에서 파생되었다. 에베소서는 영원한 목적에 대하여 말하고 있으며, 여기에서 목적은 계획과 같으며, 두 용어는 올바르고 의미가 깊다. 그러므로, 우리는 하나님께서 그리스도 안에서 계획하신 영원한 계획에 대하여 말할 수도 있다. 1장 9절과 10절은 또한 신성한 계획, 영원한 목적을 가리킨다. 이 계획이 왜 영원한 목적으로 불리워지는가? 그것은 이 목적이 영원 과거에 영원 미래를 위해서 계획되었기 때문이다. 그러므로, 그것은 영원한 목적 즉, 시대(ages)의 목적이다. 그러나, 그것은 시간 안에서 성취되어야 한다. 영원의 두 끝 사이에는 시간의 다리인 간격이 있다. 시간은 영원의 두 끝에 다리를 놓고, 이 다리 위에는 하나님의 목적이 성취되는 과정이 있다. 영원 과거에서와 영원 미래를 위한 하나님의 목적은 이제 이 시간의 다리 위에서 성취되고 있다.

에베소서는 또한 경륜이라는 용어를 사용한다. 에베소서 1장 9절에서는 『때가 찬 경륜에 이르도록』이라고 말한다. 흠정역에서는 이 단어가 시대(dispensation)로 번역되어 있다. 그러나, 그것은 시간의 단계를 가리키지는 않는다. 그것은 분배의 방식 예를 들면 안배나 관리를 가리킨다. 다른 번역에 있어서 이 단어는 시대, 안배, 행정, 청지기 직분, 또는 통치로 표현되지만, 최상의 단어는 경륜이다. 하나님께서는 영원한 계획을 가지고 계시기 때문에, 그분은 경륜, 시대, 안배, 행정, 청지기 직분, 통치가 필요하시다.

3장에서 동일한 헬라어 단어는 두 번이나 사용되었다. 2절에서는 『너희를 위하여 내게 주신 하나님의 은혜의 청지기 직분(stewardship)을 너희가 들었을 터이라』고 한다. 하나님의 은혜는 사업에서 자본에 비유될 수가 있다. 하나님의 계획을 이루기 위해서, 하나님께서는 경영을 하시고, 하나님의 은혜는 하나님의 경영에 있어서 영적이고 신성한 자본금이다. 기업이 그 자본금에 대한 경륜을 필요로 하는 것과 마찬가지로, 하나님의 경영에는 경륜, 청지기 직분이 요구된다.

에베소서 3장 9절에서는 『영원부터 만물을 창조하신 하나님 속에 감취었던 비밀의 경륜이 어떠한 것을 드러내게 하심이라』고 말한다. 흠정역에서는 신뢰성이 낮은 사본을 따라서 경류을 교통으로 번역하고 있다. 더 나은 사본에 의하면, 여기의 헬라어는 경륜이다.

하나님의 영원한 목적의 목표

　에베소서에 있는 두 번째 중점은 하나님의 영원한 목적의 의도, 목표이다. 교회는 위대한 문제이다. 그것은 하나님께서 계획하셨으며, 엄밀히 말해서 그것은 하나님의 계획을 위한 하나님의 경륜이다. 하나님의 경륜은 전적으로 교회와 관련되어 있다. 하나님께서 계획하시고 수행하고자 역사하시는 것은 교회이다. 그러므로 교회는 하나님의 경륜의 중심이다. 이러한 이유 때문에 이 책에서는 특히 하나님의 영원한 목적과 하나님의 은혜의 경륜에 대하여 말하고 있는 것이다. 교회를 이해하려면, 우리는 그것이 하나님의 계획의 중심이요 그분의 경륜의 실체임을 깨달아야 한다.

　우리는 하나님의 영원한 목적의 목표가 교회를 갖는 것이다라고 말할 수도 있으나, 이것은 너무나 일반적인 것이다. 만일 우리가 계시의 영을 가지고 에베소서를 연구해 본다면, 우리는 하나님의 계획의 목표가 그분 자신을 인성과 연합시키심으로 거듭나고 변화된 많은 사람들로 구성되고 건축된 몸을 통하여 그 영으로 인하여 아들이신 그리스도 안에서 그분 자신의 표현을 갖는 것임을 깨닫게 될 것이다. 만일 우리가 조망 안에서 앞 문장과 더불어 에베소서를 읽어본다면, 우리는 이 책 속에 있는 것을 정확하게 보게 될 것이다.

에베소서에서의 삼일 하나님

에베소서에서처럼 삼일 하나님이 많이 계시되어 있는 책이 달리 없다. 물론, 우리는 여기에서 삼일성이라는 단어를 가지고 있지는 않지만, 신성한 삼일성의 실제, 사실은 가지고 있다. 4장에 있는 일곱 「하나들」중에서 셋은 신성한 삼일성의 셋과 관련되어 있다. 4절-6절에서는 『한 영 … 한 주 … 한 하나님 아버지』라고 말한다. 이 책 속에는 신성한 삼일성에 대한 사상을 담고 있는 다른 구절들이 있다. 1장 3절은 『찬송하리로다 하나님 곧 우리 주 예수 그리스도의 아버지께서 그리스도 안에서 하늘에 속한 모든 영적인 복으로 우리에게 복 주시되』라고 한다. 이 구절은 아버지와 아들 그리스도에 대하여 말하고 있다. 게다가, 모든 영적인 축복은 성령과 관련되어 있다. 그러므로, 이 구절은 신격의 셋에 대하여 말하고 있다.

3장에서 바울은 『이러하므로 내가 하늘과 땅에 있는 각 족속에게 이름을 주신 아버지 앞에 무릎을 꿇고 비노니 그 영광의 풍성을 따라 그의 영을 통하여 속 사람 안으로 능력으로 강건하게 하옵시며 믿음을 통하여 그리스도께서 너희 마음 안에 그분의 집을 만들게 하옵시고 너희가 사랑 가운데서 뿌리가 박히고 터가 굳어져서 능히 모든 성도와 함께 지식에 넘치는(지식을 능가하는 : knowledge-surpassing) 그리스도의 사랑을 알아 그 넓이와 길이와 높이와 깊이가 어떠함을 깨달아 하나님의 모든 충만하신 것으로 너희에게 충만하게 하시기를 구하노라』(14-19절)라고 말한다. 이 구절들에서도 다시금 신성한 삼일성—아버지, 아들, 영—의 셋을 언급하고 있는데, 하지만 그분들은 한 하나님이시다. 세 분은 함께 역사하여 우리로 이 한 하나님의 충만을 깨닫게 하신다. 아버지는 근원, 원천이시요, 그분으로부터 하늘과 땅에 있는 모든 족속의 이름이 주어졌다. 그 영은 역사하는 수단이시다. 아들은 아버지께서 계획하시고 그 영이 역사하신 목적(대상 : object)이시다. 이 세 분은 서로 협력하여 우리로 하나님의 충만을 깨닫도록 즉 하나님의 충만을 우리와 하나되게 하신다. 이와 같이 이 구절들에서는 우리에게 신성한 삼일성을 보여 준다.

삼일 하나님은 우리의 체험을 위한 것임

우리가 단순히 교리와 지식을 얻을 목적으로 신성한 삼일성을 알 수는 없다. 오히려 신성한 삼일성은 우리의 체험을 위한 것이며, 우리는 신격의 충만을 깨달을 수가 없다. 14절에서 19절에 걸쳐서 우리에게 말해주는 바는 아버지께서 그분의 영을 통하여 우리를 강건하게 하신다는 것이다. 이것의 결과는 중심되는 분이신 그리스도께서 아버지께서 계획하신 것에 따라서 그 영의 역사로 인하여 우리 마음 안에 그분의 집을 만드실 수 있다는 것이다. 그러면 하나님의 충만은 우리의 체험이 된다. 즉, 우리는 삼일 하나님의 모든 충만 곧 신격의 충만에 이르도록 충만된다. 그러므로, 신성한 삼일성은 교리의 문제가 아니라 체험의 문제이다. 교리적으로 우리는 결코 신성한 삼일성을 합당하게 이해할 수가 없다. 게다가, 아무도 신성한 삼일성을 설명할 수가 없다. 우리는 세 분이 한 하나님이시라고 어떻게 말할 수 있는가? 성경에서 신성한 삼일성을 언급할 때마다, 그것은 우리의 체험을 위한 것이다.

마태복음 28장 19절에서는 우리로 사람들을 아버지와 아들과 성령의 이름들 안으로가 아니라, 이름 안으로 침례 주라고 한다. 회개하고 믿는자들을 침례 주는 것은 그들로 신성한 삼일성을 체험하도록 하는 것이다. 마찬가지로 고린도후서 13장 13절에서는 『주 예수 그리스도의 은혜와 하나님의 사랑과 성령의 교통하심이 너희 무리와 함께 있을지어다』라고 말한다. 이것은 교리가 아닌 체험의 문제이다. 마찬가지로 에베소서의 책을 통하여 신성한 삼일성을 나타내는 구절들이 많이 있으나 그러한 것들은 우리의 체험을 위한 것이다. 우리가 본 바와 같이, 1장 3절에서는 아버지께서 우리를 모든 영적인 축복으로 아들 안에서 복 주신 것에 대하여 말하고 있다. 이 또한 교리가 아니라 우리의 체험을 위한 것이다. 교리만으로는 결코 신성한 삼일성을 이해할 수 없다. 하지만 우리의 체험에 의해서 세분이 사실상 한 하나님이시라는 것을 깨닫게 될 수가 있다.

신약에 있는 여러 구절들에서는 오늘날 성령이 우리 안에 계신다는 것을 우리에게 분명하게 말해준다. 아무도 이것에 대해서 논쟁할 수 없다. 예를 들어, 요한복음 14장 17절에서는 실제의 영이 제자들 안에 있을 것이라고 말한다. 로마서 8장 10절과 같은 그러한 여러 구절에서도 그리스도께서 우리 안에 계신다는 것을 말하고 있다. 갈라디아서에서 바울은 『그분의 아들을 내 속에 계시하시는 것이 하나님을 기쁘시게 하였다』(1:15-16), 『내 안에 사시는 분은 그리스도시라』(2:20) 또한 『그리스도께서 너희 속에 형상을 이루신다』(4:19)라고 하였다. 이 구절들에서는 그리스도의 영이나 그 영 안에 계신 그리스도에 대하여 말하고 있지 않다. 그 구절들에서는 그리스도 자신이 우리 안에 계신다는 것을 분명하게 지적해 준다. 만일 그리스도와 그 영이 한 분이 아니라면, 우리 안에 있는 분이 두 분이어야 하는데, 이렇게 말하는 것은 이단이다. 우리 안에 두분이 계신다고 우리가 어떻게 말할 수 있겠는가? 우리 안에 한 분이 계신다는 것은 그리스도께서 그 영이시라는 것을 가리킨다. 이것은 신성한 삼일성이 교리적으로 이해될 수 없다는 것을 예시한다. 그분은 우리의 체험에 의해 인식되어져야 한다. 우리의 체험에 있어서 신격의 세 분은 사실상 한 분이다. 이것은 나의 말이 아니라, 성경의 말씀이다.

그리스도와 그 영이 우리 안에 계시고, 아버지도 우리 안에 계신다. 에베소서 4장 6절에서는 『하나님도 하나이시니 곧 만유의 아버지시라 만유 위에 계시고 만유를 통과하시고 만유 가운데 계시도다』라고 한다. 한편, 아버지와 아들과 그 영은 셋이시다. 그러면 세분이 우리 안에 계시는가? 아니면 한 분이 우리 안에 계시는가? 우리 안에 한 분이 계시다는 것은 아버지가 아들이시요 아들이 그 영이시다는 것을 가리킨다. 만약 그렇지 않다면, 우리 안에 세분이 계셔야 한다. 다시금 이것은 우리가 신성한 삼일성을 우리의 체험에 의해서만 깨닫게 될 수가 있음을 예시해 준다. 우리의 지식은 너무나 제한적이기 때문에 우리가 지식의 방식으로 신성한 삼일성을 결코 정의할 수가 없다. 실제적으로, 우리의 체험 안에서, 세분은 하나이시다.

성경에서 그 영이 우리 안에 계시고, 그리스도가 우리 안에 계시며, 아버지가 우리 안에 계시고, 그리스도가 우리 안에 계시며, 아버지가 우리 안에 계신다는 것은 분명하며 논쟁의 여지가 없다. 오늘날 세분 모두가 우리 영 안에 계신다. 우리는 세분이 분리되어 있고 하나가 아니라는 것을 믿지 않는다. 그러므로 에베소서 3장에서 신격의 세분은 함께 역사하고 우리를 하나님의 모든 충만에 이르도록 충만케 하신다. 이것은 신격의 충만이 우리와 연합되어 있다는 것을 의미한다. 우리는 삼일 하나님으로 충만되고 삼일 하나님은 그분 자신을 우리와 연합되게 하신다. 이것은 인성과 연합된 신성이다. 우리는 가끔 세계의 7대 불가사의에 대하여 말하지만, 이러한 것들은 참된 불가사의가 아니다. 온 우주 가운데 유일한 불가사의는 우리 안에 계신 삼일 하나님이시다. 삼일 하나님께서 그분 자신을 우리 안으로 역사하고 계시다는 것은 어떠한 불가사의인지! 우리는 에베소서를 다시 한 번 읽어보고, 전통적인 신학에 대하여 잊어버려야 한다. 전통적인 신학은 우리를 손상시키고 우리를 가로막아 에베소서에 있는 것들을 이해하지 못하도록 한다. 우리는 상기한 모든 요점들을 조각 그림 맞추기를 하듯이 함께 두어야 한다. 그러면 우리는 아버지께서 아들 안에 계시며, 아들은 그 영으로 실제화되시고, 그 영은 우리 안에 계신다는 온전한 그림을 보게 될 것이다.

삼일 하나님 안에 있는 그리스도의 몸인 교회

우리가 모두 거듭나고, 변화되고, 조성되고, 인성이 신성과 연합되어 그리스도를 위한 한 몸으로 건축되는 것은 이 삼일 하나님 안에서이다. 이것은 참된 불가사의이다! 교회를 이해하기 위해서, 우리는 한 하나님, 한 주, 한 영, 한 몸의 방식 안에서 교회를 알아야 한다(4:4-6). 타락한 사람들이 어찌 몸이 될 수 있겠는가? 그것은 믿음과 침례로 말미암아서이다(5절). 믿음으로 인하여 우리는 삼일 하나님 안으로 믿고, 침례로 우리는 옛 것들과 분별된다. 그러나, 우리는 여전히 옛 몸을 가지고 옛 창조 안에 있다. 따라서 우리는 또한 부르심의 소망이 필요하다(4절).

한 하나님은 한 주 안에 계시고, 한 주님은 한 영 안에 계시고, 한 영은 한 몸 안에 계신다. 이제 우리는 믿음과 침례로 인하여 이 한 몸에서 분깃을 나눈다. 이 때문에 모두가 주 예수님을 믿고 침례 받아야 하는 것이다. 주 예수님을 믿는 것은 그리스도와 동일시되는 것이고 그분과 연합되는 것이다. 침례 받는 것은 장사되는 것이요, 옛 삶, 옛 창조, 모든 옛 문제들로부터 청산, 즉 완전히 분리되는 것이다. 우리가 아담에게서 나와 그리스도 안으로 옮겨진 것은 믿음과 침례로 말미암아서이다. 이로써 우리는 삼일 하나님의 몸이 된다. 그러나, 우리가 여전히 옛창조 안에 살고 있기 때문에 좀 더 무엇인가가 필요하다. 우리의 영 안에서 우리는 새 창조 안에 있으나, 우리의 옛 몸은 여전히 옛 창조 안에 머물러 있다. 따라서, 우리는 한가지 일—그리스도께서 돌아오사 우리의 몸을 적시실 것—을 소망한다. 그분의 생명으로 그분은 사망을 삼키실 것이며, 생명의 새로움으로 그분은 옛 창조의 모든 옛것을 삼키실 것이다. 이것이 우리의 소망이다. 상기한 모든 구절들에서 우리에게 삼일 하나님 안에 있는 교회를 보여주는데, 그 교회는 하나님의 영원한 목적의 목표이다.

새 사람, 몸, 충만, 신부, 하나님의 거처, 전사인 교회

이제 우리는 교회가 하나님의 의도하심 안에 있다는 것을 보았을지 모른다. 이것은 에베소서에 있는 세번째 중점이다. 에베소서에는 교회에 할당된 최소한 일곱 가지 다른 제목들이 있다. 첫째, 그것은 교회와 새 사람이다. 에베소서 2장 15절에서는 그리스도께서 유대인들과 이방인들 두 민족을 그분 자신 안에서 한 새사람을 창조하셨다고 우리에게 말한다. 우리의 천연적인 관념으로는 새 사람이 개인적인 것이라고 여길지도 모른다. 따라서, 우리는 새 사람이 많이 있다고 생각할수도 있다. 그러나, 새 사람은 개인적인 사람이 아니라 단체적인 사람인데, 이는 15절에서 그 새 사람이 두 민족으로부터 창조되었다는 것을 말하고 있기 때문이다.

엄밀히 말해서, 4장 22-24절에서 옛 사람을 벗고 새 사람을 입는다는 것을 말할 때, 그것은 그 몸을 언급하고 있다. 우리는 이것을 2장 15절 하반절과 16절 상반절에서 알게 된다. 그곳에서는 『그분은 둘로 자기의 안에서 한 새사람을 지어 화평하게 하시고 둘을 한 몸으로 화목하게 하려 하심이라』고 말한다. 이것은 한 새 사람이 한 몸이요, 한 몸이 한 새 사람이라는 것을 가리킨다. 교회는 새 사람이고, 이 새 사람은 그리스도의 몸이다.

1장 28절에 따르면, 이 몸은 만물 안에서 만물을 충만케 하시는 자의 충만이다. 더욱이, 교회는 하와가 아담의 배필이었던 것과 마찬가지로 그리스도의 신부, 배필이다(엡 5:23-32, 창 2:21-25). 이러한 교회의 네 방면—새 사람, 몸, 충만, 신부—은

한 덩어리를 이룬다. 새 사람은 몸이요, 몸은 충만이요, 충만은
배필이다. 이러한 네 방면 외에, 교회는 또한 하나님의 거처 즉,
영 안에서의 그분의 거처이며(엡2:21-22), 병사 즉, 전사이다
(6:10-20). 전사는 군대가 아니라 단체적인 몸으로서 하나님의
전신갑주를 입는다. 하나님의 전신갑주는 한 항목이지 많은 것
이 아니다. 한 몸은 전신갑주를 입는 한 사람이다.

생명이신 그리스도와 그분의 충만인 몸과 함께하는 새 사람

 이제 우리는 교회의 다른 방면에 대한 세부 사항의 몇가지를
알아볼 수 있다. 사람이 태어날 때, 그에게는 사람의 생명이 있
다. 만약 우리에게 사람의 생명이 없다면, 우리는 사람이 될 수
가 없다. 교회가 새 사람이라는 것은 교회가 새 생명을 가지고
있으며 이 생명이 그리스도라는 것을 의미한다. 그리스도는 아
버지의 체현이시요 그 영으로 실제화되시기 때문에 우리에게
생명이 되신다. 그러므로, 이 생명은 생명 나무로 예표된 삼일
하나님이시다. 원래 우리는 옛 생명 즉, 피조된 사람의 생명만
을 가졌기에 옛 사람이었으나, 그리스도의 십자가에 못 박히심
과 부활하심을 통하여 그분이 우리를 거듭나게 하셨다. 거듭남
은 다만 삼일 하나님을 우리 안으로 분배하심이다. 성육신, 십
자가에 못 박히심, 부활을 통하여 삼일 하나님께서는 그분 자신
을 우리 안으로 생명으로서 분배하셨다. 이 생명은 그 영이신
그리스도 안에 계신 하나님 자신이다. 이로 인하여 우리는 새
사람이 된다.

 게다가, 이 새 사람은 몸이다. 새 사람은 생명의 문제이다. 반

면 몸은 표현의 문제이다. 몸이 없다면 사람은 표현을 가질 수 없다. 아무도 그 사람을 알거나 그 사람을 인식할 수가 없다. 우리는 우리의 표현인 몸에 의해 알려지고 인식되어진다. 교회가 그리스도의 몸이라는 것은 그것이 그리스도의 표현이요, 그리스도께서 교회 안의 생명이시라는 것을 의미한다.

몸은 그리스도의 충만이다. 몸이 없는 머리는 가련하다. 그것은 충만이 없다. 마찬가지로, 탈구된 몸은 머리의 충만이 아니다. 합당한 몸만이 머리의 온전한 충만이다. 사복음서에서 주 예수님은 몸이 없는 머리이시다. 그러므로, 복음서에는 그리스도의 충만이 없다. 그러나, 사도행전 책에서 예수님은 수천배로 복제된다. 따라서, 사도행전에서 우리는 그리스도의 충만을 볼 수가 있다. 교회는 많은 지체들로 구성되어 있으며, 각 지체는 예수님의 복제, 살아있는 복사본이다. 함께 구성된 이러한 살아있는 지체들은 그 몸을 이룬다.

사람의 육신적인 몸이 그 사람의 표현인 것처럼, 그 몸은 그리스도의 표현이다. 이 몸은 또한 충만이다. 에베소서 1장 23절에서는 그리스도의 충만, 하나님의 아들의 충만, 또는 주 예수님의 충만에 대하여 말하고 있지 않다. 그곳에서는 만물 안에서 만물을 충만케 하시는 분의 충만에 대하여 말하고 있다. 충만이 무엇인지를 이해하는 것은 어렵다. 이것은 너무나 심오하고 우리의 이해는 너무 제한되어 있다. 우리 역시 그리스도께서 만물을 어떻게 충만케 하시는지를 설명할 수 없다. 우리는 다만 이 용어가 그리스도께서 얼마나 위대하신지를 보여주는 것이라고 말할 수 있을 따름이다. 오늘날 그분의 충만은 만물 안에서 만물을 충만케 하시는 분이신 그분이 무한히 위대하시기 때문에 우주적인 충만이 된다. 그분은 만물과 만물 안의 만물을 충만케 하신다. 그리스도께서는 무한하시며, 그러한 무한하신 그리스도께서는 그분의 충만이 되는 우주적인 몸을 필요로 하신다. 비록 땅 위에 있는 교회가 때로는 엉망진창인 것처럼 보일지라도, 여전히 그리스도의 충만의 원칙 안에 있다. 그리스도는 미국, 유럽, 아프리카, 아시아와 지구 도처에 계신다. 몸인 교회는 공간과 시간에 있어서 우주적인 그리스도의 충만이다.

그리스도의 배필

하와가 아담의 배필로서 아담의 배우자가 되었던 것처럼, 이 충만도 또한 그리스도의 배필이 된다. 아내가 자기 남편과 하나인 것은 교회가 그리스도와 하나임을 예표한다. 이것은 에베소서 5장 23절에 있는 위대한 비밀이다. 남편과 아내는 수박의 두 반쪽과 같다. 두 반쪽이 함께 놓여질 때, 그것들은 온전케 된다. 한쪽은 짝이 되는 다른 쪽이 필요하다. 마찬가지로 교회는 그리스도의 일부 곧, 그리스도의 배필로서 그분의 배우자가 된다. 아내는 남편의 충만이다. 창세기 2장에서 하와는 아담의 배필과 충만이다. 아담이 독신이었을 때 저에게는 충만이 없었지만, 저에게 배필로서 그의 배우자가 될 아내가 주어졌을 때, 그녀는 그의 충만이 되었다. 따라서, 생명과 본성에 있어서 교회는 그리스도와 하나이다. 둘은 한 생명과 한 본성을 가지고 있으며, 그리하여 교회는 그리스도의 일부로서 그리스도의 배우자가 된다.

하나님의 거처

교회는 또한 하나님의 거처이다. 사람의 몸은 그 사람의 거처이다. 엄밀히 말해서, 우리는 집 안에 살고 있지 않고, 우리의 몸 안에 살고 있다. 이로 인해서 성경에서는 우리의 육신적인 몸을 거처에 비유하고 있는 것이다. 고린도후서 5장 1절에서 바울은 우리의 타락한 몸을, 장래 우리의 부활한 몸이 될 손으로 짓지 않은 거처와 대비되는, 땅에 있는 장막 거처 곧 임시 거처라고 부른다. 우리의 몸이 우리가 존재하는 곳, 우리의 거주지이듯이, 교회는 그리스도를 담고 그리스도를 표현하는 그리스도의 몸이다. 따라서, 그것은 삼일 하나님의 거처, 거주지이다.

우리가 본 바와 같이, 새사람인 교회는 생명의 문제요, 그리스도의 몸인 교회는 표현의 문제요, 그리스도의 신부인 교회는 배필이다. 그러나, 하나님의 거처인 교회에 대하여 말하는 것은 건축에 대한 중심 사상을 전달한다. 우리는 건축되어야 한다. 이 사상은 에베소서 2장 20-22절과 16절에서와 같이 이곳에 많이 계시되어 있다. 교회가 하나님의 거주지, 하나님의 거처이기 때문에 교회는 하나님의 성전이다.

우리가 체험할 필요성

하나님은 성전 안에 계시지만, 보다 명확히 말하면 그분은 성전의 내적인 방 안에 거주하신다. 그분의 나타나신 임재는 지성소 안에 있다. 지성소는 우리 사람의 영의 예표이다. 사람은 세 부분으로 된 성전이며, 우리의 영은 가장 깊은 부분이다. 만일 우리가 우리의 영을 분별하고 사용하는 것을 안다면, 우리는 하나님의 임재를 인식할 수 있게 되는데, 그 임재는 교회 안에 그분이 거하심이다. 만일 우리가 우리의 영을 사용하는 법을 알지 못한다면, 하나님이 교회 안에 계시다고 말하는 것은 교리에 지나지 않는다. 우리는 우리의 영을 분별하고 사용하는 법을 배워 우리의 영 안에서와 교회 안에서 하나님의 임재를 더욱 체험하도록 해야 한다. 우리는 교리가 아니라 우리의 영을 의식적으로 훈련할 필요가 있다.

　에베소서에는 두 가지 기도가 있다. 첫번째 기도는 계시를 위한 기도이다.(1:15-23). 반면 두번째 기도는 체험을 위한 기도이다(3:14-19). 이 책의 서두에 우리는 계시를 얻기 위한 기도가 필요하였다. 그런 다음, 우리가 계시를 얻고 나서, 우리는 자신이 보는 것을 체험하기 위한 또 다른 기도가 필요하다. 바울의 첫번째 기도는 우리로 하여금 그리스도를 온전히 알도록 지혜와 계시의 영을 갖게 하는 것인데 반해 그의 두번째 기도는 우리의 속사람이 능력으로 강건케 되어 우리가 그리스도를 온전하게 체험하고, 그리스도께서 우리 안에 그분의 집을 만드시고, 우리가 삼일 하나님의 모든 충만에 이르도록 충만케 되게 하는 것이다. 이것은 하나님에 대한 참된 체험이 교회 안에 특히 우리 속 사람 안에 있다는 것이다.

　16절에서는 우리가 속사람 안에서가 아니라 속사람 안으로 강건케되는 것에 대하여 말하고 있다. 이것은 성령이 그리스도를 속 사람 안으로 점점 더 역사함으로써 우리의 속 사람을 다루는 것을 의미한다. 이것은 우리로 하여금 특히 우리의 영을 분별하고, 알고, 훈련하도록 요구한다. 그러나, 우리의 영의 문제는 오늘날 많은 그리스도인들이 간과하고 심지어 반대하기도 한다. 우리가 우리 영 안에 계신 그리스도에 대하여 사람들에게 사역할 때, 그들 중 많은 사람들이 놀라워했다. 그들은 이것에 대하여 결코 들어본 적이 없었다. 비록 그들이 그리스도인 사역자들에서 많은 도움을 받아 말씀을 알고, 말씀을 암기하고, 말씀을 이해할 수 있다 하더라도, 그들은 결코 그 영이신 그리스도를 체험하기 위해 그들의 영을 사용하는 법에 대하여 들어보지 못하였을지도 모른다. 우리의 영을 사용하는 것은 극히 중대한 문제이다.

제 17 장

에베소서에서의 교회에 관한 중점들

엡 2:1-6
『너희의 허물과 죄로 죽었던 너희를 살리셨도다 그 때에 너희가 그 가운데서 행하여 이 세상 풍속을 좇고 공중의 권세 잡은 자를 따랐으니 곧 지금 불순종의 아들들 가운데서 역사하는 영이라 전에는 우리도 다 그 가운데서 우리 육체의 욕심을 따라 지내며 육체와 마음의 원하는 것을 하여 다른 이들과 같이 본질상 진노의 자녀이었더니 긍휼에 풍성하신 하나님이 우리를 사랑하신 그 큰 사랑을 인하여 허물로 죽은 우리를 그리스도와 함께 살리셨고 (너희가 은혜로 구원을 얻은 것이라) 또 함께 일으키사 그리스도 예수 안에서 함께 하늘에 앉히시니』

4:24
『하나님을 따라 의와 진리의 거룩함으로 지으심을 받은 새사람을 입으라』

5:22-6:9
『아내들이여 자기 남편에게 복종하기를 주께 하듯 하라 이는 남편이 아내의 머리 됨이 그리스도께서 교회의 머리 됨과 같음이니 그가 친히 몸의 구주시니라 그러나 교회가 그리스도에게 하듯 아내들도 범사에 그 남편에게 복종할지니라 남편들아 아내 사랑하기를 그리스도께서 교회를 사랑하시고 위하여 자신을 주심 같이 하라 이는 곧 물로 씻어 말씀으로 깨끗하게 하사 거룩하게 하시고 자기 앞에 영광스러운 교회로 세우사 티나 주름 잡힌 것이나 이런 것들이 없이 거룩하고 흠이 없게 하려 하심이니라 이와 같이 남편들도 자기 아내 사랑하기를 제 몸같이 할지니 자기 아내를 사랑하는 자는 자기를 사랑하는 것이라 누구든지 언제든지 제 육체를 미워하지 않고 오직 양육하여 보호하기를 그리스도께서 교회를 보양함과 같이 하나니 우리는 그 몸의 지체임이니라 이러므로 사람이 부모를 떠나 그 아내와 합하여 그 둘이 한 육체가 될지니 이 비밀이 크도다 내가 그리스도와 교회에 대하여 말하노라 그러나 너희도 각각 자기의 아내 사랑하기를 자기같이 하고 아내도 그 남편을 경외하라 자녀들아 너희 부모를 주 안에서 순종하라 이것이 옳으니라 네 아버지와 어머니를 공경하라 이것이 약속 있는 첫 계명이니 이는 네가 잘 되고 땅에서 장수하리라 또 아비들아 너희 자녀를 노엽게 하지 말고 오직 주의 교양과 훈계로 양육하라 종들아 두려워하고 떨며 성실한 마음으로 육체의 상전에게 순종하기를 그리스도께 하듯 하여 눈가림만 하여 사람을 기쁘게 하는 자처럼 하지 말고 그리스도의 종들처럼 마음으로 하나님의 뜻을 행하여 단 마음으로 섬기기를 주께 하듯 하고 사람들에게 하듯 하지 말라 이는 각 사람이 무슨 선을 행하든지 종이나 자유하는 자나 주에게 그대로 받을 줄을 앎이니라 상전들아 너희도 저희에게 이와 같이 하고 공갈을 그치라 이는 저희와 너희의 상전이 하늘에 계시고 그에게는 외모로 사람을 취하는 일이 없는 줄 너희가 앎이니라』

6:10-20
『종말로 너희가 주 안에서와 그 힘의 능력으로 강건하여지고 마귀의 궤계를 능히 대적하기 위하여 하나님의 전신갑주를 입으라 우리의 씨름은 혈과 육에 대한 것이 아니요 정사와 권세와 이 어두움의 세상 주관자들과 하늘에 있는 악의 영들에게 대함이라 그러므로 하나님의 전신갑주를 취하라 이는 악한 날에 너희가 능히 대적하고 모든 일을 행한 후에 서기 위함이라 그런즉 서서 진리로 너희 허리

띠를 띠고 의의 흉배를 붙이고 평안의 복음의 예비한 것으로 신을 신고 모든 것 위에 믿음의 방패를 가지고 이로써 능히 악한 자의 모든 화전을 소멸하고 구원의 투구와 성령의 검 곧 하나님의 말씀을 가지라 모든 기도와 간구로 하되 무시로 성령 안에서 기도하고 이를 위하여 깨어 구하기를 항상 힘쓰며 여러 성도를 위하여 구하고 또 나를 위하여 구할 것은 내게 말씀을 주사 나로 입을 벌려 복음의 비밀을 담대히 알리게 하옵소서 할 것이니 이 일을 위하여 내가 쇠사슬에 매인 사신이 된 것은 나로 이 일에 당연히 할 말을 담대히 하게 하려 하심이니라』

1:3, 17
『찬송하리로다 하나님 곧 우리 주 예수 그리스도의 아버지께서 그리스도 안에서 하늘에 속한 모든 신령한 복으로 우리에게 복 주시되』, 『우리 주 예수 그리스도의 하나님, 영광의 아버지께서 지혜와 계시의 정신을 너희에게 주사 하나님을 알게 하시고』

2:22
『너희도 성령 안에서 하나님의 거하실 처소가 되기 위하여 예수 안에서 함께 지어져 가느니라』

3:16
『그 영광의 풍성을 따라 그의 성령으로 말미암아 너희 속사람을 능력으로 강건하게 하옵시며』

4:23
『오직 심령으로 새롭게 되어』

5:18
『술 취하지 말라 이는 방탕한 것이니 오직 성령의 충만을 받으라』

교회를 위한 재료들

앞장에서 우리는 에베소서에 있는 첫번째 세가지 중점을 보았다. 네번째 중점은 이 책이 우리에게 교회 건축을 위한 재료들의 참된 상태와 본질을 보여준다는 것이다. 전 성경에서 이 책만큼 포괄적으로 깊게 이것을 계시해 주는 책이 달리 없다. 그러한 것들의 근원에 있어서, 교회를 위한 재료들은 죄인들이었으며, 죄 가운데 죽어 있었다. 이것은 에베소서 2장 1절에 분명하게 계시되어 있다. 우리의 본성은 죄가 있었으며, 우리는 죄 가운데 죽어 있었다. 죄들 가운데 죽은(dead in sins)이라는 구절은 익사한 사람으로 예를 들어 볼 수가 있다. 그 사람은 물 속에서 죽어 있다. 물과 이 죽은 사람은 하나가 되었다. 그 사람은 물 속에 있고, 물은 그 사람 속에 있으며, 물은 그 사람을 매장시킨다. 우리는 이 사람이 물과 연합되었다고 말할 수도 있다. 우리 각자의 원래의 상태와 본성은 우리가 죄와 사망 가운데 있었다는 것이다. 사망의 물과 마찬가지로 죄는 우리와 결합되고, 우리를 매장시키고, 우리와 연합된다.

둘째, 우리는 죄인들이었을 뿐 아니라 원수들이었다. 우리는 하나님의 대적인 사탄과 연합되고 그로 채워진 거스르는 자들이었다(2-3절). 공중의 권세 잡은 자인 사탄은 불순종의 아들들 가운데서 역사하여, 우리로 하나님의 의에 따라 죄인들이 되게하고 하나님의 통치와 행정에 따라 반역자들이 되게 하였다. 우리는 사탄과 함께 연합된 반역자들이었으며, 우리는 그로 채워져 있었다. 달리 말해서 우리는 하나님의 대적과 하나였다. 이것은 우리가 그 몸의 지체들이 되기 전에 가졌던 우리의 이중적인 상태와 본성이었다. 로마서에서 조차도 사도 바울은 에베소서에서와 같이 그렇게 포괄적이고 깊게 우리의 원상태와 상황을 계시해 주지 아니하였다. 로마서에서 우리는 자신이 죄 가운데 죽었었다는 것을 들어보지 못하였다. 우리가 죄인이었다는 것만 들어보았을 따름이다. 로마서에서는 우리가 거스르는 자들이었다는 것도 우리에게 말해주지 않는다. 에베소서에서는 우리가 죄 있고 죄 가운데 죽어 있었으며, 죄인들이고 하나님이 원수와 하나로 연합된 거스르는 자들이었다는 것을 우리에게 말해준다. 이와 같은 그러한 재료들로부터 하나님께서 교회를 산출하신 것은 얼마나 놀라운 일인지! 그분의 크신 사랑 안에서 그분이 그러한 재료들로부터, 죄 가운데 죽은 죄인들과 사탄과 연합하여 그로 채워진 거역하는자들로부터, 영광스럽고, 경이롭고, 놀라운 그리스도를 위한 몸을 창조하셨다는 것에 대해 하나님을 찬양한다.

하나님께서 교회를 산출하시기 위해 취하신 세 단계들

에베소서는 하나님의 영원한 목적, 그분의 영원한 목적의 목표, 교회의 어떠함, 교회를 위한 재료들의 원상태와 본성의 어떠함에 대하여 말하고 있다. 다섯번째 중점은 하나님께서 교회를 산출하신 단계들이다. 2장 5절과 6절에서는 우리가 허물로 죽어 있었을 때조차도, 하나님께서 우리를 그리스도와 함께 살리시고, 우리를 그분과 함께 일으키시고, 우리를 그분과 함께 앉히셨다고 말한다.

우리를 그리스도와 함께 살리심

　우리가 죽어 있었으므로, 하나님께서 오셔서 우리를 살리시고, 생명을 우리 안으로 분배하셨다. 하나님께서는 그 영이신 그리스도 안에서 그분 자신을 우리 안으로 분배하셨다. 이로써 하나님께서는 죽은 재료들을 살아나게 하셨다. 에스겔 37장 1-14절은 이것에 대한 그림을 담고 있다. 하나님의 백성은 죽어있고 흩어져 있던 마른 뼈들에 비유되었다. 이 마른 뼈들은 그 몸의 건축을 위한 재료들을 상징한다. 이 마른 뼈들로부터 하나님께서는 그분의 집 곧, 그분의 거처를 건축하셨으며, 그분은 하나님을 위한 전쟁을 할 군대를 이루게 하셨다. 원래 이 재료들은 죽어서 무덤 속에 있었으나, 하나님께서는 그분의 생기를 그것들 속으로 불어넣으셨다. 즉, 그분은 자신의 생명을 그것들 안으로 분배하셨으며, 마른 뼈들은 살아나게 되었다. 살아나게 되는 것은 거듭나는 것이다.

우리를 그리스도와 함께 일으키심

　둘째, 하나님께서는 우리를 무덤에서와 땅에서 하늘들로 들어 올리셨다. 우리가 죄 가운데 죽어 있었을 때, 우리는 최하 수준까지 심지어 무덤까지 타락하였었다. 하지만 하나님께서는 우리를 최고점까지 심지어 하늘들에까지 높이 올리셨다.

우리를 그리스도와 함께 하늘들에 앉히심

　세째. 우리는 그리스도와 함께 하늘들에 앉아 있다. 사람은 자기 일이 끝이 났을 때만 앉아 있는다. 그러므로 앉아 있게 되는 것은 모든 것이 성취되었음을 의미한다. 한편, 교회는 건축될 것이다. 그러나 또 한편, 교회는 이미 건축되었다. 한편, 주님은 여전히 우리에게 역사하셔야 한다. 그러나 또 한편, 그분은 이미 그분의 역사를 다 이루셨다. 그분은 우리를 살리셨으며, 우리를 하늘들로 올리셨으며, 우리를 그리스도와 함께 그리스도 안에 앉히셨다.

하나님께서는 언제 우리를 살리셨는가? 그리스도께서 부활하셨을 때, 그분의 온 몸도 살리심을 받고 그분과 함께 일으키심을 받았다. 그리고 그분의 승천 안에서 그분은 우리를 하늘들로 데리고 가셔서 우리를 그분과 함께 앉히셨다. 그러므로, 하나님의 신성한 관점에서, 교회는 이미 건축되었다. 모든 것은 끝마쳐졌다. 우리는 교회의 건축에 대하여 염려할지 모르나, 하나님께서는 그것이 이미 성취되었기 때문에 염려하지 않으신다. 우리는 이것을 이해할 수 없으나, 그것은 우리에게 계시된 하나의 사실이다.

요한복음 2장에서는 유대인들이 주 예수님을 죽이고자 하였을 때, 그분이 그들에게 『이 성전을 헐라 내가 사흘 동안에 일으키리라』(19)고 하셨다는 것을 기록하고 있다. 내가 어렸을 때 나는 이것이 주 예수님 자신의 부활만을 언급하고 있다고 생각했었다. 그러나 지난 몇년 동안에 주님은 베드로전서 1장 3절에 의거하여 우리 모두가 그리스도의 부활하심을 통하여 거듭나게 되었음을 나에게 보여주셨다. 그리스도께서 십자가 위에 못 박히셨을 때, 우리 또한 거기에 못 박혔다. 마찬가지로, 그리스도께서 부활하셨을 때 우리도 그분과 함께 부활하였다. 그러므로, 우리는 그분 안에서 죽었고, 그분 안에서 부활하였으며, 그분 안에 앉혀졌다. 하나님 보시기에 모든 것은 성취되었으며 완성되었다. 그리스도의 부활과 승천을 통하여 교회가 산출되었다. 이것이 에베소서 2장에서 우리에게 계시해 준 바이다.

그리스도의 역사가 우리의 체험이 됨

그 영의 전달로 말미암아

하나님께서 그리스도를 통하여 그리스도 안에서 성취하신 것은 우리의 체험이 되어야 한다. 그러나, 그리스도는 그리스도이시고, 우리는 우리이다. 그분은 거의 2000년 전에 멀리 떨어진 곳에서 부활하시고 승천하셨다. 그러면 그리스도의 부활과 승천이 어떻게 우리의 체험이 될 수가 있는가? 우리는 어떻게 그리스도 안에 있을 수 있으며, 그리스도는 어떻게 우리 안에 있을 수 있고, 그리스도 안에서 하나님께서 성취하신 것이 어떻게 우리의 것이 될 수 있는가? 그것이 동일시됨으로 인하여 된 것이라고 대답하는 것으로는 충분하지 못하다. 심지어 더욱 그것은 그 영으로 인한 것이다.

우리는 그 영을 전기를 통한 송신의 예를 들어 설명할 수가 있다. 전기에 의해서, 로스앤젤레스에서 발생한 것이 즉시 우리가 있는 곳으로 이동 될 수가 있다. 동일한 전송으로 말미암아, 미국과 극동에 있는 사람들은 서로 대화를 할 수가 있다. 전기가 없다면, 나의 직접적인 청중만이 나에게서 들을 수가 있으나, 전기의 전달로 말미암아 지구의 가장 먼 곳에 있는 사람들도 나에게서 들을 수가 있다. 전기로 인해, 공간과 시간의 문제가 제거된다. 마찬가지로, 그 영에게도 공간이나 시간의 문제가 없다. 그리스도께서 성취하신 것과 하나님께서 그리스도 안에서 역사하신 것은 모두 그 영 안에 복합되었다. 이제 그 영은 우리 안으로 들어오셨고, 우리는 그 영 안에 놓여지게 되었다. 그러므로, 그리스도께서 성취하신 것은 우리의 것이다.

교회는 그리스도의 부활과 승천으로 인하여 산출된다. 그 부활과 승천은 그 영으로 말미암아 우리에게 적용된다. 만일 우리가 이러한 문제들을 교리로만 취한다면, 그러한 것들은 결코 우리의 체험이 될 수가 없다. 그러한 것들은 우리의 지성 안에서 신조에 불과할 것이다. 우리가 이러한 것들을 영 안에서 깨닫게 될 때에만 그러한 것들은 우리의 체험이 된다.

회개하고 믿음으로 말미암아

그 영은 어떻게 우리에게 올 수 있는가? 그것은 믿음으로 말미암아서이고, 참되고 살아있는 믿음은 항상 회개를 포함한다. 회개함이 없는 믿음은 문제가 가득하다. 살아있는 믿음은 항상 회개를 포함한다. 성경은 『회개하고 믿으라.』(막 1:15)고 말하고 있다. 회개와 믿음은 성령이 역사하기 위한 요구 조건에 일치한다. 성령이 우리 안에서 역사하기 위한 유일한 길은 회개와 믿음을 통하여서이다. 다른 길은 없다. 언제 어디서나 사람이 하나님 앞에 회개하고 주 예수를 믿기만 하면, 즉시 성령이 그 사람 안으로 오신다. 이것이 원칙 곧 법이다. 라디오 전파가 공중에서 라디오 속으로 들어가는 길은 그것을 적절히 맞추는 것이다. 우리가 그것을 올바른 위치에 맞추게 되면, 라디오 전파가 원칙에 따라 작동한다. 마찬가지로, 그 영이 역사하는 원칙은 우리가 회개와 믿음의「위치에 맞추는 것」이다.

매일 아침, 매일 낮, 매일 저녁 우리는 회개하고 믿을 필요가 있다. 우리는『주여, 저를 용서하소서. 제가 아주 많은 일들에 있어서 아직도 죄가 있음을 인정합니다. 저는 제 자신을 혐오합니다. 당신 앞에 회개합니다. 주여, 제 자신을 당신께 열어 드리며, 당신을 신뢰합니다. 당신을 믿습니다!』라고 기도해야 한다. 이렇게 함으로써 우리는 자신을 적절히 맞추어 하늘에 속한「라디오 전파」를 포착하게 된다. 즉 우리의 체험에 있어서 우리는 성령을 영접하게 된다. 이제 그 영은 우리 안에 계시며, 우리는 그 영 안에 있다. 이로써, 그리스도 안에서 그리스도로 말미암아 성취된 것은 무엇이나 우리의 것이 된다. 그리스도의 역사는 그 영 안에서 우리의 체험이 된다.

놀랍고, 만유를 포함한 영은 우리의 회개와 믿음을 통하여 우리 안으로 오신다. 예외 없이, 사람이 천하든지 고귀하든지, 젊든지 늙었든지, 약하든지 강하든지, 어리석든지, 영리하든지, 무식하든지(교육을 받지 않았든지) 유식하든지(교육을 받았든지), 악하든지, 선하든지간에 그 사람이 회개하고 주 예수를 믿는 한 영적이고 하늘에 속한「라디오 전파」인 그 영이 그 사람 안으로 오신다. 이 놀라운 영은 그리스도의 인격의 모든 것, 그리스도께서 행하신 모든 것, 하나님께서 그리스도 안에서 우리 안으로 성취하신 모든 것을 전달하신다. 따라서 우리는 그 영 안에 있고 그 영은 우리 안에 계신다. 우리는 살아나게 되고, 올려지고, 그 영 안에서 그리스도와 함께 앉아 있게 된다. 전달이신 그 영이 없다면, 우리는 그리스도와 하나 될 수가 없다. 그분이 공간과 시간으로 인해 우리와 관계 없을 것이다. 그러나 전달이신 성령 안에서 우리는 공간이나 시간에 관계없이 그리스도와 하나이다. 이로써 교회는 그 영으로 인하여 우리에게 적용된 그리스도의 부활과 승천으로 말미암아 산출된다.

그리스도의 몸의 지체들의 매일의 행함

그 영 안에서와 몸 안에서

에베소서에 있는 여섯째 중점은 이 땅위에서 그리스도의 몸의 지체들의 매일의 행함이다. 우리가 그리스도의 몸의 지체들이 되고 나서 우리는 영 안에서와 몸 안에서 매일의 행함을 가져야 한다. 이것이 이 책의 기본적인 가르침이다.

에베소서의 처음 세장은 교회의 생명과 본성과 위치를 계시해 주고 있는 반면, 마지막 세장은 교회의 행함을 다루고 있다. 교회의 행함에 대한 첫째 항목은 몸의 하나를 지키는 것이다. 이것이 몸의 생활을 실현하는 것이다. 몸의 생활을 실현하는 것은 우선 몸의 하나를 지키는 것이다. 우리가 사도이든지 작은 형제 또는 자매이든지 간에 우리는 몸의 지체들이요 몸을 위한 지체들이다. 그러므로, 우리는 몸의 하나를 지켜야 하고 몸 안에 살아야 한다.

내가 구원받고 나서 수년 동안, 몸의 하나에 대하여 나에게 말해준 사람은 아무도 없었다. 나는 그리스도인의 용어를 사용한 그리스도인의 윤리와 인간 윤리에 대한 많은 가르침을 받아 보았다. 그 당시 나는 고민에 빠졌다. 나는 공자가 가르친 윤리와 성경에서 가르친 것들 간의 차이점이 무엇인지를 자문해 보았다. 내가 교육을 받으면서 나는 공자의 가르침을 탐독하였으며 그의 윤리적인 가르침에 정통하였다. 나는 그러한 윤리가 너무 좋으므로 내가 성경에서 가르침 받을 필요가 없다고 생각하였다. 그 당시에 나는 차이점을 알지 못하였다. 결국, 주님은 나에게 성경의 가르침이 전적으로 다르다는 것을 보여주셨다. 이 땅 위에서 그리스도인이 행하는 일은 윤리의 문제가 아니다. 그것은 그리스도의 몸의 지체로써 생활하는 문제이다.

우리는 자신들이 지체들이며 몸 안에서 살아야 한다는 것을 깨달아야 한다. 우리는 결코 독립적이 되어서는 안 된다. 우리는 결코 몸과 분리되어서는 안 된다. 우리는 항상 교회 곧 그리스도의 몸 안에서 살고, 행하고, 역사하여야 한다. 우리는 그 영 안에서와 몸 안에서 행하여야 하고, 우리는 새 사람을 입어야 한다(4:24). 새 사람을 입는 것은 다만 몸 안에서 생활하는 것이다. 이것은 우리가 몸의 지체들로써 기능을 발휘하는 것을 포함한다.

하나님의 순서와 통치에 있어서

그리스도인의 행함은 또한 하나님의 순서대로 행함이다(5:22-6:9). 우리 사람 관계에 있어서 하나님의 순서가 있어야 한다. 여러분이 아내이거나 남편이든지 간에 여러분은 자신의 위치를 지켜야 한다. 여러분이 아이이든지 부모이든지 역시 자신의 위치를 지켜야 한다. 심지어 주인들과 노예들도 그들 자신의 위치가 있다. 이 모든 관계는 사람이 창안한 것이 아니었다. 오히려, 그러한 것들은 하나님께서 안배하셨다. 그것들은 하나님의 통치와 하나님의 행정을 포함하는 문제이다. 그리스도인의 행함은 인간 관계에 있어서 하나님의 순서를 지키는 것이다. 이것은 대단히 중요하다. 그것은 단순히 윤리적인 문제가 아니다. 그것은 하나님의 통치에 순종하는 문제이다. 만일 우리가 합당한 위치에 서서 하나님의 순서를 지키지 않는다면, 우리는 하나님의 통치에 거역하고 있는 것이다. 만일 하나님께서 여러분을 여자로 지으셔서 여러분을 어떤 남편과 결혼하게 하셨다면, 여러분은 자신의 위치를 지키고 그 안에 서 있어야 한다. 이것은 올바른 순서를 유지시킨다. 그리고 여러분은 하나님의 통치에 거역적이지 않고 순종하게 될 것이다.

아내들이 저들 남편들에게 복종하는 것은 단순히 윤리적인 문제가 아니다. 우리는 이러한 것들에 대한 최상의 관점을 가져야 한다. 인간관계는 하나님의 통치에 관련된 문제이다. 공자의 가르침은 사람의 관점에서이지만, 에베소서에 있는 가르침은 하늘에 속한 관점으로서 우리에게 하나님의 통치 안에서의 순서를 보여준다. 아이가 자기 부모를 공경하지 않는 것은 인간 윤리를 거스르는 것은 물론 한층 더 하나님의 통치를 거스르는 것이다. 젊은 형제 자매들은 윤리를 거스르는 것은 작은 문제일지 모르나 신성한 통치를 거스르는 것은 대단히 심각한 것임을 보아야 한다. 만일 자식이 자기 부모를 공경한다면, 축복을 받을 것이다. 만일 그 사람이 하나님의 통치에 있어서 순서를 지킨다면, 그 사람은 하나님께서 안배하신 모든 것을 누리게 될 것이다. 그렇지 않다면, 그 사람은 슬픔을 당하게 될 것이다.

하나님의 통치에 있어서 하나님의 순서는 하나님 자신을 표현한다. 왜 남편들이 있는가? 그리스도를 표현하기 위한 것이다. 왜 부모들이 있는가? 부모들은 아버지이신 하나님의 표현이다. 마찬가지로, 왜 주인들이 있는가? 주인들은 주와 주인이신 하나님의 대표자들이다. 이 모든 관계에 있어서 하나님이 표현되고 나타내어진다. 하나님께서는 자신을 표현하시려고 이러한 인간 관계를 안배하셨다. 그러므로, 만일 우리가 하나님의 순서에 불순종한다면, 우리는 하나님의 표현과 대표를 손상시키게 된다. 결혼 관계에 있어서, 남편과 아내는 그리스도와 교회의 설명이다. 만일 아내가 자신의 합당한 순서를 지키지 않고 일어나 머리가 되고자 한다면, 그들 가정에 있어서 그리스도와 교회에 대한 표현은 손상을 입게 된다. 이것은 단순히 윤리와 도덕의 문제가 아니다. 그것은 하나님의 통치와 하나님의 대표의 문제이다.

온 우주의 안배는 하나님 자신을 표현하고 있다. 모든 것들이 올바른 순서로 합당한 위치를 지킨다면, 하나님이 나타나고 표현된다. 하지만 창조 가운데 어느 부분이 그 위치를 지키지 않고 순서를 깨뜨린다면, 하나님의 대표와 표현은 그 부분에 있어서 손상을 입게 된다. 우리를 이 관점에서 에베소서의 책을 보아야 한다.

우리는 하나님의 통치 순서에 따라서 하나님을 대표하고 하나님을 표현하도록 창조되고 안배되었다. 아담 족속은 이 문제에 있어서 주님께 실패하였으나, 주님은 그분의 구속으로 말미암아 우리를 되돌리시고 우리 안에 생명이신 그분 자신으로 우리를 강화되게 하셨다. 이제 우리는 합당한 순서 안에서 우리의 위치를 지킴으로 우리의 매일의 행함에 있어서 하나님을 대표하고 하나님을 표현해야 한다. 따라서, 교회의 행함은 그 영으로 인하여 몸 안에서, 하나님의 대표와 표현을 위한 것이다.

그리스도 안에서

교회의 행함은 그 영 안에서는 물론 그리스도 안에서의 행함이다. 그리스도는 이 행함의 본질, 실제, 중심성, 우주성이시다. 우리의 행함은 그리스도를 표현하고, 그리스도를 높이고, 그리스도를 간증하고, 그리스도를 사역하고, 그리스도를 해방하고 그리스도를 다른 이들에게 나누어주는 행함이어야 한다. 요약해 보면, 오늘날 우리의 행함은 그 영으로 인하여, 몸 안에서 하나님의 순서와 통치 안에서, 그리스도 안에서의 행함이어야 한다. 이것이 이 땅위에서 오늘날 교회의 행함이다.

하나님의 대적을 패배시키기 위한 전사인 교회

에베소서에 계시된 일곱째 중점은 하나님의 목적을 좌절시키고 손상시키는 하나님의 대적, 사탄, 마귀이다(2:2, 6:11-12). 비록 에베소서가 여섯 장으로 이루어진 조그만 책에 지나지 않으나, 모든 것을 포함하고 있으며, 심지어 영적인 전쟁을 다루고 있다. 이 책과 또한 자매 책인 골로새서에서는 하나님의 대적이 공중에 있는 악한 세력들의 지배자라는 것을 우리에게 말해준다. 지배자(ruler)라는 용어는 그에게 왕국이 있으며 그 수하에 정사들, 권세들, 능력들, 군단, 영토가 있다는 것을 가리킨다. 그의 왕국 안에서는 그를 도와 다스리는 관리들이 있다. 이러한 것들은 악한 영들 곧 어둠과 사악함의 영들이다. 이 악한자는 언제나 최선을 다하여 하나님의 영원한 목적을 좌절시키고 손상시키고자 한다. 하나님의 영원한 목적은 교회를 갖는 것이다. 하지만 하나님의 대적은 하나님의 목적을 좌절시킨다. 그러므로, 전투가 있다. 하나님께서는 교회를 통하여 이 전쟁을 하시며, 교회는 하나님을 위하여 전쟁을 한다.

에베소서는 교회가 적극적인 방면에서 어떻게 하나님의 관심을 표현하며 소극적인 방면에서 어떻게 하나님의 대적을 처리하는지를 우리에게 보여준다. 하나님께서 사람을 창조하신 것에 대한 두 가지 중요한 방면은 사람이 하나님을 표현하도록 하나님의 형상대로 창조되었으며 사람이 하나님의 대적을 처리하도록 그분을 대표할 그분의 권위를 하나님께 위임받았다는 것이다. 사람은 땅을 다스리도록 특히 기는 것들을 다스리도록 지으심을 받았다. 그 기는 것들 중에는 뱀 곧 마귀가 있다(창 1:26). 에베소서에는 또한 이 두 가지 주요 항목들이 있다. 첫째, 교회는 삼일 하나님의 표현이다. 4장 24절에서는 새 사람이 하나님을 따라 즉 그분의 형상대로 창조되었다고 우리에게 말해준다. 그리고 나서 마지막 장에서는 교회가 악한 세력을 처리하고자 하나님의 대적과 맞서 싸우고 있다는 것을 우리에게 말한다(6:10-20).

이 전쟁은 강력과 능력이신 그리스도 자신 안에서 교회로 인하여 치러진다. 그러므로, 우리는 주님 안에 서고, 그분 안에서 강하게 되고 하나님의 전신갑주이신 그리스도로 인하여 영적인 전쟁을 싸우게 된다. 게다가, 우리의 강함, 능력, 전신갑주이신 그리스도 안에서 전쟁을 수행하는 유일한 길은 영 안에서와 기도로 인하여서이다(18절).

두 영들

만일 우리가 이전 중점 모두를 주의한다면, 우리는 에베소서 책 전체를 이해할 수 있을 것이다. 이 전체의 책에서는 그 영을 대단히 강조한다. 1장에서는 하나님께서 우리를 모든 영적인 축복으로 축복하셨으며(3절) 우리가 성령으로 인치심을 받았다는 것(13절)을 우리에게 말해준다. 하나님께서는 신성한 성령을 우리 안에 넣으셨으며, 우리는 그 영으로 충만된다. 1장에서는 또한 우리에게 지혜와 계시의 영이 필요함을 우리에게 말해준다(17절). 2장에서는 계속해서 교회가 영 안에서 하나님의 거처라는 것을 우리에게 말해준다(17절). 만일 우리가 영 안에 있지 않다면, 우리는 하나님의 거처가 될 수 없다. 전기 기구가 전류에 연결되어 있을 때만이 전기의 거처가 될 수 있다. 하나님의 거처로써, 우리는 영 안에 있어야 한다. 3장에서는 우리가 성령을 통하여 능력으로 속 사람 곧 우리 영 안으로 강건케 되어야 한다고 우리에게 말한다(16절). 4장에서 가장 중요한 구절은 23절인데, 거기에서는 『너희의 생각의 영 안에서 새롭게 되어』라고 말한다. 이것에 뒤이어서 5장 18절에서는 영 안에서 충만되라고 우리에게 말하고, 6장 18절에서는 무시로 영 안에서 기도하라고 우리에게 권고한다.

　에베소서에 있는 모든 문제들과 가르침들은 영 안에서 즉 우리 사람의 영과 연합된 성령 안에서 실현된다. 이 두 영들은 하나로 연합된다. 따라서, 이 책에 언급된 모든 것을 깨닫고 체험하기 위해서, 우리는 우리의 영을 사용하는 법을 알아야 한다. 우리는 우리 영을 사용하는 법과 우리 영 안에서 역사하는 성령을 깨닫는 법을 알아야 한다. 모든 영적인 체험들은 이 연합된 영―우리 사람의 영과 연합된 성령―에 집중되어 있다. 에베소서의 책은 이제 우리에게 열려있다. 그러나 그것은 영 안에서만 실현될 수가 있다. 만일 우리가 성령을 깨닫고자 우리의 영을 사용하는 법을 알지 못한다면, 이 모든 문제들은 우리의 기억 속에 있는 교리에 불과할 것이다. 이 모든 항목들은 우리의 체험으로 전이되게 하려면, 우리가 우리의 영을 사용할 필요가 있다.

제 18 장

빌립보서에서의 그리스도에 대한 체험

빌 1:19-21
『이것이 너희 간구와 예수 그리스도의 성령의 도우심으로 내 구원에 이르게 할 줄 아는 고로 나의 간절한 기대와 소망을 따라 아무 일에든지 부끄럽지 아니하고 오직 전과 같이 이제도 온전히 담대하여 살든지 죽든지 내 몸에서 그리스도가 존귀히 되게 하려 하나니 이는 내게 사는 것이 그리스도니 죽는 것도 유익함이니라』
2:5-8, 15, 17
『너희 안에 이 마음을 품으라 곧 그리스도 예수의 마음이니 그는 근본 하나님의 본체시나 하나님과 동등됨을 취할 것으로 여기지 아니하시고 오히려 자기를 비어 종의 형체를 가져 사람들과 같이 되었고 사람의 모양으로 나타나셨으매 자기를 낮추시고 죽기까지 복종하셨으니 곧 십자가에 죽으심이라』, 『이는 너희가 흠이 없고 순전하여 어그러지고 거스리는 세대 가운데서 하나님의 흠 없는 자녀로 세상에서 그들 가운데 빛들로 나타내며』, 『만일 너희 믿음의 제물과 봉사 위에 내가 나를 관제로 드릴지라도 나는 기뻐하고 너희 무리와 함께 기뻐하리니』
3:7-11, 14
『그러나 무엇이든지 내게 유익하던 것을 내가 그리스도를 위하여 다 해로 여길 뿐더러 또한 모든 것을 해로 여김은 내 주 그리스도 예수를 아는 지식이 가장 고상함을 인함이라 내가 그를 위하여 모든 것을 잃어버리고 배설물로 여김은 그리스도를 얻고 그 안에서 발견되려 함이니 내가 가진 의는 율법에서 난 것이 아니요 오직 그리스도를 믿음으로 말미암은 것이니 곧 믿음으로 하나님께로서 난 의라 내가 그리스도와 그 부활의 권능과 그 고난에 참예함을 알려하여 그의 죽으심을 본받아 어찌하든지 죽은 자 가운데서 부활에 이르려 하노니』, 『푯대를 향하여 그리스도 예수 안에서 하나님이 위에서 부르신 부름의 상을 위하여 좇아가노라』
4:12-13
『내가 비천에 처할 줄도 알고 풍부에 처할 줄도 알아 모든 일에 배부르며 배고픔과 풍부와 궁핍에도 일체의 비결을 배웠노라 내게 능력 주시는 자 안에서 내가 모든 것을 할 수 있느니라』

빌립보서 책의 주제는 각종 상황에서의 그리스도에 대한 체험이다. 이 책만큼, 그리스도께서 우리의 상황과 곤경에 무관하게 우리의 체험이 되셔야 한다는 것을 우리에게 말해주는, 그리스도에 대한 체험을 가지고 명확하게 다루고 있는 책은 달리 없다.

성경 학도들은 빌립보서 책이 왜 에베소서와 골로새서 두 장의 책들 사이에 삽입되어 있는지를 물어 볼 수도 있다. 나는 이것에 대한 주권적인 의미가 있음을 믿는다. 나는 전적으로 신약에서 이 책들에 대한 주권적인 안배하심을 믿는다. 에베소서의 책은 교회에 관한 것이고 교회는 그리스도 안에 있는 생명의 문제이다. 만일 우리가 교회 생활을 갖고자 한다면, 그리스도를 체험할 필요가 있다. 우리는 결코 교회 생활을 생명이신 그리스도를 체험하는 것으로부터 분리시킬 수가 없다. 만일 우리가 매일의 행함에 있어서 그리스도를 체험하지 않는다면 우리는 결코 살아있는 방식으로 교회를 깨달을 수가 없다. 우리는 모든 상황에 있어서 그리스도를 체험해야 한다. 그럴때 만이 우리가 교회 생활을 깨닫게 될 수가 있다.

교회는 단순히 교리의 문제가 아니다. 우리는 가르침이나 연구로써만 교회를 깨달을 수가 없다. 오히려, 그것은 그리스도의 생명에 대한 참된 체험을 요한다. 우리가 그리스도의 생명을 체험하면 할수록, 우리는 교회를 위한 필요를 더 감지하게 될 것이다. 우리가 그리스도에게서 떠나 자신으로 산다면, 교회를 위한 필요를 감지하지 못하게 된다. 하지만 우리가 그리스도께 나아와 그분을 체험하기 시작하게 되면, 즉시 우리는 교회 생활을 위한 필요를 감지하게 된다. 이와 같이 생명이신 그리스도에 대한 체험은 교회 생활의 실현에 기본이 된다. 이로 인하여 그리스도의 체험에 대한 책인 빌립보서가 교회에 대한 책인 에베소서를 바로 뒤잇고 있는 것이다. 이것이 이 책들의 주권적인 순서에 대한 의미이다. 우리가 그리스도를 더 사랑하고 그분 안에서 그분으로 인하여 그분과 함께 살면 살수록, 우리는 그분을 더 체험하게 되고, 교회에 대한 깊은 필요를 더 감지하게 된다.

그리스도를 살므로 그분을 확대함

빌립보서는 네 장으로 되어 있으며 각 장은 하나의 단락이다. 1장은 그리스도께서 우리의 생명과 표현이심을 우리에게 보여준다. 달리 말해서, 이 장에서는 우리가 그리스도를 살므로 그분을 확대하는 법 즉 그분을 표현하는 법을 우리에게 말해준다.

우리의 생명이신 그리스도로 인하여서와 우리의 목적이신 그리스도를 위하여 삶

1장 21절에서는 『이는 내게 사는 것이 그리스도니』라고 말한다. 이것은 우리의 생명이신 그리스도로 인하여서 살고 우리의 목적이신 그리스도를 위하여 사는 두 가지의 의미를 가진다. 우리가 이 땅에 있는 동안, 우리는 우리 자신에 의해서가 아니라 우리의 생명이신 그리스도에 의해서 살고, 우리 자신을 위해서가 아니라 우리의 목적이신 그리스도를 위하여 산다. 만약 우리가 자신을 위해서 산다면, 우리는 자신이 사는 것이 그리스도라고 말할 수 없다. 우리는 자신이 사는 것이 우리 자신이리라고 말해야 하리라. 만약 우리가 사는 것이 그리스도라는 것이 사실이라면, 이것은 우리가 그리스도로 인하여서와 그리스도를 위하여 살고 있다는 것을 의미한다. 그리스도는 우리의 생명이시요 그리스도는 우리의 목적이시다.

20절에서는 『나의 간절한 기대와 소망을 따라 아무일에든지 부끄럽지 아니하고 오직 전과 같이 이제도 온전히 담대하여 살든지 죽든지 내 몸에서 그리스도가 확대되게 하려 하나니(christ will be magnified in my body)』라고 말한다. 그리스도가 우리 안에서 확대되는 것을 말하는 것은 추상적이지만, 그리스도가 우리 몸에서 확대되는 것을 말하는 것은 더 구체적이다. 살든지 죽든지 그리스도께서는 우리 안에서 몸으로 확대되실 것이다. 확대되다는 것은 표현되고, 높여지시고, 영예롭게 되는 것을 의미한다. 그리스도는 우리 안에서 몸으로 표현되시고, 높이고, 그리스도를 영예롭게 하기 위해 여기에 살고 있으며, 우리의 생명, 생활, 존재가 우리의 목적이신 그리스도를 따르는 것임을 의미한다. 우리의 삶, 우리의 가족, 우리의 직업, 우리의 생활에 있어서 모든 것의 목적은 그리스도 자신이다. 우리의 목적은 그리스도를 확대하고, 그리스도를 표현하고, 그리스도를 영화롭게 하고, 그리스도를 높이고, 그리스도를 영예롭게 하는 것이다.

이 구절을 인용하기는 쉬운 일일지라도, 우리는 진정 그리스도를 위하여 살고 있는가? 우리의 모든 것이 그리스도를 위하여 제단 위에 있는가? 우리는 이 단어를 기록한 자가 누구인지를 기억해야 한다. 사도 바울은 모든 것을 제단 위에 올려놓고 자신을 위해서는 아무것도 남겨두지 아니하였다. 그의 모든 것은 제단 위에 놓여져 있거나 제단의 바닥에 쏟아 부어진 제물이었다. 그가 감옥에 있는 동안, 모든 것은 그리스도를 위하여 제하여져 버렸다. 그에게 남겨진 모든 것은 그의 호흡뿐이었다. 그러한 사람은 자격을 갖추어 『이는 내게 사는 것이 그리스도니』라고 말할 수 있었다. 우리가 100% 그리스도를 위하지 않을 수 있기 때문에, 이렇게 말할 자격이 없을지도 모른다. 우리는 전적으로 그리스도를 위해야 한다. 우리가 사업을 한다면, 우리의 사업은 그리스도를 위한 것이다. 우리의 직업, 우리의 공부, 우리의 가르침, 우리의 생활에 있어서 모든 것은 그리스도를 위한 것이다. 우리에게 무슨 일이 일어나든, 우리가 무엇을 가지고 있든, 우리가 무엇을 하든 모두 그리스도를 위한 것이어야 한다. 그러면 우리가 사는 것이 그리스도라고 말할 수 있는 위치에 있게 될 것이다. 우리는 이 빛 안에서 자신을 점검해 보아야 한다. 20절과 21절은 이 책의 첫 단락에서 핵심 구절들로써 사도 바울이 어떻게 그리스도를 자신의 생명과 자신의 표현으로 취하였는가를 보여준다.

예수 그리스도의 영의 넘치는 공급

1장 19절은 매우 중요하지만 오늘날 그리스도인들이 지나치게 무시해 버린 또 하나의 구절이다. 이 구절에서는 예수 그리스도의 영의 넘치는 공급에 대하여 말하고 있다. 코니베어 (conybeare)는 공급이라는 헬라어 기술 용어로써 헬라 무대 위의 합창단 지도자인 합창 지휘자를 가리키는 것임을 우리에게 말해준다. 합창 지휘자는 합창 단원들의 모든 필요를 공급할 책임이 있었다. 그들이 필요로 한 의복, 음식, 악기, 모든 것을 합창 지휘자가 제공하였다. 바울은 이 동일한 단어를 예수 그리스도의 영의 공급을 서술하는데 사용하였다. 따라서 이 단어는 우리의 모든 필요를 채우는 공급 곧 넘치는 공급으로 표현될 수가 있다.

예수 그리스도의 영이라는 용어는 하나님의 영보다 더 풍성하다. 구약의 시작에 나오는 하나님의 영은 오순절 이후 예수 그리스도의 영만큼 풍성하지 못하였다. 구약 시대에 여호와의 영 안에는 주 예수의 인성, 그분의 인간 생활에서 고난당하심, 그분의 죽으심의 효능, 그분의 부활의 능력의 요소가 없었다. 그러나 오순절 날에 그 영이 승천하신 그리스도께로부터 부어졌으며, 이 영 안에는 이 모든 요소들이 있었다.

보통 물 한 컵은 물만 담겨져 있으나 만일 우리가 차, 설탕, 다른 성분을 더한다면, 물은 더 풍성하게 된다. 이것이 예수 그리스도의 영의 넘치는 공급에 대한 그림이다. 하나님의 영만을 말하는 것은 충분하지 못하다. 오늘날 하나님의 영은 예수 그리스도의 영이시다. 이 영 안에는 신성, 하늘에 속한 요소가 있고 또한 인성, 땅위에서 그분의 인간 생활에 있어서 주 예수님의 고난당하심, 그분의 십자가 못 박히심, 그분의 부활하심이 있다.

예수 그리스도의 영은 만유를 포함한 한 첩의 약에 비유할 수가 있다. 우리가 이 한 첩을 취할 때, 한 요소는 병균을 죽이고, 또 한 요소는 영양분을 공급하고, 다른 요소는 다른 필요를 공급한다. 바울이 그리스도를 살고 그분을 확대할 수 있었던 이유 곧 그가 『이는 내게 사는 것이 그리스도니』라고 말할 수 있었던 이유는 그가 예수 그리스도의 영의 넘치는 공급을 얻었다는 것이다.「합창」단원으로서 바울은 합창 지휘자에게서 넘치게 공급을 받았다. 이것이 빌립보서 1장 19절에 대한 합당한 의미이다.

우리도 또한「합창」단원들이며 성령은 합창 지휘자로서 우리의 모든 필요를 만족케 하신다. 우리는 인간들이고, 그 영 안에는 인성이 있다. 우리는 땅 위에서 고난을 당하고 있으며, 그분 안에는 인생의 고난의 요소가 있다. 우리에게는 우리를 죽이는 요소인 십자가가 필요하며, 그 영 안에는 이 요소가 있다. 우리에게는 또한 그분의 부활 능력이 필요하며, 예수 그리스도의 영 안에는 이 능력이 있다. 오늘 우리에게 필요한 것은 무엇이든지 예수 그리스도의 영 안에 있다. 예수 그리스도의 넘치는 공급으로 인하여 우리는 그리스도를 살고 그분을 확대할 수 있으며 우리는『이는 내게 사는 것이 그리스도니』라고 말할 수 있다.

그리스도를 본으로 삼음

우리의 위치와 표준을 낮춤으로써

빌립보서 2장은 둘째 단락으로써, 우리의 모형, 우리의 살아있는 본이신 그리스도를 우리에게 보여준다. 이 원형의 원칙은 최상의 생명과 위치를 가진 어떤자가 겸손하게 살고자 한다는 것이다. 그리스도께서는 최상의 생명인 하나님의 생명을 가지시고, 그분은 최고의 위치 곧 하나님과 동등됨을 지니셨다. 하지만 그분은 그것을 붙잡지 아니하셨다. 오히려 그분은 잠시 그것을 내려 놓으셨다(5-8절). 그분이 하나님과 동등됨의 위치를 내려 놓고 가장 비천하고 낮은 방식으로 사셨다. 이것이 원형이신 그리스도의 원칙이다.

  우리 모두는 이것을 배워야 한다. 만일 오늘날 하나님의 주권으로 말미암아 우리가 높은 지위와 큰 부를 얻게 된다 하더라도 우리는 자신을 낮추어야 한다. 우리는 그리스도의 본을 따라서 우리 생활에 있어서 위치와 표준을 낮추어야 한다. 우리의 지위를 붙잡고 그것이 하나님께서 우리로 누리도록 주신 어떤 것이라고 말하는 것은 잘못된 것은 없지만, 만일 우리가 이렇게 한다면, 우리는 그리스도를 우리의 인격과 원형으로 삼고 있지 않는 것이다. 그리스도께서 우리에게 주신 본은 사람이 최상의 위치의 삶이 있어도 기꺼이 가장 천한 방식으로 생활을 하고자 하는 것이다. 우리 모두는 자신의 위치와 표준을 낮추기를 배워야 한다. 우리가 백만장자일지 모르나, 우리는 기꺼이 우리의 삶의 표준을 낮추고 우리의 물질을 하나님의 영광과 다른이들의 유익을 위하여 사용해야 한다. 이것이 그리스도의 본이요, 이것이 그분을 우리의 생명으로 삼는 우리에게 본이 되시는 그리스도의 원칙이다.

  만일 우리가 그리스도를 우리의 생명으로 삼지만 그분을 우리의 본으로 삼지 않는다고 말한다면, 무엇인가가 잘못되었다. 과거에 나는 은행 경영자와 대학 교수들과 같이 주님을 진정으로 사랑했던 그러한 높은 지위에 있던 많은 형제 자매들을 보아 왔다. 하지만 내가 알기로는 그들 중 얼마는 기꺼이 자신을 낮추어 낮은 위치를 취하고자 아니하였다. 한편, 그들은 자신들의 지위를 누릴 권리가 있다. 사람의 지위를 붙잡는 것은 강도질이 아니다. 그러나 만일 그들이 진정 그리스도를 그들의 생명과 본으로 취한다면, 그들은 자신들의 생활을 위해 소비하는 방식에 있어서 그들의 표준을 낮추어야 한다.

우리의 삶을 위한 본이신 그리스도의 원칙은 심지어 우리가 최상의 표준, 최상의 위치에 있다 하더라도 그것을 붙잡아서는 안 된다는 것이다. 우리는 그것을 내려놓고 우리의 표준을 낮추어야 한다. 우리가 땅 위에서 살 수 있는 한 그것으로 충분하다. 우리는 우리가 소유한 것의 나머지를 하나님의 영광과 다른이들의 유익을 위하여 남겨 두어야 한다. 만일 우리가 이렇게 하지 않는다면, 만일 우리가 우리의 표준을 유지하고 우리의 지위를 붙잡는다면, 우리는 하나님께서 우리에게 주신 것을 허비하게 될 것이다.

17절에서는 『그러나 만일 너희 믿음의 제물과 봉사 위에 내가 나를 관제로 드릴찌라도 나는 기뻐하고 너희 무리와 함께 기뻐하리니』라고 말한다. 그리스도를 자기의 본으로 삼은 이 사람은 모든 것을 제단에 드렸다. 이 구절은 바울 자신이 부어졌다는 것을 말한다. 부어지게 되는 것은 자신의 삶에 있어서 사람의 표준과 위치를 낮추는 것이다.

세상에서 발광체들로써 빛나도록

15절에서는 『이는 너희가 흠이 없고 순전하여 어그러지고 거스르는 세대 가운데서 하나님의 흠 없는 자녀로 세상에서 그들 가운데 발광체들로써 빛나며(you shine as luminaries)』라고 한다. 이것들은 이 장에 있는 두 가지 핵심 구절들이다. 한 구절에서는 바울이 관제로써 부어진 바 되었다고 말하고, 또 한 구절에서는 우리가 발광체들로써 빛나는 것을 말한다. 우리가 자신의 삶의 표준을 낮추고 기꺼이 우리의 올바른 위치를 포기하고자 하기 전까지는 발광체들로서 빛 날 수가 없다. 우리는 자신의 지위를 붙잡아서는 안 된다. 우리가 교수들이거나 은행 경영자들임을 선포하는 것은 우리의 지위를 붙잡는 것이지만, 만일 어떤 교수가 토요일마다 길모퉁이로 가서 소책자를 사람들에게 배포한다면, 그 교수는 빛을 발할 것이다. 만일 그리스도께서 땅에 계신 동안 한 하나님이신 그분의 위치를 붙잡으셨다면, 빛이 빛나지 아니 하였으리라. 그분은 하나님과 동등됨의 높은 표준을 포기하고, 그것을 내려놓고, 자신을 낮추어 나사렛 출신의 천한 사람으로 가난하게 사셨다. 이로 인하여 사람들은 그분을 통하여서와 그분에게서 빛 비춤을 보았던 것이다.

15절과 17절 이외에 6절과 7절도 또한 중요한데 이르기를 『그는 근본 하나님의 본체시나 하나님과 동등됨을 붙잡아야 할 보물로 여기지 아니하시고(who, did not consider being equal with God a treasure to be grasped,) 오히려 자기를 비어 노예의 형체를 가져 사람들과 같이 되었고』라고 한다. 그리스도께서 자신을 비우시고, 자신을 무명한 자로 여기심은 그분이 자신의 표준을 낮추심을 의미한다. 우리의 생활과 우리가 행하는 일들에 있어서 우리는 자신의 표준을 낮추어야 한다. 우리는 사람들에게서 존경을 받고자 해서는 안 된다. 사람들에게서 존경을 받고자 하는 것은 우리 그리스도인의 행함에 있어서 잘못된 관념이다. 오히려 우리는 다른 이들에게서 멸시를 받을지도 모른다.

그리스도께서 하나님과 동등됨의 위치를 취하신다고 해도 강도 행위가 아니었다. 그것은 백퍼센트 합법적이고 정당하였지만, 그분은 그것들을 포기하셨다. 그분은 자신을 낮추시고 자신을 무명한 자로 여기셨다. 그분은 나사렛 출신의 천한 목수로서 멸시를 당하셨다. 이것이 우리의 원형이다. 우리는 그리스도를 우리의 생명으로 삼는 것에 대하여 헛되게 말을 해서는 안 된다. 그리스도를 생명으로 취하는 것에 대하여 헛되게 말하는 것은 일종의 모략을 즐기는 것이다. 만일 우리가 진지하다면, 우리는 우리의 지위와 표준을 낮추고 기꺼이 제단 위에 전제로 부어지고자 해야 한다. 그러면 빛이 우리를 통하여 빛날 것이다. 이것이 빌립보서 2장의 핵심이다.

우리의 목표와 표적이신 그리스도

빌립보서 3장은 그리스도께서 우리의 목표와 표적이 되셔야 한다는 것을 우리에게 보여준다. 14절은 목표에 대하여 말한다. 우리는 경주하고 있으며 우리의 목표는 만유를 포함한 그리스도이다. 사도 바울이 이 서신을 대략 주후 64년경에 기록하였을 때 그는 이미 상당히 연로하였으며 오랫동안 그리스도인의 경주를 달려오고 있었다. 비록 바울이 연장하고 그리스도 안에서 매우 경험이 많았으나, 그는 자신이 목표에 이르렀다는 확신이 없었다. 그는 심지어 자신이 표적을 빗나가게 될까 봐 염려하고 있었다. 그래서 그는 『뒤에 있는 것은 잊어버리고 앞에 있는 것을 뻗쳐서 잡으려고(stretching forward to) 푯대를 향하여 추구하노라(I pursue toward the goal)』(13절下-14절上)고 하였다. 목표는 우리에게 수여될 상인 그리스도 자신이다. 구약에서 좋은 땅 가나안은 모든 이스라엘 백성이 구원받고 애굽에서 구출된 이후에 그들을 위한 목표였었다. 그들이 광야에서 방황하고 서둘러 가고 있었을 때 그들 앞에 목표가 있었다. 좋은 땅 가나안은 우리의 목표이신 그리스도의 예표이다.

그리스도의 부활 능력으로 인하여 그분의 죽으심을 본받음

빌립보서 3장에는 중요한 구절들이 많이 있다. 10절에서는 『그분을 알려하여』라고 시작한다. 바울은 이미 그리스도를 알았으나, 그는 그분을 더 알기를 갈망하였다. 이 구절은 계속해서 『그분의 부활의 권능과 그분의 고난의 교통, 그분의 죽으심을 본받아』라고 한다. 그리스도의 죽으심은 요리하는 데 사용된 형판과 같은 형틀이다. 하나님께서는 가루 반죽 조각 같은 우리를 그리스도의 죽으심의 형틀 속에 즉 그분의 십자가에 두신다. 사람이 과자를 만들 때, 그 사람은 가루 반죽을 형틀의 모습과 같게 만든다. 마찬가지로, 하나님께서는 우리를 그리스도의 죽으심의 형틀 속에 넣으셔서 그것과 같은 모양이 되게 하신다.

이것은 부활 능력에 의해서이다. 우리 속에는 부활 능력이 있으며 밖에는 우리 상황 속에 십자가, 형틀이 있다. 바울이 수감된 것은 그가 그리스도의 죽으심의 형틀 속에 두어진 상황을 제공하여 그가 그분의 죽으심을 본받게 되었다. 그 자신으로는 이것을 행할 힘이 없었다. 그 힘은 그 안에 있던 부활 능력이었다.

뛰어난 부활에 이름

빌립보서 3장에서, 부활이라는 단어가 두 번 사용되었다. 먼저 그것은 우리가 그리스도의 죽으심을 본받게 되는 부활 능력을 언급하는 것이다(10절). 그 다음 11절에서는 『어찌하든지 죽은 자 가운데서 뛰어난 부활에 이르려 하노니』라고 한다. 이 구절에 대한 많은 번역은 적합하지가 못하다. 번역자들이 합당한 빛을 가지고 있지 않았기 때문에 부활에 대한 헬라어의 첫번째 부분을 무시해 버렸다. 부활이라는 단어는 접두사가 있으며 특별한 부활(extra-resurrection) 또는 뛰어난 부활(out-resurrection)로 번역되어야 한다. 뛰어난 부활은 특별한 어떤 것이다. 신약에 있는 많은 구절에서 주 예수께서 다시 오실 때, 주님 안에서 죽은 구원받은 모든 사람들은 부활하게 될 것이라고 우리에게 말해준다. 그러나 그들이 그 부활에 참여할 방식에 있어서는 차이가 있다. 그 부활에 참여하게 될 모든 자들 중에서, 얼마는 특별한 부활, 탁월한 부활을 누릴 것이다. 이것은 졸업반에 비유될 수가 있다. 모든 학생들이 졸업하지만, 상위의 학생들만이 탁월한 졸업, 「뛰어난 졸업」에 참여한다. 바울은 이 특별한 부활을 추구하고 있었다.

뛰어난 부활은 다름 아닌 우리가 체험한 특별한 분깃이신 그리스도이시다. 그리스도에 대한 특별한 분깃은 어떤 자들에게 보상으로 주어질 것이다. 이것은 공개된 만나와는 다른 감추인 만나와 비슷하다(계 2:17, 출 16:14-15). 공개된 만나와 감추인 만나는 모두 다 그리스도의 예표이나, 감추인 만나는 특별한 분깃이다. 그리스도는 일반적으로 부활이시다(요 11:25). 그런데 뛰어난 부활이신 그리스도는 보상이 되시는 그리스도에 대한 특별한 분깃이시다.

그리스도를 얻으려고 모든 것을 손실로 여김

모든 젊은 믿는이들은 빌립보서 3장 7절과 8절을 암송하기를 배워야 한다. 바울은 『그러나 무엇이든지 내게 유익하던 깃은 내가 그리스도를 위하여 다 손실(loss)로 여길뿐더러 또한 모든 것을 손실로 여김은 내 주 그리스도 예수를 아는 지식의 탁월함을 인함이라 내가 그를 위하여 모든 것을 잃어버리고 배설물로 여김은 그리스도를 얻고』라고 한다. 7절에 있는 무엇이든지라는 것은 종교적인 것들 즉, 앞 구절들에 언급된 유대교에 있는 것들을 가리킨다. 바울은 그리스도를 위하여 그 모든 종교적인 것들을 버렸다. 그러나 8절에서 바울은 그리스도 예수를 아는 지식의 탁월함을 인하여 종교적인 것들은 물론 모든 것들을 버렸다. 상기 구절들 모두는 그리스도께서 우리의 생명과 원형은 물론 우리의 목표와 우리의 푯대이심을 우리에게 보여준다. 우리는 다른 모든 것들을 버리고 그리스도만을 추구해야 한다. 우리의 목표는 그리스도를 얻는 것이다.

우리의 비결과 능력이신 그리스도

기본적인 원칙들을 전수 받아 모든 문제를 해결함

4장에서는 그리스도께서 우리의 비결, 우리의 능력, 우리의 힘이 되심을 우리에게 계시해 준다. 12절과 13절에서는 『내가 비천에 처할 줄도 알고 풍부에 처할 줄도 알아 매사 모든 것들에 있어서(in everything and in all things) 배부르며 배고픔과 풍부와 궁핍에도 일체의 비결을 배웠노라 내게 능력 주시는 자 안에서 내가 모든 것을 할 수 있느니라』고 한다. 헬라어로 내가 비결을 배웠다라는 구절은 『내가 비법을 전수 받았다』를 의미한다. 이것은 수학으로 예시해 보일 수 있다. 우리가 어린 학생들에게 덧셈, 뺄셈, 곱셈, 나눗셈을 가르칠 때, 우리는 그 학생에게 기본적인 법칙을 알려 줌으로써 그 학생에게 비법을 전해 준다. 이런식으로 그 학생은 비결을 배운다. 그 학생이 수학 문제를 우연히 접하게 될 때, 그 학생은 그것을 해결하는 비결을 알게 된다.

그리스도는 우리의 능력이시요 우리의 비결이시다. 우리는 이 능력으로 살고, 우리는 이 비결로 산다. 그리고 나서 무슨 문제가 우리에게 임하더라도, 우리는 그것을 해결 지을 수가 있다. 우리가 비결을 알고 있기에, 우리는 부요하든 가난하든 비천하든 풍부하든 관심하지 않는다. 세상에 사는 불신자들은 비결을 알지 못하기 때문에 어리석다. 그들은 수학의 법칙을 결코 배운 적이 없는 사람들과 같다. 그들이 어떠한 문제든 우연히 마주치게 되면, 그들은 그것을 해결 지을 수가 없다. 우리는 이런 류의 사람들이 아니다. 우리는 그리스도 안에서 그리스도와 함께, 그리스도로 인하여 비법을 전수 받았다. 그리스도가 우리의 비결이 되시기에, 우리는 어떤 유형의 상황에도 직면하는 법을 알고 있다. 사람들이 우리를 존경하든지 우리를 멸시하든지, 우리는 비결을 알고 있으며 우리는 인격을 가지고 있다. 그리스도는 우리의 비결이시요 그리스도는 또한 우리의 능력이시다.

영이신 그리스도의 전달로

만약 그리스도가 영이 아니시라면, 그분은 속에 우리의 능력이 되실 수가 없으시다. 그러므로, 우리는 그 영으로 되돌아 와야 한다. 우리는 예수 그리스도의 영의 넘치는 공급에 대하여 말하는 빌립보서 1장 19절을 결코 잊을 수도 결코 잊어서도 안 된다. 만일 그리스도께서 「전기」가 아니시라면, 그분이 어떻게 우리에게 능력이 되실 수 있겠는가? 그분은 전류이신 그 영으로 우리에게 전달되신 전기이시다. 피의 순환이 피 자체의 흐름인 것과 마찬가지로 전기의 흐름, 전달은 전기 자체이다. 피가 없다면 순환도 없으나, 우리는 순환이라는 용어를 사용하며 피의 움직임을 묘사한다. 마찬가지로 비록 사실상 그 영은 주님 자신이시긴 하나, 성령은 주님의 전달이시다.

만일 주님 자신이 전달이신 그 영이 아니시라면, 그분이 어떻게 우리에게 주관적이 되실 수 있겠는가? 우리는 어떻게 그분 안에 있을 수 있으며 그분은 어떻게 우리 안에 있을 수 있겠는가? 요한복음 15장 4절에서 주 예수님은 『내 안에 거하라 나도 너희 안에 거하리라』고 말씀하셨다. 그리스도 안에 거하고 그분이 우리 안에 거하는 유일한 방법은 그 영으로 인한 것이다. 이러하므로 요한복음 14장은 그리스도께서 그 영으로 변모되셔야 했음을 나타내고 있다. 요한복음 14장에 언급된 것들이 성취되기 전 까지는 그리스도께서 우리 안에 거하실 수 없고 우리도 그분 안에 거할 수가 없었다. 이제 그리스도는 그 영이시고(요 14:16-18, 고후 3:17), 그 영으로서 그분은 우리 안으로 들어오신다. 이로써 우리는 그분 안에 있고 그분은 우리 안에 계신다. 그분과 우리, 우리와 그분은 상호 거처가 된다. 우리는 그분 안에 거하고 그분은 우리 안에 거하신다. 이것은 전적으로 영의 문제이다. 따라서 우리는 이 중점을 반복한다. 우리는 우리의 영을 알아야 하고 성령을 인식해야 한다. 그리스도께서 우리의 능력과 우리의 비결이 되심은 객관적인 문제가 아니라 백퍼센트 우리에게 주관적이다. 만일 우리가 영 안에서 영이신 그분을 안다면, 우리는 그분을 체험하게 될 것이다.

만일 우리가 빌립보서 네 단락에 있는 이 모든 요점들에 깊은 인상을 받게 된다면, 이 책은 우리에게 매우 분명해질 것이다. 우리는 그리스도를 우리의 생명과 우리의 표현, 우리의 원형과 우리의 본, 우리의 목표와 우리의 푯대, 우리의 비결과 우리의 능력으로 취해야 한다. 그리할 때 우리는 우리에게 능력을 주시는 분 안에서 모든 것을 할 수가 있다. 그분은 우리의 비결이시다. 갈라디아서, 에베소서, 빌립보서, 골로새서는 성경에서 놀라운 네 권의 책들이다. 만일 우리가 갈라디아서와 빌립보서에서 그리스도를 체험한다면, 우리는 에베소서에 있는 그분의 몸을 알게 될 것이다. 그런 다음 우리는 골로새서에 나오는 머리이신 그리스도를 깨닫게 될 것이다.

제 19 장

골로새서에서의 만유가 되시는 그리스도 (1)

골 1:8
『성령 안에서 너희 사랑을 우리에게 고한 자니라』
4:12
『그리스도 예수의 종인 너희에게서 온 에바브라가 너희에게 문안하니 저가 항상 너희를 위하여 애써 기도하여 너희로 하나님의 모든 뜻 가운데서 완전하고 확신 있게 서기를 구하나니』
2:2
『이는 저희로 마음에 위안을 받고 사랑 안에서 연합하여 원만한 이해의 모든 부요에 이르러 하나님의 비밀인 그리스도를 깨닫게 하려 함이라』
1:15-18
『그는 보이지 아니하시는 하나님의 형상이요 모든 창조물보다 먼저 나신 자니 만물이 그에게 창조되되 하늘과 땅에서 보이는 것들과 보이지 않는 것들과 혹은 보좌들이나 주관들이나 정사들이나 권세들이나 만물이 다 그로 말미암고 그를 위하여 창조되었고 또한 그가 만물보다 먼저 계시고 만물이 그 안에 함께 섰느니라 그는 몸인 교회의 머리라 그가 근본이요 죽은 자들 가운데서 먼저 나신 자니 이는 친히 만물의 으뜸이 되려 하심이요』
2:9, 16-17
『그 안에는 신성의 모든 충만이 육체로 거하시고』, 『그러므로 먹고 마시는 것과 절기나 월삭이나 안식일을 인하여 누구든지 너희를 폄론하지 못하게 하라 이것들은 장래 일의 그림자이나 몸은 그리스도의 것이니라』
1:12
『우리로 하여금 빛 가운데서 성도의 기업의 부분을 얻기에 합당하게 하신 아버지께 감사하게 하시기를 원하노라』
3:4
『우리 생명이신 그리스도께서 나타나실 그 때에 너희도 그와 함께 영광 중에 나타나리라』

비록 이것이 네 장으로만 이루어진 짧은 책이라고 하더라도, 우리가 보아야 할 중점들은 많이 있다. 이 책에 있는 거의 모든 문제는 중점이다.

하나님의 뜻이신 그리스도를 앎

골로새서는 하나님의 뜻에 관한 책이다. 1장에서 바울은 『이로써 우리로 듣던 날부터 너희를 위하여 기도하기를 그치지 아니하고 구하노니 너희로 하여금 모든 영적인 지혜와 이해에 그분의 뜻을 온전히 아는 것으로 채우게 하시고』(1:9)라고 말한다. 지혜는 우리의 영 안에 있으며 우리가 영적인 것들을 깨닫고, 감지하고, 지각하기 위한 것이다. 반면 이해는 우리의 생각 안에 있으며 우리가 지각하는 것을 해석하기 위한 것이다. 우리는 하나님의 뜻을 온전히 알기 위해서 모든 영적인 지혜와 이해가 필요하다. 여기에 언급된 하나님의 뜻은 조그만 문제에 있어서의 그분의 뜻이 아니다. 그것은 우리가 무슨 학교에 가야하고 무슨 집을 사야 하고, 결혼을 해야 할지 하지 말아야 할지를 단지 알기 위한 것이 아니다. 이러한 것들은 아주 사소한 것이다. 여기에 언급된 하나님의 뜻은 영원한 하나님의 뜻 곧, 위대한 하나님의 뜻이다. 그것은 우리의 일상 생활에서의 일들이 아니라 하나님의 목적, 하나님의 의도에 관련되어 있다. 이 뜻을 알기 위해서는 우리가 온전한 지식과 모든 영적인 지혜와 이해를 가지고 있기를 요구한다.

무엇이 하나님의 갈망에 따라서, 하나님의 의도에 따라서, 온 우주 가운데서, 창조 안에서, 구속 안에서, 오는 시대에, 영원 안에서 하나님의 뜻인가? 골로새서 전권은 이 문제에 대한 해답이다. 만일 우리가 이 책을 읽어본다면, 우리는 해답이 그리스도 자신이라는 것을 깨닫게 될 것이다. 하나님의 뜻은 그리스도 안에 있으며, 그리스도 안에 집중되어 있으며, 그리스도를 위하여 있다. 그리스도는 하나님의 뜻 안에서 만유이시다. 우리는 분명하고 새롭게 된 생각 안에서 영적인 지혜와 우리의 이해를 가지고 이것을 알고 이것을 깨달아야 한다.

이 책의 마지막 장에서는 우리에게 『그리스도 예수의 종인 너희에게서 온 에바브라가 너희에게 문안하니 저가 항상 너희를 위하여 애써 기도하여 너희로 하나님의 모든 뜻 가운데서 완전하고(성숙하고 : mature) 확신있게 서기를 구하노니』(4:12)라고 말한다. 1장에서 사도 바울과 그의 동역자들은 골로새인들이 하나님의 뜻을 알도록 기도했으며, 마지막 장에서 그리스도의 노예인 에바브라는 같은 것에 관하여 교회를 위하여 열렬히 애쓰며 기도하였다. 따라서 이것은 우주 안에서 영원하신 하나님의 뜻을 우리에게 계시해 주는 책이다. 우리는 이 두 구절을 명심해야 한다.

하나님의 비밀이심

골로새서를 쓰면서 사도는 더욱 영 안에 있어서 기도의 영으로부터 자기 마음과 자기 영 안에 있던 것을 표현하였다. 결과적으로 이 책을 단락으로 나누는 것은 어렵다. 따라서, 이 책을 아는 최상의 방법은 단락이 아니라 중점을 보는 것이다. 최소한 이 책에는 일곱 중점들이 계시되어 있다.

먼저, 골로새서는 하나님의 뜻과 관련하여 하나님의 비밀에 대하여 말하고 있다. 어떤 사람의 뜻에 대하여 말하려면, 우리는 그 사람의 마음 속에 있는 것을 알아야 한다. 우리는 그 사람을 알고, 그 사람을 이해하고, 그 사람이 어떤 유형의 사람인지를 알아야 한다. 하나님께는 비밀이 있으며 그분은 비밀이시다. 우리는 하나님의 존재하심을 알고 있지만, 명백히 어떤 사람이 그분을 알기란 어렵다. 하나님 자신이 비밀이시요, 그분이 하시고자 갈망하시고 의도하시는 것도 비밀이다.

하나님의 비밀이라는 용어는 골로새서 2장 2절에서 발견된다. 이 구절은 『온전히 확신 있는 이해의 모든 풍성에 이르러 하나님의 비밀인 그리스도에 대한 온전한 지식에 이르게 하려 함이라』고 말한다. 여기에서 사도는 모든 풍성(all the riches), 온전히 확신있는 이해, 온전한 지식과 같은 그러한 영적인 용어들을 사용한다. 하나님의 비밀은 너무 비밀스럽고, 너무 심오하고, 너무 위대하다. 그것은 온전히 확신 있는 이해의 모든 풍성이 필요하다. 하나님의 비밀은 무엇인가? 우리 자신으로서는 하나님의 존재와 하나님께서 행하고자 의도하시는 것을 철저하게 설명할 수가 없다. 그 해답은 골로새서 책 속에 있다.

그리스도는 하나님의 비밀이심

흠정역에서는 2장 2절의 마지막 부분을 『하나님과 아버지와 그리스도의 비밀」로 표현하고 있다. 이것은 신약의 다른 헬라어 사본에 대한 평가가 요구된다. 많은 사본들은 그 표현에 있어서 다르다. 흠정역은 1611년에 번역되었으며 존 넬슨 다비는 지난 후반 세기에 그의 새 번역을 출간하였다. 최상의 가장 믿을 만한 사본들 중의 일부가 지난 2세기 동안에 발견되었다. 1901년 무렵 미국 표준역 번역자들은 많은 훌륭한 사본들을 손에 넣을 수 있었으며 따라서 우리는 어느 용어를 사용할까 하는 그들의 결정을 더 신뢰하게 된다. 미국 표준역은 이 구절을 「하나님의 비밀, 바로(even) 그리스도」라고 표현하고 있으나, 바로(even)이라는 단어는 헬라어 본문에는 없으며, 그것은 번역자들이 보충한 것이다. 그러므로, 2절의 최상의 번역은 「하나님의 비밀, 그리스도」이다.

보이지 아니하시는 하나님의 형상

하나님의 비밀은 그리스도 자신이다. 이것은 대단히 중요한 단어이다. 하나님과 그분의 의도하심은 위대하고, 심오하고, 비밀스럽지만, 그리스도는 이 비밀이시다. 이것은 우리의 이해를 훨씬 능가하는 것이다. 그런데도, 이 책의 기록에 따라서 우리는 하나님의 비밀이신 그리스도에 관련된 세가지 항목들을 지적할 수가 있다. 첫째, 그리스도는 보이지 아니하시는 하나님의 형상이시다(1:15). 하나님 자신은 보이지 아니하신다. 따라서 그분은 비밀이시다. 우리는 그분을 볼 수도 없고, 이 비밀을 이해할 수도 없다. 게다가, 그분이 하고자 의도하시는 것도 또한 비밀이다. 그런데, 골로새서에서는 그리스도께서 보이지 아니하시는 하나님의 형상이심을 우리에게 말해준다. 형상은 표현이다. 그리스도가 하나님의 형상이라는 것은 그분이 하나님의 어떠하심의 표현이요 설명이라는 것을 의미한다. 그러한 분으로서 그분은 하나님의 말씀이시다. 요한복음 1장 1절은 『태초에 말씀이 계시니라 이 말씀이 하나님과 함께 계셨으니 이 말씀은 하나님이시니라』고 말씀한다. 또한 18절에서는 『본래 하나님을 본 사람이 없으되 아버지 품속에 있는 독생하신 하나님이 그분을 나타내셨느니라(He has declared Him : 독생하신 하나님이 그분을 알리셨느니라)고』고 말씀한다. 하나님의 말씀으로써 그리스도께서는 하나님을 나타내시고, 정의하시고, 표현하신다.

신격의 충만

둘째, 골로새서 2장 9절에서는 『그 안에는 신격의 모든 충만이 몸으로 거하시고』라고 한다. 하나님은 그리스도 안에 체현되신다. 하나님의 존재와 그분 자신 안에 소유하신 모든 것 즉, 신격의 모든 충만은 그리스도 안에 몸으로 거한다. 그러므로, 그리스도는 하나님의 표현, 형상은 물론 하나님의 실제, 하나님의 체현이시다. 충만의 의미를 알아보기 위해서, 우리는 우리의 상상력을 사용해서는 안되고 오히려 신성한 기록 안에 있는 이 말씀의 용례를 살펴보아야 한다. 이것은 우리를 요한복음 1장으로 인도하는데, 그곳 14절에서는 『또한 말씀이 육신이 되어 우리 가운데 장막을 치시매(tabernacle) … 은혜와 실제가 충만하더라』고 말하며 그리고 16절에서는 『이는 우리가 다 그의 충만한데서 받으니 은혜 위에 은혜라』고 말한다. 그분의 충만은 하나님의 충만이다. 신격의 충만이 그리스도 안에 거하기 때문에, 우리는 모두 그분의 충만한데서 받는다.

　하나님의 아들이 한 사람으로 성육신 되셨을 때, 그분과 함께 하나님의 충만이 있었으며, 이 충만으로부터 우리는 모두 받았다. 우리가 받은 항목들을 알아보려면, 우리는 요한복음 전체를 더 살펴보아야 한다. 요한복음은 우리가 생명, 빛, 길, 진리, 음식, 음료를 받고 있음을 우리에게 말해준다. 이 모든 것들은 하나님의 충만의 항목들 중 몇가지에 불과하다. 하나님의 모든 충만은 그리스도 안에 거하신다. 그리스도는 하나님의 체현이시다. 생명, 빛, 길, 실제, 음식, 음료이시다. 하나님의 충만이 그분 안에 체현되어 있기 때문에 그분은 모든 것이시다. 그분은 하나님의 모든 요소들의 체현이시다. 하나님의 존재와 하나님의 소유는 그리스도 안에 체현되어 있다.

하나님의 뜻의 중심

　그리스도는 또한 하나님의 뜻의 중심이시다. 하나님이 계획하신 모든 것은 그리스도와 연관되어 있다. 하나님의 비밀이신 그리스도는 이 세가지 문제들—하나님의 형상, 하나님의 체현, 하나님의 뜻의 중심—을 포함하신다.

만유이신 그리스도

창조자, 창조물 중에서 먼저 나신 자, 죽은 자들로부터 먼저 나신 자. 몸의 머리로서

　골로새서에서 세째 중점은 하나님께서 그리스도를 만유가 되도록 의도하신다는 것이다. 우주 안에서 첫째 항목은 하나님이다. 그 다음에는 사람을 포함하는 하나님의 창조가 있다. 더욱이 교회를 포함하는 구속이 있다. 이 다섯가지 항목들—하나님, 중심인 사람과 함께한 하나님의 창조, 중심인 교회와 함께하는 하나님의 구속—은 우주 안에서 모든 항목들을 포함한다. 골로새서 1장은 그리스도께서 하나님이시요(15절 상반절, 19절). 그리스도께서 창조의 일부이시요(15절 하반절), 그리스도께서 구속을 성취하셨음(20-22절)을 계시한다. 15절에서 18절까지에서는 『그는 보이지 아니하시는 하나님의 형상이요 모든 창조물 보다 먼저 나신 자니 만물이 그 안에 창조되되 하늘과 땅에서 보이는 것들과 보이지 않는 것들과 혹은 보좌들이나 주관들이나 정사들이나 권세들이나 만물이 다 그를 통하여 그에게로 창조되었고 또한 그가 만물보다 먼저 계시고 만물이 그 안에 함께 섰느니라 그는 몸인 교회의 머리라 그가 시작이요 죽은자들 가운데서 먼저 나신 자니 이는 친히 만물의 으뜸이 되려하심이요』라고 말한다. 그리스도 그분 자신은 창조자와 모든 창조물 가운데 먼저 나신 자이시다. 창조물은 그분에게서 나왔으며 그분으로 만들어졌다. 그분이 없이는 창조물도 없으나, 동시에 그분은 모든 피조된 것들 중 첫째 항목이시다. 모든 창조물 중에서 먼저 나신 자는 하나님의 옛 창조를 가리키고 있다. 반면 죽은 자들 가운데서 먼저 나신 자는 하나님의 구속을 가리킨다. 하나님의 창조에 있어서와 하나님의 구속에 있어서 그리스도는 먼저 나신 분이시다.

이 몇몇 구절들에서는 그리스도의 존재에 대한 여러가지 항목들이 있다. 그리스도는 창조자 곧 창조 안에서 첫째 항목인 먼저 나신 자이시요, 하나님의 구속 안에서 먼저 나신 자이시다. 그러므로, 그분은 교회의 머리이시다. 그리스도는 만유이시다. 그분은 또한 하나님의 창조 안에서 참된 사람이 되셨다. 이것은 요한복음 1장에 있는 기록과 일치하는데, 그곳에서는 『태초에 말씀이 계시니라 이 말씀이 하나님과 함께 계셨으니 이 말씀은 곧 하나님이시니라 … 만물이 그를 통하여 지은 바 되었으니 지은 것이 하나도 그가 없이는 된 것이 없느니라』(1절, 3절). 고 말한다. 그런 다음 14절에서는 말씀이 구속을 성취하기 위해서 육신이 되셨다. 즉 성육신 하셔서 한 사람이 되셨다. 그분은 또한 교회의 머리이시요, 그분은 교회, 몸 자체이시다(고전 12:12). 따라서 그분은 만유이시다.

만유의 실제로서

골로새서 2장 16절과 17절에서는 『그러므로 먹고 마시는 것과 절기나 월삭이나 안식일을 인하여 누구든지 너희를 폄론하지 못하게 하라 이것들은 장래 일의 그림자이나 몸은 그리스도의 것이니라』고 말한다. 이 두 구절들에서는 우리가 필요로 하는 모든 것의 실제가 그리스도이시라는 것을 가리키고 있다. 우리에게는 음식, 음료, 절기가 필요하다. 새 달은 새로운 시작을 나타내고, 안식일은 안식을 위한 것이다. 그러나 이 모든 것들은 그림자에 불과하다. 그것들은 참된 것들이 아니다. 그리스도 자신은 이 모든 것들의 실제이시다.

사람이 빛에 서 있을 때, 그림자를 드리우게 된다. 그런데 그림자는 실제 사람이 아니다. 실제 사람은 그 그림자의 몸이다. 온 우주 안에 만물은 그림자에 지나지 않고, 그리스도 자신이 실제이시다. 우리가 입는 의복은 참된 의복이 아니다. 그것들은 그림자이다. 그리스도는 우리의 참 의복이시다. 만일 우리가 자신을 감쌀 그리스도를 소유하고 있지 않다면, 우리는 여전히 하나님 앞에 벌거벗은 상태이다. 우리가 보는 빛은 참 빛이 아니다. 그리스도는 빛의 실제이시다. 심지어 우리에게 가장 좋은 빛이 있다 하더라도, 그리스도가 없다면 우리는 여전히 흑암 속에 있다. 해는 참 해가 아니다. 그것은 예표이다. 태양의 실제는 의의 태양이신 그리스도이시다(말 4:2). 우리가 거하는 집조차도 우리의 참된 거처가 아니다. 우리의 참된 거처는 그리스도이시다. 우리가 필요로 하는 모든 것은 그림자이다. 만유의 실제는 그리스도이시다. 물론, 그리스도는 우주 안에서 죄, 세상, 자아, 사탄, 악한 영들과 같은 그러한 소극적인 것들의 실제는 아니시다. 오히려 우주 안에서 모든 적극적인 것들이 그리스도의 그림자이다.

모든 나무들은 그리스도의 그림자이다. 성경에서 많은 나무들 곧 생명 나무(창2:9), 사과나무(아 2:3), 백향목(5: 15), 잣나무(호 14:8)와 같은 그러한 것들은 그리스도의 예표이다. 가장 중요한 나무는 요한복음 15장에 언급된 포도나무이다. 그리스도는 또한 다윗의 뿌리이시요(계 5:5) 이새의 가지이시다(사 11:1). 나무는 우리에게 실과와 그늘을 준다. 만일 우리가 시간을 들여서 나무들이 어떻게 그리스도를 예증하는데 사용되는지를 연구해 본다면, 우리는 그리스도가 만유가 되심을 보게 될 것이다.

많은 의복의 항목들도 그리스도를 예표한다. 많은 세부적인 것들이 있는 대제사장의 의복도 그리스도의 예표이다. 많은 음식의 항목들도 그리스도를 예표한다. 솔로몬의 잔치상에 있는 모든 항목들과 그의 창고에 있는 항목들은 그리스도를 예표한다(왕상 4:22-23). 우리는 그리스도에 대한 모든 예표들과 그림자를 보는 방식으로 성경을 읽어야 한다.

골로새서는 우리에게 하나님께서 그리스도를 만유가 되게 하셨음을 보여준다. 그분은 하나님 자신이시요, 그분은 사람이시다. 그분은 창조자이시요, 그분은 피조물이시다. 그분은 구속을 성취하셨으며, 그분은 죽은 자들 가운데서 먼저 나신 자이시다 그분은 교회의 머리시요, 그분은 곧 몸이시다. 그리스도는 만유이시다! 이것을 보려면 우리에게는 골로새서가 필요하다. 만일 우리가 이것을 성경에서 제하여 버린다면, 그리스도를 그렇게 심오한 방식으로 이해할 수 있는 자가 아무도 없을 것이다. 만일 골로새서가 없다면, 나는 그리스도가 만유 곧, 성경 안에 있는 나무들의 실제이시라고 여러분에게 말했는데, 여러분은 내가 어리석다고 생각할지도 모른다. 만일 어떤이가 성경 안에 언급된 그리스도에 대한 모든 항목들을 알아보고자 한다면, 그들은 일생 동안 목록을 끝마치지 못할 수도 있다. 그리스도가 만유가 되심을 우리에게 보여주는 이러한 책이 있음을 인해 우리는 주님께 찬양을 드린다.

그리스도는 만유 안에서 첫째 자리를 얻으심

골로새서에서 네번째 중점은 그리스도께서 만유 안에서 첫째 자리 즉 으뜸이 되신다는 것이다(1:18). 그리스도가 만사에 있어서 첫째가 되심은 하나님의 계획에 따른 것이다.

우리의 분깃이신 그리스도

다섯번째 중점은 그리스도가 우리의 분깃이 되시는 것이다. 골로새서 1장 12절에서는『우리로 하여금 빛 가운데서 성도의 할당된 몫의 분깃을 얻기에 합당하게 하신(who has qualified you for a share of the allotted portion of the saints in the light) 아버지께 감사하게 하시기를 원하노라』고 말한다. 엄격히 말해서, 하나님께서는 우리에게 그리스도만을 주셨다. 다른 모든 것들은 다만 그림자이다. 의심할 여지없이 하나님께서는 우리에게 음식, 햇빛, 공기, 호흡, 많은 좋은 것들을 주시지만, 이 모든 것들은 단지 그리스도의 그림자일 뿐이다. 실제는 그리스도 자신이시다. 그리스도는 우리의 분깃이시다.

온 우주 가운데 그 밖에 무엇이 우리의 분깃이 되는가? 만일 우리가 그리스도를 소유하고 있지 않다면, 우리에게는 아무것도 없다. 비록 우리가 진정 그림자를 가지고 있다 하더라도, 헛되다. 이는 그림자는 떠나가기가 쉽기 때문이다. 비록 우리에게 궁전이 있다 하더라도, 한 밤에 그것이 불에 타 버리거나 지진으로 내려 앉을 수가 있다. 만유는 모두 그림자이기 때문에 곧 사라져 버린다. 그리스도만이 실제이시다. 그분만이 변하지 않고 영원히 존재하신다.

현재에 나는 60세 가량 된다. 나는 내 마음에서 그 밖에 아무

것도 사랑하지 않는다고 말할 수 있다. 그분만을 나는 사랑한다. 온 밤낮 나는 그분을 사랑한다. 그분만큼 나에게 귀한 것은 아무것도 없다. 내가 십대이던 때부터 현재까지 지난 반세기 동안, 나는 국제적이고 국가적인 정세에 있어서, 가족에 있어서, 사회에 있어서 모든 변화를 주의해 보았다. 모든 것은 신속히 지나가는 그림자이다. 이것으로부터 나는 땅위에 있는 어느것도 사랑스럽거나 신뢰할 만한 것이 없다는 것을 배웠다. 오직 한 분만이 나에게 너무나 귀하며, 그분은 나에게 참 실제가 되신다. 아무것도 그 누구도 나는 신뢰를 할 수 없다. 나는 그분만을 신뢰할 수 있다. 그분은 실제이시요, 그분은 우리의 분깃이시다.

만일 여러분에게 그리스도가 없다면, 공허한 사람이다. 그러나 만일 여러분에게 그리스도가 있다면, 여러분은 실제적인 사람이 된다. 여러분에게는 그분이 계시며, 그분은 만유이시다. 나는 우리 모두가 그분을 깨닫고 그분을 사랑하기를 배우기를 희망한다. 다만 그분을 사랑하고, 그 밖의 어떤 것도 구하지 말라. 그 밖의 모든 것은 그림자에 지나지 않는다. 물론, 우리가 이 땅위에 여전히 있는 한, 우리에게는 많은 것들이 필요하다. 그러나, 우리는 이러한 것들을 우리의 실제이신 그리스도를 깨닫는 것으로서 이용하여야 한다. 하나님께서 우리에게 주시는 유일한 분깃은 이 놀라운 그리스도이시다. 우리는 그분을 알고, 그분을 살고, 그분을 취하고, 그분을 체험하고, 그분을 깨닫기를 배워야 한다. 그분은 종교나, 교리나, 일련의 가르침이나. 심지어 기독교가 아니라, 만유를 포함하는, 실제적인, 살아계신 그리스도이시다. 우리가 그분을 소유하는 것은 가치 있는 일이며, 우리는 그분을 소유하게 됨을 결코 후회하지 않을 수 있다. 내가 젊어서부터 40년 이상 나는 그분을 어떤 후회함이 없이 사랑해 왔다. 그분은 빛 가운데서 성도들의 분깃이시다.

우리의 생명이신 그리스도

 여섯째, 이 그리스도는 우리에게 생명이 되신다((3:4), 그분은 친밀하고, 부드럽고, 주관적이며, 가까우시다. 우리 생명만큼 소중하고, 귀하고, 유용한 것은 아무것도 없지만, 심지어 우리 자신의 생명 즉 우리가 부모로부터 받은 생명조차도 참된 생명이 아니다. 그것은 그림자에 불과하다. 그러므로, 그리스도가 없는 자는 생명이 없다(요일 5:12). 그분은 우리가 누릴 수 있는 우리의 분깃이시요, 그분은 우리가 살 수 있는 우리의 생명이시다.

 비록 내가 30년 이상을 가르치고 사역해 왔다하나 나는 여전히 그리스도가 우리의 생명이시라는 것이 무엇을 의미하는지를 설명할 적절한 말이 없다. 이것은 사람의 표현과 사람의 발언을 벗어나는 어떤 것이다. 나는 이 놀라우신 그리스도가 오늘날 우리에게 생명이 되신다고 말할 수 있을 따름이다. 이것은 얼마나 귀하며 얼마나 놀라운지! 그리스도는 만유이시요, 그분은 우리의 분깃이시며, 더욱 그분은 우리의 생명이시다. 성경 66권 전체에서 골로새서 3장 4절은 그리스도가 우리의 생명이 된다는 것에 대한 가장 분명한 말씀이다.

우리의 모든 것이신 그리스도

 마지막 중점은 그리스도가 우리에게 모든 것이 되시는 것에 관련되어 있다. 그리스도는 모든 것이시요, 우리에게 모든 것이시다. 우리는 우리에게 모든 것이신 그리스도를 체험하는 법을 배워야 한다. 우리에게 그리스도는 우리의 음식과 음료이시며, 그분은 또한 우리의 인내이시다. 많은 때 우리는 인내가 부족하다. 우리가 인내가 부족할 때, 우리는 사실상 그리스도가 부족하다는 것을 깨달아야 한다. 그리스도는 우리의 인내이시다. 우리가 겸손을 갈망하는가? 그리스도 자신이 우리의 겸손이시다. 우리는 우리의 아버지와 우리의 어머니를 공경하고 싶지 않은가? 우리가 우리의 아버지와 어머니께 드리는 공경은 그리스도여야 한다. 그리스도는 심지어 우리가 우리의 부모를 공경하는 방법이시다. 방법에 관해 가르칠 필요는 없다. 만일 우리가 그리스도를 사랑하고 그분과 교통한다면, 우리는 살아있는 길이신 그리스도를 소유하게 될 것이다. 우리는 우리 부모를 공경하는 법을 알게 될 것이고, 그리스도는 우리가 부모를 공경할 수 있는 힘이 되실 것이다. 그리스도는 우리에게 만유이시다.

 나는 이 마지막 때에 주께서 그분의 백성을 회복하셔서 그분을 교리적으로만이 아니라 매우 체험적인 방식으로 알게 하실 것임을 믿는다. 우리가 친구에게 편지를 쓸 때도 우리의 편지는 그리스도여야 한다. 우리는 그리스도를 이러한 방식으로 체험하기를 배워야 한다. 우리가 편지를 쓰기 전에, 우리는 주님과 교통하고 그분과 하나되어야 한다. 우리는 그분께 『주여, 당신 자신이 저의 글이 되셔야 합니다. 저는 당신 자신 이외에 어떤 것도 제 친구에게 쓰지 아니할 것입니다. 제가 쓰고자 하는 것은 당신이셔야 합니다.』라고 말씀드려야 한다. 우리는 주님을 이런식으로 체험하고, 우리의 매일 생활에 있어서 그분을 모든 것으로 하여야 한다. 그분은 우리에게 모든 것이 되셔야 한다. 우리가 말씀을 사역할 때, 그 말씀은 그리스도여야 한다. 우리의 메시지와 사역은 그리스도여야 하고, 사역하는 방법과 우리가 사역하는 힘도 그리스도여야 한다.

그러한 믿는이들 중에서 많은 이들이 그리스도를 이런 방식으로 체험하는 법을 알지 못하였기 때문에 골로새서 책이 쓰여진 것이다. 그들은 그리스도에서 빗나가 다른 것들에 주의를 기울였다. 그들이 그리스도를 모든 것으로 깨달아야 한다는 것을 그들에게 말해주려고 골로새서가 쓰여졌다. 우리 또한 그리스도를 이러한 실제적이고 살아 있는 방식으로 체험하기를 배워야 한다. 심지어 우리가 젊어서부터, 우리는 그리스도를 체험하기를 시작해야 한다. 나는 내가 젊은이로서 구원받게 됨을 주께 감사드렸다. 그러나, 나는 합당한 도움을 받지 못하였다. 나는 문자적으로 성경을 연구하면서 큰 도움을 받았다. 하지만 나는 살아 있는 방식으로 주님을 알고, 그분을 나의 생명과 모든 것으로 체험하도록 도움을 받지는 못하였다. 약 7, 8년이 지난 후, 나는 살아 있는 방식으로 그리스도를 알도록 도움을 받기 시작하였다. 아직 10대들인 여러분 중의 많은 사람들이 지금 이러한 도움을 받을 수 있음을 인해 주님을 찬양한다! 여러분은 이것을 가볍게 받아들여서는 안 된다. 여러분에게 그리스도를 취하고, 그분을 체험하고, 그분을 모든 것으로 적용하는 길이 제시되어 있다는 것을 여러분은 감사드려야 한다. 나는 젊은 세대가 이 문제에 그들의 온 주의를 기울이기를 바란다. 그러면 그들은 그리스도가 얼마나 소중하고, 얼마나 참되고, 얼마나 귀하고, 얼마나 부유하고, 얼마나 살아있는 지에 대한 살아있는 증인들, 살아있는 간증들이 될 것이다. 그분을 이렇게 체험하기를 배우도록 하자.

제 20 장

골로새서에서의 만유가 되시는 그리스도 (2)

골 2:6-8
『그러므로 너희가 그리스도 예수를 주로 받았으니 그 안에서 행하되 그 안에 뿌리를 박으며 세움을 입어 교훈을 받은 대로 믿음에 굳게 서서 감사함을 넘치게 하라 누가 철학과 헛된 속임수로 너희를 노략할까 주의하라 이것이 사람의 유전과 세상의 초등 학문을 좇음이요 그리스도를 좇음이 아니니라』

1:9-11
『이로써 우리도 듣던 날부터 너희를 위하여 기도하기를 그치지 아니하고 구하노니 너희로 하여금 모든 신령한 지혜와 총명에 하나님의 뜻을 아는 것으로 채우게 하시고 주께 합당히 행하여 범사에 기쁘시게 하고 모든 선한 일에 열매를 맺게 하시며 하나님을 아는 것에 자라게 하시고 그 영광의 힘을 좇아 모든 능력으로 능하게 하시며 기쁨으로 모든 견딤과 오래 참음에 이르게 하시고』

2:11-12
『또 그 안에서 너희가 손으로 하지 아니한 할례를 받았으니 곧 육적 몸을 벗는 것이요 그리스도의 할례니라 너희가 세례로 그리스도와 함께 장사한 바 되고 또 죽은 자들 가운데서 그를 일으키신 하나님의 역사를 믿음으로 말미암아 그 안에서 함께 일으키심을 받았느니라』

3:1, 3, 9-11
『그러므로 너희가 그리스도와 함께 다시 살리심을 받았으면 위엣

것을 찾으라 거기는 그리스도께서 하나님 우편에 앉아 계시느니라』,『이는 너희가 죽었고 너희 생명이 그리스도와 함께 하나님 안에 감취었음이니라』,『너희가 서로 거짓말을 말라 옛 사람과 그 행위를 벗어버리고 새 사람을 입었으니 이는 자기를 창조하신 자의 형상을 좇아 지식에까지 새롭게 하심을 받는 자니라 거기는 헬라인과 유대인이나 할례당과 무할례당이나 야인이나 스구디아인이나 종이나 자유인이 분별이 있을 수 없나니 오직 그리스도는 만유시요 만유 안에 계시니라』

1:27
『하나님이 그들로 하여금 이 비밀의 영광이 이방인 가운데 어떻게 풍성한 것을 알게 하려 하심이라 이 비밀은 너희 안에 계신 그리스도시니 곧 영광의 소망이니라』

2:16-17, 19
『그러므로 먹고 마시는 것과 절기나 월삭이나 안식일을 인하여 누구든지 너희를 폄론하지 못하게 하라 이것들은 장래 일의 그림자이나 몸은 그리스도의 것이니라 … 머리를 붙들지 아니하는지라 온 몸이 머리로 말미암아 마디와 힘줄로 공급함을 얻고 연합하여 하나님이 자라게 하심으로 자라느니라』

그리스도를 받음

앞장에서 우리는 골로새서에 있는 일곱 중점들을 보았다. 다음 중점은 우리가 그리스도를 받아들이는 것이다. 골로새서 2장 6절은 『그러므로 너희가 그리스도 예수를 주로 받았으니』라고 시작한다. 영접한(Received : 받은)이라는 단어는 매우 의미깊고 중요한 단어이다. 요한복음과 골로새서 두 책에서만 그리스도를 이렇게 영접하는 것에 대하여 말하고 있다. 요한복음 1장 12절에서는 『그러나 영접하는 자마다』라고 말한다. 내가 젊었을 때 나는 주 예수를 믿는다는 것에 대한 의미를 합당하게 이해하지 못하였다. 그러나, 여러해 지난 후에 나는 주 예수를 믿는 것은 다만 라디오가 공중의 라디오 전파를 수신하고 사람들이 호흡을 그들의 몸 속으로 받아들이는 것과 마찬가지로 주 예수님을 영접하는 것을 의미한다는 것을 깨달았다. 골로새서는 우리가 그리스도를 받았다는 것을 강조한다.

그리스도 안에서 행함

골로새서에서 아홉째 중점은 우리가 그리스도 안에서 행하는 것이다. 골로새서 2장 6절은 『그 안에서 행하라』고 말함으로써 결론짓고 있다. 이 구절은 우리에게 그분을 따라서가 아니라 그분 안에서 행하라고 말한다. 그분 안에서는 그리스도가 가나안의 좋은 땅으로 예표된 바와 같이 우리가 행하는 영역이요, 범위가 되심을 의미한다. 그분 안에서는 또한 차 안에서 여행하는 것이 우리가 차로 여행하는 것을 의미하는 것과 마찬가지로, 그분으로 행하는 것의 의미를 포함한다.

사람의 철학을 거절하고 가르침을 벗어남

 교회의 초기 시대에 골로새 믿는이들은 그리스도에 대한 지식으로부터 벗어나 혼란에 빠져 있었다. 교회 역사에 따르면, 그들은 유대인, 애굽인, 페르시아인, 헬라인의 가르침으로 이루어진 철학인 그노시스주의로 벗어나 있었다. 그러한 가르침들은 선하게 보였다. 마찬가지로 공자의 가르침도 선하게 보인다. 그노시스 주의라는 단어 자체는 지식과 지혜의 단어를 가리킨다. 8절에서는 철학에 대하여 말한다. 이것을 쓰면서 바울은 생각 속에 사람의 지혜의 가르침과 사상인 그노시스주의가 있었다. 그는 또한 세상의 초보적인 가르침인 세상의 초등 학문에 대하여 말하고 있다. 이것 또한 그노시스주의자의 가르침에 관련되어 있다. 이 그노시스 철학이 교회 안으로 들어와 그리스도에 관한 올바른 지식에 관하여 혼란을 야기시켰다. 그리하여 많은 믿는이들이 그리스도를 체험하는데서 벗어나게 되었다. 이로 인하여 바울이 골로새서를 썼던 것이다.

 이 부분의 말씀의 원칙은 전세기에 걸쳐 그리스도인들을 그리스도에 대한 참된 지식과 체험에서 빗나가게 하는 사람이 창안하고 가르친 훌륭한 가르침들이 언제나 있었다는 것이다. 예를 들면, 중국에서 많은 그리스도인들은 그리스도에 대한 실제적이고 살아있는 체험으로부터 공자의 윤리적인 가르침으로 빗나가게 되었다. 우리가 거듭났을 때, 우리는 그리스도를 우리의 생명과 우리의 모든 것으로 영접하였으며, 그리하여 그리스도는 우리가 땅 위에서 살고 하나님의 임재 안에서 행하는 범위, 영역, 수단이 되셨음을 깨달아야 한다. 그러므로, 우리는 나쁜 것들은 물론 좋은 것들 즉 사람이 창안한 최상의 가르침들을 거절하고 버려야 한다. 인간 문화와 문명에 있어서 사람이 창안한 최상의 것은 과학이 아니다. 많은 때 과학은 많은 사람들을 죽이는 기계와 같은 그러한 무시무시한 것들을 생산하였다. 최상의 인간 발명품은 철학이다. 그러나, 우리는 결코 인간 철학에 의해 빗나가서는 안 된다. 그것은 그리스도에 대한 간교한 대치물이다. 사탄은 철학을 간교하게 사용하여 사람들을 그리스도에 대한 참된 체험으로부터 벗어나게 하지만, 많은 경우 우리는 자신들이 빗나가 있는지도 깨닫지 못한다. 우리는 철학이 우리를 도와서 더 나은 사람들이 되게 하고, 더 나은 삶을 살게 하여, 그것이 하나님께 영광이 된다고 여기기 때문에 철학이 좋은 것이라고 생각할지도 모른다. 이것은 잘못된 것이다. 우리 그리스도인들은 그리스도를 우리의 생명과 우리의 모든 것으로 영접하였으며, 이제 우리는 그리스도 이외의 어떤 좋은 것을 알지 아니하기를 배워야 한다. 우리는 다른 모든 좋은 것들을 버리고 그리스도 안에서 살고 행하기를 배워야 한다. 나는 철학 서적을 연구하는 것에 대하여 젊은 형제 자매들에게 주의를 주고자 한다. 나는 젊은 사람이 대학에서 철학을 전공하는 것을 보고 싶지 않다. 이렇게 하는 것은 여러분 자신을 호랑이 입속에다 두는 것이다. 어느때건 대적 사탄이 여러분을 삼켜 버릴 수가 있다. 인간 철학은 바로 그리스도인들을 속이는 것이다.

우리의 매일의 생활에 있어서 우리가 그리스도를 세세히 체험할 필요성

  골로새서에 있는 기본 원칙은 하나님께서 그리스도를 우리에게 주셨다는 것이다. 골로새서에 따르면, 하나님의 뜻은 그리스도를 우리에게 모든 것으로 삼으시는 것 즉, 우리에게 그리스도를 우리의 분깃, 우리의 생명, 우리의 모든 것으로 주시는 것이다. 하나님의 긍휼과 은혜로 말미암아 우리는 만유를 포함한 분이신 그리스도를 영접하였다. 그러므로, 우리가 그분을 영접한 후에, 우리는 우리의 영역이신 그분 안에서와 우리의 수단이신 그분으로 인하여 행하여야 한다. 우리는 그리스도를 이렇게 알기를 배워야 한다.

  우리가 이 말씀을 듣고 골로새서를 읽어 보았으므로 모든 것을 알고 있는 것으로 생각해서는 안 된다. 우리가 여기서 말하고 있는 것은 우리가 그리스도를 알고 그분 안에서 행하여야 한다는 것을 우리에게 말해주는 교훈으로 여겨져서는 안 된다. 이제 우리는 우리의 매일의 체험을 통하여 이러한 것들을 배워야 한다. 나는 매일의 생활에 있어서 세부적으로 그리스도를 체험하는 법을 배운 그리스도인들이 많지 않다는 사실로 슬픔을 당하였다. 나는 이것에 대하여 어떤 가르침을 들어 왔으나, 나는 매일의 생활에 있어서 그리스도에 대한 실제적인 체험을 실행하는 그리스도인들을 많이 만나보지 못하였다. 오늘날 우리가 필요한 것은 더 좋은 가르침이 아니라 실제적으로 그분에 의해 살기를 배우는 것이다. 그리스도 이외의 모든 좋은 가르침들은 배제되어야 한다. 우리는 더 많은 시간을 들여서 우리의 이해와 우리 영 안에 지혜로써 그리스도를 알아야 한다.

모든 영적인 지혜와 이해로 그리스도를 앎

사도 바울은 1장 9절-11절에서 그리스도 안에서 행하는 비결과 방법을 우리에게 제시한다. 9절에서는『이로써 우리도 듣던 날부터 너희를 위하여 기도하기를 그치지 아니하고 구하노니 너희로 하여금 모든 영적인 지혜와 이해에 하나님의 뜻을 온전히 아는 것으로 채우게 하시고』라고 한다. 그리스도를 체험하고 그리스도 안에서 행하기 위해서, 우리는 모든 영적인 지혜와 이해를 가져야 한다. 우리가 그리스도를 깨닫기 위해서는 우리 영 안의 지혜가 필요하다. 우선, 우리는 하나님의 목적 안에서 그분의 뜻이 그리스도를 우리에게 모든 것이 되게 하시는 것임을 깨달아야 한다. 우리는 이것에 대한 분명한 이해를 가져야 한다. 틀림없이, 그리스도를 체험하려면, 우리는 그분을 알아야 한다. 우리가 그분을 더 알고 더 깨닫게 될수록, 우리에게 그분이 필요하다는 것을 감지하게 될 것이고 그분을 더 체험하고자 하게 된다. 그러므로, 우리에게는 영적인 지혜와 이해 즉, 그리스도에 관한 계시와 이상이 필요하다. 따라서, 우리는 성경을 읽어서 그리스도에 대한 지식을 얻어야 한다. 그러나, 우리는 문자적으로 지적인 이해를 위해서만 읽어서는 안 된다. 오히려, 우리가 성경의 기록에서 그리스도에 관한 것들을 읽을 때마다, 우리는 많이 기도해야 한다.

말씀 안에서 우리 영을 사용함으로써 그리스도를 앎

우리는 단지 우리의 지성만을 사용하여 흑백 문자로 된 성경을 이해하고자 해서는 안 된다. 물론 우리에게는 이해가 필요하다. 예를 들어, 만일 우리가 영어를 이해하지 못한다면, 우리는 결코 영어판 성경을 이해할 수 없다. 우리는 생각을 사용하여 말씀을 알고 그것들을 이해해야 한다. 그러나, 이것이 전부가 아니다. 우리가 말씀을 이해한 다음, 우리는 즉시 우리의 영을 사용하여야 한다. 이것은 많은 기도를 요한다. 우리는 이것을 먹는 것으로 예증을 들 수가 있다. 우리가 먹을 때 우리의 음식을 철저하게 씹는 것이 중요하다. 우리가 더 많은 시간을 들여서 음식을 씹는다면, 우리는 더 영양분을 얻게 되고 그것을 소화하기가 더 쉬워진다. 음식을 씹는 것으로써 영을 사용하여 말씀을 읽는 방법을 예시해 준다. 우리가 말씀을 보고, 말씀을 읽고, 그것들을 이해한 다음, 우리는 그것들을 씹어야 한다. 이것은 우리의 이해로써가 아니라 우리의 기도로써 이루어진다.

　이러므로 우리는 우리의 영을 사용해야 한다. 우리가 읽을 때, 우리는 우리의 생각을 사용하여 말씀을 이해할 필요가 있으며, 우리는 심지어 사전을 찾아 볼 필요도 있다. 그러나, 우리가 말씀을 이해 한 후에는 우리의 영을 사용하여 영으로부터 기도해야 한다.『주여, 제 입을 엽니다. 저는 제 영의 깊은 곳에서 당신의 말씀을 감지하고 싶습니다.』이로써 말씀의 비밀들이 우리에게 열리게 될 것이다. 우리는 흑백 문자의 표면을 관통하여 깊은 곳을 찾아야 한다. 그러면 우리는 무엇인가 다르고 살아있는 것을 보게 될 것이다. 이 때에 우리는 문자적으로 만이 아니라 영적인 이해와 실제로 그리스도를 알게 될 것이다. 우리는 말씀으로부터 그리스도에 대한 이상과 계시를 받게 될 것이다. 우리 모두는 말씀을 이렇게 읽어야 한다.

우리는 말씀을 먹는 방법을 골로새서 2장 16절과 17절을 가지고 예시할 수가 있다. 앞 장에서 우리는 먹는 것, 마시는 것, 절기, 안식일은 오는 것들의 그림자이나 몸은 그리스도께 속해 있음을 보았다. 이 구절들을 읽으면서 우리는 먼저 흑백으로 된 말씀의 의미를 알아야 한다. 뒤이어서, 우리는 우리의 영을 사용하기 위해서 기도하고 이 말씀에 있는 영적인 문제들, 영적인 내용을 깨달아야 한다. 그러면 무엇인가 즉, 말씀에 속한 어떤 것은 물론 그리스도 자신에 속한 어떤 것이 우리에게 열려지게 될 것이다. 우리에게 필요한 것이 실제이신 그리스도이심을 우리가 깨닫게 될 것이다. 우리 모두는 영적인 지혜와 이해를 가져야 하는데 그럴 때 그리스도를 깨닫게 될 수가 있다. 그러면 우리는 그분을 체험할 수가 있을 것이다.

그리스도의 계시에 따라 행함

골로새서 1장 10절에서는 『주께 합당히 행하여 범사에 기쁘시게 하고 모든 선한 일에 열매를 맺게 하시며 하나님을 온전히 앎으로 자라게 하시고』라고 한다. 주께 합당히 행하고 하나님을 온전히 앎으로 자라는 것은 영적인 지혜와 이해에 따라 살고 행하는 것이다. 우리가 그리스도에 관한 계시와 이상을 받은 후에는 그것에 따라서 행해야 한다. 그러면 우리는 주께 합당히 행하게 되고 더욱 더 주께 참여하게 될 것이다. 이리하여 우리는 그리스도가 우리 안에 증가되시게 함으로써 자라게 된다. 그리스도가 우리 안에 증가되게 하는 길은 우리가 영적인 지혜, 이해, 그리스도에 관한 계시를 받아들임으로써와 우리가 받은 그리스도에 대한 영적인 계시에 따라서 행함으로써 이다. 이것이 하나님에 대한 참되고, 주관적이고, 체험적인 지식을 얻는 것이요, 이로써 우리는 그리스도의 증가와 더불어 자라게 된다.

모든 능력으로 능하게 됨

11절에서는 『그 영광의 힘을 좇아 모든 능력으로 능하게 하시며 기쁨으로 모든 견딤과 오래 참음에 이르게 하시고』라고 한다. 우리에게는 그분의 영광의 힘에 따른 내적인 능력이 필요하다. 이것은 우리의 이해에 있어서 계시를 갖는 것만이 아니다. 그것은 한층 더한 어떤 것이다. 그것은 우리 안에 계신 성령이 우리를 강화시키시고, 우리를 활력화 되게 하시고, 하나님의 영광의 힘을 우리 안으로 분배하시는 것이다.

첫째 우리는 우리의 영적인 이해에 있어서 계시와 이상을 갖는다. 그런 다음, 우리는 그 이상에 따라서 행하려고 결정을 내린다. 셋째 우리는 주님을 바라봄으로 그분이 우리를 그분의 능력으로 강건하게 하시도록 한다. 이것이 그리스도 안에서 행하는 합당한 길이다.

그리스도 안에 뿌리를 박고 건축됨

골로새서에 있는 열번째 중점은 2장 7절에서 발견되어 지는데, 그곳에서는 『그 안에 뿌리를 박으며 건축되어』라고 말한다. 뿌리를 박게 되고 건축되어 지는 것(Having been toored and being built up)은 동사 시제가 다르다. 우리가 뿌리를 박음은 이미 성취되었으나, 우리가 건축되어짐은 과정이다. 우리는 그리스도 안에 뿌리가 박혔다. 이것이 이미 성취되었기에 우리가 다시 뿌리를 박힐 필요는 없다. 우리가 지금 필요한 것은 건축되는 것이다.

건축되는 것은 두 가지 의미를 갖는다. 한편, 우리 자신들은 어린 아이가 성인으로 건축될 필요가 있는 것과 마찬가지로 그리스도와 함께 건축될 필요가 있다. 비록 우리가 그리스도 안에 뿌리를 박게 되었다 하더라도, 우리 안에 그리스도의 분량은 적을 수도 있다. 우리는 그리스도에 대한 합당한 분량이 없을 수도 있다. 만일 우리가 그리스도와 함께 건축된다면, 우리는 안에 그리스도에 대한 적절한 분량을 가지게 될 것이다. 다른 한편, 우리는 다른 이들과 함께 건축되어야 한다. 골로새서는 몸의 머리이신 그리스도를 강조한다. 모든 지체들 자신들은 건축되어야 하고, 그들은 또한 몸으로 함께 건축되어야 한다.

건축물의 둘째 방면은 첫째에 의존한다. 만일 우리 자신들이 건축되지 않았다면, 우리가 어떻게 다른이들과 함께 건축될 수 있는가? 다른이들과 함께 건축되는 것은 우리가 건축되는 것에 달려 있다. 우리가 그리스도 안에서 자라는 것은 그리스도를 영접하고 그분 안에서 행하는 것은 물론 우리 자신으로 건축되고 다른이들과 함께 건축되는 것의 문제이다. 이러한 것들은 많은 세부사항들을 포함하는 대단히 중대한 문제들이다.

그리스도 안에 뿌리를 박음은 우리가 우리의 토양이신 그리스도 안에 놓여진 식물이라는 것을 의미한다. 그러므로 우리는 그리스도를 누리고, 그분을 체험하고, 그분 안에 건축되어야 한다. 건축되려면 우리에게 재료들이 필요하다. 우리가 식물이기에, 그리스도는 우리에게 토양이 되시고, 우리가 건축물이기에, 그분은 우리가 건축되는 재료가 되신다. 미국인 어린이는 쇠고기, 닭고기, 물고기, 과일과 같은 그러한 미국의 산물을 먹음으로써 건축된다. 마찬가지로, 우리의 영적인 분량은 그리스도를 먹음으로써 건축된다. 현재 우리는 영적인 분량이 적을지도 모른다. 우리는 그리스도의 더 큰 분량에 이르도록 자라야 하고, 분량에 있어서 자라는 길은 그리스도를 먹고, 그분을 받아들이고, 그분을 소화시킴으로 이루어진다. 그러면 그분이 점점 더 우리에게 더해질 것이다. 우리는 그리스도를 우리 안에 증가되시게 할 것이고 우리의 분량도 커지게 될 것이다. 그리스도는 우리의 영적인 분량의 건축을 위한 재료이시다. 우리가 뿌리 박기 위해서, 그리스도가 토양이 되시고, 우리가 건축되기 위해서 그리스도가 재료가 되신다. 그리스도는 우리가 자라고 건축되기 위한 실체, 요소, 재료가 되신다.

우리는 그리스도를 영접하였다. 이제 우리는 그분 안에서와 그분에 의해서 행해야 한다. 그분 안에서 행하려면, 우리는 계시와 이상으로 그분을 알아야 하고, 우리가 계시를 받고 나서는 우리가 본 것에 따라서 행해야 한다. 그런 다음 우리를 그분께 열어 드리고 성령으로 하여금 우리를 우리 영 안으로 강건케 하도록 허락해 드리고, 그분의 영광의 힘을 우리 안으로 분배하여 우리가 그리스도 안에 뿌리 박게 되었음을 깨달아야 한다. 그리스도는 우리 공급의 근원이시고 토양이신 그분은 우리의 모든 공급이시다. 토양이신 그리스도로부터 우리는 자라는데 필요한 모든 공급을 흡수한다. 그분은 우리가 영 안에서 더 큰 분량을 가질 수 있는 재료, 실질, 요소이시다. 이 모든 것은 전체로 그리스도의 자라심이다. 나는 여러분이 시간을 들여서 이러한 문제들을 주님께 가져가고, 그러한 것들에 대하여 기도하고, 그것들을 실행해야 한다. 그러면 우리가 그리스도를 참되게 체험하게 될 것이다. 그리고서 우리는 다른 이들에게 그리스도에 대하여 가르치기만 하지 않고 그들에게 그리스도에 대한 살아 있는 지식과 체험을 사역하여 다른이들을 도울 수가 있을 것이다.

그리스도와 동일시되어 새사람이 됨

골로새서에서 그 다음 중점은 우리가 그리스도와 동일시 함이다. 우리는 네 가지 것들—그분의 죽음 안에서, 그분의 장사됨 안에서, 그분의 부활 안에서, 그분의 승천 안에서(2:11-12, 3:1, 3)—안에서 그리스도와 동일시 된다. 우리는 그리스도와 함께 죽었고, 우리는 그분과 함께 장사되었고, 우리는 그분과 함께 일으키심 받았고, 우리는 그분과 함께 승천하였다. 따라서, 우리는 더 이상 옛 사람이 아니라 새 사람이다(9-10절). 우리의 매일의 행함에 있어서 우리는 항상 옛 사람과 죽고 장사되고 우리와 더 이상 상관없는 것인 옛 사람에 속한 모든 것을 거절해야 한다. 우리는 지금 그리스도와 함께 부활하고 승천하여 하늘들에 있으며 우리는 새 사람의 지체들이다. 이 새 사람 안에는 옛 것은 아무 것도 없다. 헬라인이나 유대인, 할례당이나 무할례당, 야만인이나, 스구디아인이나, 노예나 자유자도 있을 수 없다(11절). 이 모든 것은 옛 것들이다. 새사람 안에서 만유가 그리스도이다. 그리스도는 만유시요 만유 가운데 계신다.

우리는 지금 새 사람 안에 있으며, 따라서 우리는 체험 안에서 새 사람을 입어야 한다. 우리는 자신들이 그리스도와 연합되고 동일시 되었음을 깨닫는다. 우리는 그리스도 안에서 그분과 함께 죽고, 장사되고, 부활하고, 승천하게 된다. 그러므로, 옛 사람에 속한 모든 것들은 우리와 아무 상관이 없다. 우리는 그것들을 벗고 그것들을 장사지낸 것으로 여긴다. 그런 다음 우리는 새사람 안에서 살고 새 사람으로서 행한다. 이로써 우리는 우리 자신으로 인하여는 물론 교회 곧 새사람인 단체적인 몸으로 인하여서와 단체적인 몸 안에서 그리스도를 누린다.

우리 안에 계신 그리스도, 영광의 소망

골로새서에서 열 두번째 중점은 1장 27절에서 찾게 된다. 우리 안에 계신 그리스도는 영광의 소망이시다. 그분은 우리의 생명이시요 우리의 소망 곧 영광의 소망이시다. 영광의 소망은 그리스도께서 오실 때, 그분이 우리를 영광 안으로 이끄실 것 즉, 그분이 우리를 영화롭게 하실 것임을 가리킨다. 오늘날 이 영광은 우리의 육신적인 몸 안에 감추어져 있지만, 어느 날 그분이 오실 때, 우리의 육신적인 몸은 변모되어 본질적으로 바뀌게 될 것이다. 생명이신 그리스도 자신이신 영광 안으로 이끌 것이다. 우리는 영광이 어느 날 우리에게 임할 객관적인 어떤 것이라고 생각해서는 안 된다. 오히려, 이 영광은 오늘날 주관적으로 우리 안에 있으며, 어느 날 우리 몸을 통하여 나타나게 될 것이다. 신성한 생명이 우리 안에 있는 사망을 삼킬 것이며 우리는 영광 안에 있을 것이다.

　변모를 통하여 우리 몸은 전구의 갓과 같이 투명하게 될 것이다. 어느 날 주님이 오셔서 「전등갓」을 변모시키시어 그것을 투명하게 하실 것이다. 그때 속에 있는 영광이 빛날 것이고 「전등갓」도 영광 안에 있게 될 것이다. 이것은 우리가 영화롭게 되는 날에 일어나게 될 것이나, 오늘날 영광은 이미 우리 안에 있다. 우리 안에 계신 그리스도가 영광의 소망이시다.

그리스도를 적용하는 방법

　골로새서에서 또 하나의 중점은 그리스도를 적용하는 방법이다. 이 책의 주요 목적은 우리에게 그리스도를 적용하고 그분을 전유하는 법을 말하는 것이다. 이 전체의 책은 적용의 책으로써 우리의 매일의 생활에 있어서 우리의 모든 필요를 채우기 위해 그리스도를 전유하는 법을 우리에게 말해준다. 골로새서 1장 12절에서는 그리스도가 성도들의 분깃이 되심을 우리에게 말하지만, 우리는 그분을 누리고 적용하는 법을 알아야 한다. 교회의 초기 시대에 골로새에 있던 몇몇 그리스도인들은 유대 배경을 가지고 있었다. 그들은 특별한 음식과 음료를 중시하였으며 구약 절기와 월삭과 안식일을 지켰다. 사도 바울은 이러한 항목들이 그들이 버려야 할 그림자에 지나지 않는다는 것을 그들에게 말하였다. 그리스도는 그림자의 몸(실체 : body)이시다(2:16-17). 그들은 참 음식, 음료, 절기들, 월삭들, 안식일이신 그리스도를 적용할 필요가 있었다. 이 구절만으로도 우리는 이 책의 의도가 그리스도를 실제적인 방식으로, 심지어 우리의 먹고 마심에 있어서 전유할 필요가 있음을 우리에게 보여주는 것임을 깨달을 수 있다.

성장과 몸의 건축을 위한 하나님의 증가

마지막 중점은 2장 19절에서 발견되는데, 그곳은 중요한 구절이다. 이 구절은 『머리를 붙들고 온 몸이 머리로부터 마디와 힘줄로 풍성하게 공급함을 얻고 결합되어 하나님의 자라심으로 자라느니라(Holding the head, out from whom all the Body, being richly supplied and knit together by means of the joints and sinews, grows with the growth of God)』고 말한다. 마디들은 몸이 필요한 영양분을 공급하기 위한 것이고, 힘줄은 몸의 지체들과 함께 결합하기 위한 것이다. 믿는이들 중에서 몇몇은 자양분을 주고 공급하는 마디들인데 반해서, 다른 이들은 연결하고, 연합하고, 함께 결합시키는 힘줄들이다. 이러한 자양분과 몸을 결합시킴으로써 머리로부터 공급을 받으며, 하나님의 자라심으로 자란다. 우리가 머리이신 그리스도께로부터 받는 것이 하나님께 속한 것, 심지어 신격의 충만이기 때문에, 이것은 하나님께서 우리 안에서 증가하시는 것을 의미한다. 한편, 몸의 성장은 우리 안에 그리스도의 요소의 증가이다. 또 한편, 그것은 하나님 자신의 증가이다. 이로써 몸은 자란다.

우리는 이것을 나무의 성장에다 비유할 수가 있다. 나무는 비료를 줌으로써 자란다. 우리가 비료를 토양 속에 둘 때, 나무는 토양에서 더 많은 풍성을 흡수한다. 나무가 더 많은 자양분을 가지게 된다. 나무는 이러한 요소와 자양분으로 자라게 된다. 몸의 지체들로써, 우리가 머리이신 그리스도에게서 받는 것은 하나님의 충만과 본질이다. 우리가 그리스도를 더 받아들이면 들일수록, 하나님의 증가를 더 많이 갖게 되고 몸이 자라고 건축되는 것은 이러한 증가로 말미암아서 이루어진다.

이 열 네 가지 중점들은 전 골로새서를 포함한다. 이러한 책으로 인하여 우리는 그리스도를 온전하게 알 수 있고 그리스도가 누구신지를 알 수 있다. 우리는 우주적인 사람의 머리를 알 수 있고, 우리의 매일의 생활에 있어서 그분을 전유하는 법을 알 수 있다. 하나님의 본질이 끊임없이 증가 될 수 있도록 하고 우리가 하나님께 속한 것을 더욱더 소유할 수 있도록 하기 위하여 우리는 그리스도를 영접하고, 누리고, 체험하는 법을 알 수 있다. 이로써 몸은 자라고 건축될 것이다. 우리는 이 책의 모든 중점들을 「씹어서」소화할 필요가 있다. 그러면 그러한 것들은 우리의 체험이 될 것이다.

제 21 장

데살로니가전·후서에서의 믿음, 사랑, 소망

살전 1:10
『또 죽은 자들 가운데서 다시 살리신 그의 아들이 하늘로부터 강림하심을 기다린다고 말하니 이는 장래 노하심에서 우리를 건지시는 예수시니라』

2:19-20
『우리의 소망이나 기쁨이나 자랑의 면류관이 무엇이냐 그의 강림하실 때 우리 주 예수 앞에 너희가 아니냐 너희는 우리의 영광이요 기쁨이니라』

3:13
『너희 마음을 굳게 하시고 우리 주 예수께서 그의 모든 성도와 함께 강림하실 때에 하나님 우리 아버지 앞에서 거룩함에 흠이 없게 하시기를 원하노라』

4:17-18
『그 후에 우리 살아 남은 자도 저희와 함께 구름 속으로 끌어 올려 공중에서 주를 영접하게 하시리니 그리하여 우리가 항상 주와 함께 있으리라 그러므로 이 여러 말로 서로 위로하라』

5:23
『평강의 하나님이 친히 너희로 온전히 거룩하게 하시고 또 너희 온 영과 혼과 몸이 우리 주 예수 그리스도 강림하실 때에 흠없게 보전되기를 원하노라』

살후 2:1-8
『형제들아 우리가 너희에게 구하는 것은 우리 주 예수 그리스도의 강림하심과 우리가 그 앞에 모임에 관하여 혹 영으로나 혹 말로나 혹 우리에게서 받았다 하는 편지로나 주의 날이 이르렀다고 쉬 동심하거나 두려워하거나 하지 아니할 그것이라 누가 아무렇게 하여도 너희가 미혹하지 말라 먼저 배도하는 일이 있고 저 불법의 사람 곧 멸망의 아들이 나타나기 전에는 이르지 아니하리니 저는 대적하는 자라 범사에 일컫는 하나님이나 숭배함을 받는 자 위에 뛰어나 자존하여 하나님 성전에 앉아 자기를 보여 하나님이라 하느니라 내가 너희와 함께 있을 때에 이 일을 너희에게 말한 것을 기억하지 못하느냐 저로 하여금 저의 때에 나타나게 하려 하여 막는 것을 지금도 너희가 아나니 불법의 비밀이 이미 활동하였으나 지금 막는 자가 있어 그 중에서 옮길 때까지 하리라 그 때에 불법한 자가 나타나리니 주 예수께서 그 입의 기운으로 저를 죽이시고 강림하여 나타나심으로 폐하시리라』

살전 1:3
『너희의 믿음의 역사와 사랑의 수고와 우리 주 예수 그리스도에 대한 소망의 인내를 우리 하나님 아버지 앞에서 쉬지 않고 기억함이니』

살후 1:3
『형제들아 우리가 너희를 위하여 항상 하나님께 감사할지니 이것이 당연함은 너희 믿음이 더욱 자라고 너희가 다 각기 서로 사랑함이 풍성함이며』

딤전 1:15
『미쁘다 모든 사람이 받을 만한 이 말이여 그리스도 예수께서 죄인을 구원하시려고 세상에 임하셨다 하였도다 죄인 중에 내가 괴수니라』

벧후 1:1, 3-7
『예수 그리스도의 종과 사도인 시몬 베드로는 우리 하나님과 구주 예수 그리스도의 의를 힘입어 동일하게 보배로운 믿음을 우리와 같이 받은 자들에게 편지하노니』, 『그의 신기한 능력으로 생명과 경건에 속한 모든 것을 우리에게 주셨으니 이는 자기의 영광과 덕으로써 우리를 부르신 자를 앎으로 말미암음이라 이로써 그 보배롭고 지극히 큰 약속을 우리에게 주사 이 약속으로 말미암아 너희로 정욕을 인하여 세상에서 썩어질 것을 피하여 신의 성품에 참예하는 자가 되게 하려 하셨으니 이러므로 너희가 더욱 힘써 너희 믿음에 덕을, 덕에 지식을 지식에 절제를, 절제에 인내를, 인내에 경건을, 경건에 형제 우애를, 형제 우애에 사랑을 공급하라』

사도 바울이 쓴 모든 서신 중에서 데살로니가에 보낸 두 서신이 가장 간단하고, 가장 초기에 쓴 것중의 하나이다. 그런데 이 두 서신들은 어째서 신약의 배열에 있어서 사도의 열 네 서신서들 중에서 마지막 쪽에 위치해 있는가? 나는 이러한 배열에 있어서 하나님의 주권이 있다고 믿는다.

이러한 일련의 이전 메시지에서 우리는 우주적인 사람에 대한 온전한 정의를 보았었다. 우리는 머리이신 그리스도, 몸인 교회, 이 몸의 지체들이 행하고 살아야 하는 방법을 분명하고도 철저하게 보아 왔다. 앞쪽의 신약 책에서 우주적인 사람을 정의 한 다음에 바로, 데살로니가 전후서에서는 우리에게 부가적인 문제인 주님의 오심을 보여준다. 그리스도의 재림은 우주적인 사람의 생활의 완결이기 때문에 이러한 시점에서 이 두권의 책을 발견하게 된다. 그리스도의 오심은 그리스도인의 생활, 그리스도인의 행함, 교회 생활의 완결이다.

주님의 재림에 대한 균형잡힌 조망

이 두 책들은 매우 의미깊은 순서로 배열되어 있다. 두 권에서 주님의 오심에 대하여 말하고 있기 때문에, 이러한 문제에 관련하여 왜 두권의 책이 필요한가? 한 서신서 만으로도 적합하지 않은가? 말씀을 연구하는 최상의 방법 중의 하나는 두 책들, 두 장들, 두 구절들, 두 면들, 심지어 두 단어들을 비교하는 것이다. 성경에 계시된 모든 문제들에 있어서 항상 두 방면, 두 측면이 있다. 이 우주 안에 어떤 것이 존재하는데, 두 면을 가져야 한다는 것은 하나의 원칙이다. 한쪽 면만으로 존재할 수 있는 것은 아무것도 없다. 심지어 얇은 종이 조각도 양면이 있다. 예를 들어, 하늘들과 땅, 하나님과 사람, 남자와 여자, 안과 밖, 상부와 하부가 있다. 우리 자신의 신체적인 몸에 있어서, 지체들 대부분은 짝으로 되어 있다. 우리에게는 두 귀, 두 눈, 두 팔, 두 손, 두 다리 등등이 있다. 이것은 균형을 제공한다(균형 잡히게 한다). 만일 우리에게 한 다리만 있다면, 우리는 균형이 결여되어 있기 때문에 오랫동안 서 있을 수 없다. 의사들은 우리의 두 귀가 균형을 위한 것임을 우리에게 말해준다.

데살로니가에 보낸 두 서신들은 주님의 오심을 균형잡힌 방식으로 우리에게 보여준다. 첫째 책에서는 주님의 오심으로 인하여 성도들을 격려한다. 주님의 오심은 우리에게 대단한 의미를 갖는다. 그것은 우리의 소망, 우리의 격려, 우리의 위로, 우리의 힘이 된다. 그러한 초기의 그리스도인들에게도 역시 주님의 재림은 대단한 의미를 가졌었다. 그러나, 우리가 소망으로 격려를 받게 될 때마다 너무 지나치게 나아가기가 쉽다(쉽게 너무 멀리 나아가 버린다). 주님이 내일 오실 것이기 때문에 우리가 그밖의 모든 것에 대하여 잊어버려도 된다라고 말할지도 모른다. 이것은 잘못된 것이요, 균형잡히지 않은 것이요, 극단에 치우친 것이다. 그러므로, 우리에게는 우리에게 다른 방면을 말해주는 둘째 서신이 필요하다. 따라서, 둘째 서신은 첫째 서신에 대한 균형이다. 이것이 주님의 오심에 대하여 두 서신이 있는 주된 이유이다. 만일 우리가 그 서신들을 주의깊게 읽어본다면, 우리는 균형을 보게 될 것이다.

첫번째 서신에서의 격려

성경 66권 중에서 데살로니가전서의 어떠함처럼 구성되어 있는 책은 달리 없다. 이 서신의 각장은 주님의 오심으로 끝맺는다. 1장 마지막 절에서는 『그의 아들이 하늘들로부터 강림하심을 기다린다』(10절)고 말한다. 이것은 주님의 오심이다. 2장 마지막에서, 19절과 20절은 『우리의 소망이나 기쁨이나 자랑의 면류관이 무엇이냐 그의 강림하실 때 우리 주 예수 앞에 너희가 아니냐 너희는 우리의 영광이요 기쁨이니라』고 말한다. 3장 마지막 절에서는 『주께서 너희 마음을 굳게 하시고 우리 주 예수께서 그의 모든 성도와 함께 강림하실 때에 하나님 우리 아버지 앞에서 거룩함에 흠이 없게 하시기를 원하노라』(13절)고 말한다. 4장은 주님의 오심을 주제로 하여 분명하게 끝을 맺는다. 『그 후에 우리 살아 남은 자로 저희와 함께 구름 속으로 끌어올려 공중에서 주를 영접하게 하시리니 그리하여 우리가 항상 주와 함께 있으리라 그러므로 이 여러 말로 서로 위로하라』(17-18절). 마지막으로, 5장 23절에서는 『평강의 하나님이 친히 너희로 온전히 거룩하게 하시고 또 너희 온 영과 혼과 몸이 우리 주 예수 그리스도 강림하실 때에 흠 없게 온전하게(complete) 보전되기를 원하노라』고 말한다.

이 책에서 이것은 중대한 문제이기 때문에 각 장에서는 주님의 오심으로 끝을 맺는다. 1장에서 저자는 그리스도인의 행함에 대하여 말한다. 그런 다음 그는 주님의 오심으로 믿는이들을 격려한다. 그리고 나서 2장에서 바울은 우리에게 믿는이들을 돌보는 것에 대하여 가르치고, 이 단락을 격려가 되는 주님의 오심으로 끝을 맺는다. 3장도 원칙상 동일하다. 4장에서 바울은 어느정도 소망을 잃어버린 성도들에게 주 예수님의 오심에 대하여 말함으로써 위안을 준다. 다시금 5장에서 바울은 주 예수님의 오심으로 성도들을 격려한다. 데살로니가전서는 주님의 오심으로 인한 격려의 책이다. 바울의 초기 서신에서 그는 믿는이들을 격려하여 전진하도록 하기 위해 주님의 오심을 사용한다.

의심할 여지없이 그 모든 그리스도인들은 바울의 말로 격려 받았다. 그들은 외치기를『이것은 영광스럽다! 주님이 오신다. 모든 것은 이것을 위해 있다. 그러므로 그밖의 모든 것에 대하여는 잊어버리도록 하자』라고 했을지도 모른다. 성경 교사들은 바울이 처음 서신을 쓴 이후에 어떤 다른 이들이 이러한 기회를 이용하여 주 예수님이 곧 심지어 며칠 후에 돌아오시리라고 말하였다는데 동의한다. 그것은 그러한 자들이 사도 바울이 한 것과 동일한 것을 말한 것 같으나, 사실상 그들은 그렇지 아니하였다. 비록 사도가 그의 첫 서신에서 주님의 재림을 격려로 사용하긴 했으나, 어떤 사람들은 그것을 오용하였다. 그러므로 그들을 균형잡으려고 둘째 서신을 썼다.

둘째 서신에서의 균형

데살로니가후서 2장 1-2절에서는『형제들아 이제 우리가 너희에게 구하는 것은 우리 주 예수 그리스도의 강림하심과 우리가 그 앞에 모임에 관하여 혹 영으로나 혹 말로나 혹 우리에게서 받았다 하는 편지로나 주의 날이 이르렀다고 쉬 동심하거나 두려워하거나 하지 아니할 그것이라』고 말한다. 이것은 바울이 처음 서신을 쓴 다음에 사도와 동의한 것 같은 다른 이들이 주님의 재림에 대하여 극단적인 어떤 것을 말하려고 글을 썼다는 것을 암시한다. 이것에 대한 소식이 사도에게 틀림없이 전해졌으며, 그래서 사도는 둘째 서신을 써서 믿는이들을 조정하고, 교정하고, 균형잡히게 하였다.

3절-8절에서는 계속해서 『누가 아무렇게 하여도 너희가 미혹하지 말라 먼저 배도하는 일이 있고 저 불법의 사람 곧 멸망의 아들이 나타나기 전에는 이르지 아니하리니 저는 대적하는 자라 범사에 일컫는 하나님이나 숭배함을 받는 자 위에 뛰어나 자존하여 하나님 성전에 앉아 자기를 보여 하나님이라 하느니라 내가 너희와 함께 있을 때에 이 일을 너희에게 말한 것을 기억하지 못하느냐 저로 하여금 저의 때에 나타나게 하려 하여 막는 것을 지금도 너희가 아나니 불법의 비밀이 이미 활동하였으나 지금 막는 자가 있어 그 중에서 옮길 때까지 하리라 그 때에 불법한 자가 나타나리니(주 예수께서 그 입의 기운으로 저를 죽이시고 강림하여 나타나심으로 폐하시리라)』라고 한다.

만일 우리가 이 말씀을 주의깊게 읽어본다면, 우리는 그것이 극단적인 가르침에 대한 교정, 심판, 균형이 됨을 깨달을 수가 있다. 믿는이들은 주님의 오심에 관한 바울의 말도 격려를 받았으나, 그들은 너무 멀리 떠밀려 나갔다. 의심할 여지없이, 주 예수님은 돌아오실 것이지만, 여전히 균형잡힐 필요가 있다. 수세기에 걸쳐서 그리스도인들이 균형잡히기를 지나쳐 버렸기 때문에 다만 주님의 오심에 관하여 많은 실수를 범하였던 것이다. 한편, 우리는 주 예수님이 속히 오시리라는 것을 믿고 인정해야 하지만, 또 한편, 우리는 주님이 오시기 전에 많은 사건들이 일어나야 한다는 것을 깨달아야 한다. 이러한 것들이 먼저 발생하지 아니하면, 주님이 다시 오시기란 불가능하다. 이것이 균형이다.

   그리스도인들로서 우리의 소망은 주님의 재림이지만, 어떤 사람들은 주님의 오심을 균형잡히지 않은 방식으로 믿는다. 교회 역사에 의하면, 사람들이 둘째 방면 곧 어떤 일들이 먼저 성취되어야 하는 방면을 무시해 버렸기 때문에 주님의 재림에 관하여 많은 어리석은 것들을 말하였다. 그러나, 마지막 때에 관련된 다른 표적들을 연구하면서 둘째 방면을 지나치게 강조하는 믿는이들도 또한 많이 있다. 주님의 재림은 큰 주제이며 그것을 연구하려면 많은 시간을 들여야 한다. 나는 재림과 휴거에 관한 다른 학파들을 연구하였다. 나는 형제회의 가르침과 펨버와 팬톤의 가르침을 연구해 보았다. 형제회는 특히 많은 시간을 들여서 표적을 연구하였다. 나는 형제회와 7년간 함께 있으면서 그들과 함께 표적들을 연구하였다. 나는 다니엘 9장에 있는 70 이레에 관하여 100 메시지 이상을 들어보았다. 그들은 늘상 70 이레, 62 이레와 3년 반의 두절반으로 나누어진 마지막 한 이레 또는 42달 혹은 1260일에 대하여 말하였다. 심지어 오늘날까지도 나는 그 모든 세부 사항들을 기억할 수 있다. 그러나, 이러한 가르침들로 인하여 많은 이들이 게으르게 되었다. 그들은 잘자고 늦게 일어나고 모든 표적들이 성취되지 아니하였기 때문에 주 예수님께서 아직 돌아오시지 아니하시리라고 확신을 가질 수 있게 된다.

믿음의 역사, 사랑의 수고, 소망의 인내

　데살로나가전서에는 대단히 중요한 세 단어인 믿음, 사랑, 소망이 있다. 1장 3절에서는 『너희의 믿음의 역사와 사랑의 수고와 우리 주 예수 그리스도에 대한 소망의 인내를 우리 하나님 아버지 앞에서 쉬지 않고 기억함이니』라고 한다. 믿음은 주로 과거와 연관되어 있다. 비록 우리에게 여전히 현 시대에 믿음이 필요하더라도 말이다. 그리스도인의 생활은 믿음으로 시작된다. 믿음은 그리스도의 생활의 출발점이다. 이것에 이어서 사랑은 그리스도인의 생활의 현재의 과정이며 소망은 장래를 위한 것이다. 합당한 그리스도인의 생활은 시작인 믿음, 과정 안의 사랑, 장래의 소망의 생활이다. 이 세가지는 모두 연관되어 있다. 만일 우리가 이 세가지 중에서 어느 하나라도 부족하다면, 우리 그리스도의 생활은 문제가 있다.
　견고한 어떤 것은 삼차원을 갖고 있어야만 한다. 만일 어떤 것이 삼차원을 가지고 있다면, 그것은 확립되고, 견고하고, 안정된다. 예를 들면, 고대 유대인들은 건물을 지을 때, 기초석을 놓고, 그 위에 건물을 짓고, 머릿돌 곧 정수리 돌을 놓아 그것을 덮어 완성하였다. 믿음, 사랑, 소망은 그리스도인의 행함의 삼차원이다. 믿음은 기초요, 사랑은 건물이요, 소망은 머릿돌이다. 견고한 그리스도인의 생활은 사랑의 생활이어야 하지만, 사랑은 믿음에 기반을 두고 그 덮개로써 소망을 갖는다. 우리의 모든 역사와 삶에 있어서 우리는 믿음에서 나오고 믿음에 의해 산출되는 사랑을 지녀야 한다(딤전 1:5, 14, 2:15, 딤후 1:13, 갈 5:6).

우리가 데살로니가 전후서를 읽을 때 우리는 이 세가지 항목들—믿음, 사랑, 소망—을 명심해야 한다. 이 여덟 장은 그리스도인의 행함의 삼차원의 발전이다. 이 책들 속에 있는 각 구절을 해석하는 것은 불필요하다. 만일 우리가 이 두권의 책이 이 삼차원을 다루고 있음을 기억한다면, 우리는 여덟 장 전체를 이해하게 될 것이다.

그분이 우리에게 믿음을 주셨으므로 우리는 날마다 주님을 추구한다. 그러나, 이 믿음은 우리에게 어려움을 야기시킨다. 만일 주님이 우리에게 믿음을 주시지 않으셨다면, 우리는 타락된 방식으로 나아가고 여전히 평강 가운데 있을 수 있었겠지만, 우리가 믿음을 영접한 날로부터 우리는 그것에 의해 어려움을 당하였다. 우리를 주님께로 돌아서게 하고 우리를 전진하도록 격려하는 것은 이 살아 있는 믿음, 이 구원하는 믿음이다. 항상 우리를 분발시켜서 우리를 활발하게 되도록 격려하는 무엇인가가 우리 안에 있다. 우리는 이것이 주 예수님이라고 말할 수도 있지만, 우리는 또한 그것이 우리 안에 있는 이 놀라운 믿음이라고 말한다.

베드로후서 1장 1절에서는 『예수 그리스도의 노예와 사도인 시몬 베드로는 우리 하나님과 구주 예수 그리스도의 의 안에서(in the righteousness) 동일하게 보배로운 믿음을 우리와 같이 받은 자들에게』라고 말한다. 이 구절에서는 우리가 하나님의 의 안에서 믿음을 통하여 의를 얻는다고 우리에게 말한다(롬 4:5, 13, 9: 30, 10:6, 갈 3:5-6). 믿음이 먼저 오는가? 아니면 의가 먼저 오는가? 대답은 믿음이 우리 안으로 심겨진 자라는 씨라는 것이다. 베드로후서 1장 3-7절에서는 계속해서 『그의 신성한 능력으로 생명과 경건에 속한 모든 것을 우리에게 주셨으니 … 이로써 그 보배롭고 지극히 큰 약속을 우리에게 주사 이 약속을 통하여 너희로 신성한 본성에 참여하는 자가 되게 하려 하셨으니 … 이러므로 더욱 힘써 너희 믿음에 덕을, 덕에 지식을, 지식에 절제를, 절제에 인내를, 인내에 경건을. 경건에 형제 우애를, 형제 우애에 사랑을 넘치게(bountifully) 공급하라』고 한다. 믿음에 미덕들이 더욱 더해져서 결국 사랑이 두 방면—형제들을 위한 사랑과 모든 사람들을 위한 사랑—에서 더해지기에 이른다. 이 결과는 믿음으로 시작하여 사랑으로 끝을 맺는다. 이것이 그리스도인의 생활에 있어서 합당한 성장이다.

우리 안에 기초가 되는 믿음은 우리로 어떤 종류의 삶을 살게 한다. 한편, 우리 안에 심겨진 씨인 믿음은 우리를 강화시키는 기초이다. 반면 또 한편, 이 살아있는 역동적인 믿음은 계속적으로 우리에게 어려움을 준다. 만일 우리 속에 믿음이 없었다면, 우리 중 누구도 한 사람도 교회 생활 안에 남아 있는 자가 없었으리라. 우리는 해변으로, 영화관으로 달려가거나, 춤추러 갔으리라. 그러나, 우리가 해변이나 영화관에 가더라도, 속에 평강은 없다. 속에 무엇인가가 일어나 『이것이 영원한가? 이것이 신성한가?』라고 의문을 제기한다. 우리는 더 나은 직업을 찾아보고 싶어하나, 우리 속에 있는 믿음은 동의하지 않는다. 만일 우리가 박사 학위를 취득하거나 은행 경영자가 되기를 추구한다면, 속에 무엇인가가 『이것이 주 예수님을 위한 것인가? 이것은 영원하고 신성한가? 이것은 하나님 보시기에 귀한가?』라고 의문을 제기할지도 모른다. 이러한 곤경을 주는 요소가 우리 안에 있는 믿음이다. 우리 안에 있는 믿음은 항상 우리를 괴롭게 하고 세상에 속한 것들로부터 우리를 보존한다.

그 결과, 사랑은 이 살아 있는 믿음을 뒤따라온다. 우리는 눈물을 흘리며 주님께 말씀드릴지도 모른다.『주여, 당신을 사랑합니다. 저는 제 자신을 버립니다. 저는 이 세대의 모든 영광을 버립니다. 당신을 위해서 저는 세상에 속한 것들을 추구하는 것을 멈춥니다. 저는 다만 당신을 사랑합니다. 저는 시간과 힘을 드려서 당신을 위해서 혼들을 얻는데 쓰여지기를 원합니다. 저는 당신을 섬기고, 당신을 위해 일하고, 당신을 위해 살기를 갈망합니다. 이는 제가 당신을 사랑하기 때문입니다.』이것이 사랑의 수고이다. 솟아나고 일어나고 믿음으로 산출되는 것은 달콤한 사랑이다. 비록 많은 때 우리가 고난을 당하거나 핍박을 받고 많은 문제가 있다 하더라도, 우리는 주님을 향하여 달콤함을 느낀다. 때로는 눈물을 흘리며 우리가 말하기를『주여, 당신을 찬양합니다. 당신을 진정 사랑합니다』라고 말할지도 모르며, 우리가 주님께 말씀드리고 그분을 사랑하면 할수록, 우리의 눈물은 더 많이 나온다. 이것이 믿음의 산물인 사랑이다. 사랑은 우리를 이끌어 주님을 위하여 일하고, 주님을 위하여 살고, 주님과 함께 나아가며, 심지어 주님을 위하여 순교자들로서 우리의 생명을 희생하게 한다. 이 사랑은 믿음에서 온다.

게다가, 이 사랑은 소망인 최고부 곧 머릿돌을 갖는다. 우리가 주님을 사랑한다고 말할 때마다 우리 안에서 동시에 무의식적으로 그분을 보고자 하는 소망이 있다. 우리가『주여, 당신을 사랑하므로 당신을 위해 살렵니다』라고 말할 때마다, 동시에 소망이 우리 안에서 일어난다. 우리는 그분을 보고 그분을 만날 소망을 갖는다. 아주 흔히 우리는 어떤 일들을 할 수 없고 행하지 않으려 하며 패배당하지 않으리라고 결심을 하는데, 이는 다만 우리가 주님을 뵐 것임을 깨닫기 때문에 그러하다. 우리는 어느 날, 어쩌면 내일에라도 그분을 뵐 것이기 때문에 끝까지 서서 전쟁을 수행해야 한다. 이것이 우리의 소망이다.

전 그리스도인의 생활과 행함은 이 삼차원—기초인 믿음, 건물인 사랑, 머릿돌인 소망—으로 건축된다. 데살로니가에 보낸 두 서신에 있는 믿음의 역사, 사랑의 수고, 소망의 인내에 대한 발전, 정의, 설명이, 우리로 이러한 빛 안에서 여덟 장 전체를 이해할 수 있게 한다.

신실하게 일하는 동안 그리스도의 오심으로 격려받음

데살로니가전후서는 특히 다른 두 가지보다도 마지막 차원인 소망을 강조한다. 우리가 어떠한 자이든지 우리가 무엇을 하든지 주님의 오심의 빛 안에 있어야 한다. 몸 곧 교회의 지체들로써 우리는 주님의 오심의 빛 안에서 살아야 한다. 단체적인 몸인 교회로써 우리는 주님의 오심의 빛 안에서 존재해야 한다. 어떤 사람이 사도라면, 그 사람은 주님의 오심의 빛 안에서 사도여야 한다. 만일 어떤 사람이 말씀의 사역자라면, 그 사람은 주님의 오심의 빛 안에서 사역해야 한다. 이것이 그리스도인의 행함의 3차원이다. 이로 인하여 주님의 재림이 데살로니가전서 각 장의 끝 부분에 언급되어 있는 것이다. 사도 바울은 주님의 오심의 빛 안에서 그리스도인의 생활의 모든 문제들을 구성하셨다.

그러나, 우리는 한면은 태워지고 다른 면은 덜 익은 뒤집지 않은 전병이 되어서는 안 된다(호 7:8). 우리는 균형 잡힐 필요가 있다. 확신하건대, 주님의 오심은 우리에게 격려가 되지만, 우리는 주님이 곧 오실 것이기 때문에 우리가 무책임하게 일들을 행할 수 있다고 생각하고서 이러한 격려를 합당하지 않게 취해서는 안 된다. 이것은 잘못되었다. 우리는 여전히 합당한 방식으로 일들을 행해야 한다. 한편 우리는 주님이 오고 계시다는 것을 깨닫고 이것으로 격려 받는다. 또 한편, 우리는 주님이 즉시 오시지 않을지도 모른다는 것을 깨달아야 한다. 그분은 그분의 오심을 지체하실 수도 있다. 따라서 우리가 그분의 일을 신실하고 합당하게 행할 시간이 아직 남아 있다. 우리는 그분의 오심으로 격려 받으며, 우리의 의무를 행하는데 신실하고, 정직하고, 부지런해야 한다.

언제나 우리는 주님의 오심으로 격려받아야 한다. 우리는 어느 날 우리가 그분을 뵐 것이라는 것으로 상기될 필요가 있다. 우리가 그분을 위해 얼마나 고난을 당하고 그분을 위해 얼마나 잃어버리든지 간에, 그분의 오심은 우리에게 위안이 된다. 그러나, 우리는 이러한 위안을 우리의 의무, 우리의 사역을 무시하면서 받아들여서는 안 된다. 우리는 주님이 우리를 위해 오시기 때문에, 우리는 우리의 날들을 느슨하고, 가벼운 방식으로 허비할 수 있다고 생각해서는 안 된다. 우리는 주님의 오심으로 격려를 받지만, 우리는 주님이 여전히 우리에게 합당한 방식으로 일들을 행할 시간을 주신다는 것을 깨닫는다. 우리는 주님의 오심에 대한 이 두 가지 방면에 있어서 균형 잡혀야 한다.

그리스도의 파루시아

데살로니가후서 2장 1절에서는 『형제들아 이제 우리가 너희에게 구하는 것은 우리 주 예수 그리스도의 강림하심과 우리가 그 앞에 모임에 관하여』라고 말한다. 오심(강림하심)은 핵심 단어이다. 이것은 헬라어로 오심에 대한 일상적인 단어가 아니다. 그것은 「임재」를 의미하는 헬라어로 parousia(파루시아)이다. 마태복음에서 계시록까지 이 단어는 주님의 오심과 관련된 구절에서 흔히 사용된다. 만일 우리가 이 단어의 합당한 의미와 용도를 알지 못한다면, 우리는 결코 주님의 오심을 정확하게 이해할 수 없다. 성경에서 주님의 재림에 관련된 모든 구절들은 조각 그림 맞추기의 조각들과 같으며 이러한 핵심 단어가 없다면 우리는 그 조각들을 함께 맞춰 놓는 법을 알지 못하리라.

우리가 주님의 오심에 대하여 말할 때, 우리 사람의 생각은 그분이 정해진 시간에 갑자기 돌아오시리라는 것이다. 그러나, 주님의 파루시아, 그분의 임재는 갑자기 오는 어떤 것이 아니다. 전 신약을 연구해 볼 때, 우리는 주님의 파루시아가 일정 기간 동안 지속할 것임을 안다. 그것은 하루나 한 달만에 있지 않을 것이다. 그것은 어쩌면 몇 년 동안 지속 될 것이다. 성경의 어떤 구절에서는 그분의 파루시아가 대환난 전에 있을 것이라는 것을 나타내고, 다른 것들에서는 그것이 환난 끝에 있을 것임을 우리에게 보여준다. 만일 우리가 이 모든 조각 그림을 함께 맞춘다면, 우리는 온전한 그림을 볼 수 있다. 주님의 파루시아는 갑자기 오지도 않을 것이며 그리고서 사라지지도 않을 것이다. 그것은 일정한 기간 동안 지속할 것이다.

마태복음 24장 36절에서 주님은 그분의 파루시아의 때를 아버지 외에는 아무도 모른다는 것을 분명하게 말씀하신다. 이 말씀에 따르면, 주님의 파루시아의 날은 아무도 모르는 비밀 곧, 우리가 모르는 어느 시점까지 하나님 아버지의 생각 속에 감춰진 비밀이다. 그러나, 데살로니가후서 2장 3-4절에서는 주님의 날이 불법의 삶 곧 적 그리스도가 나타나 어떤 일들을 하고 나서 임하리라는 것을 우리에게 말한다. 이 말씀에 따르면, 주님이 오시는 날은 결정될 수가 있다. 한편, 성경은 우리가 주님의 날의 시기를 결정할 수 있음을 가리키고, 반면 또 한편 주님 자신은 그날을 아무도 모른다고 우리에게 말씀하신다. 표면상 이것은 모순되지만, 사실상 그렇지 않다. 주님의 파루시아의 시작 시기는 아무도 알 수 없는데 반하여, 그분의 파루시아의 끝은 표적으로 결정될 수가 있다. 주님의 파루시아가 언제 시작할지는 아무도 모르지만, 장래에 있는 표적 즉 임할 표적에 의해서 우리는 주님의 파루시아가 언제 끝이 날 것인지를 계산할 수 있다.

이것은 우리로 깨어있도록 한다. 우리는 아직 표적을 못 보았기 때문에 주님의 오심이 곧 있지 않을 것이라고 말해서는 안 된다. 이것은 한 방면일 따름이다. 우리는 다른 방면을 주의해야 한다. 주님의 파루시아는 표적이 없이 어느 시점에서나 시작할 수가 있다. 그러므로, 우리는 깨어 있어야 한다. 그분의 파루시아는 통보없이 밤에 오는 도적과 같을 것이다. 도적이 올 때는 전화를 걸어서 언제 올 것이라고 말하지 않는다. 도둑은 주로 사람들이 준비되어 있지 않을 때 온다. 주님의 파루시아가 언제 시작될지를 결정할 수 있는 자는 아무도 없다. 그러므로, 우리는 경고를 받아 깨어 있어야 한다. 우리는 단정치 못하고 느슨하게 되어서는 안 된다. 우리는 주님의 파루시아가 언제든지 시작될 수 있기 때문에 깨어 있어야 한다.

주님이 오시는 빛 안에서 행하고, 일하고, 생활함

데살로니가서 두 권의 주요 강조 사항은 그리스도인의 행함과 삶이 삼차원—믿음, 사랑, 소망—중의 하나라는 것이다. 믿음은 기초, 근원인 시작이요, 사랑은 주요부, 건물(구조물)인 과정이요, 소망은 끝, 종결이다. 우리는 항상 믿음으로 시작해야 한다. 그런 다음, 우리는 어느 날 우리가 그분을 만나게 될 것이라는 소망을 가지고 사랑 안에서 행하고, 살고, 일하고, 주님을 위하여 일을 하여야 한다. 우리는 그분을 뵐 것이고, 그분은 우리를 보실 것이다. 그날은 얼마나 놀랍고 영광스러운 날이 될 것인지! 하지만 우리는 경고를 받아야 한다. 만일 우리가 그분께 신실하지 않다면 어떤 일이 발생할 것인가? 이것은 우리에게 경고가 된다.

이 두 책의 여덟 장 전부를 설명하고 정의할 필요는 없다. 만일 우리가 그 책들을 읽을 때 상기 중점들 전체를 명심한다면, 우리는 올바른 빛을 받게 될 것이다. 우리는 경고 받고 상기하게 될 것이며 우리는 믿음에 기초하여 사랑의 과정 속에서 그분이 오시는 소망과 더불어 깨어서 주님과 함께 전진하기를 배우게 될 것이다. 우리는 자신들이 그분을 위하여 얼마나 고난을 당하거나 손실을 당하는지를 주의해서는 안 되는데, 이는 우리가 그분을 뵐 것임을 알기 때문이다. 각종 고난, 핍박, 곤경은 그분의 임재 안에서 영광이 될 것이다.

이 두권의 책의 목적은 우리가 주님이 오시는 빛 안에서 행하고, 일하고, 살아야 한다는 것을 우리에게 보여주는 것이다. 그분의 오심은 항상 우리 앞에 있을 것이다. 우리는 감히 패배당하거나 세상, 육신에 속한 것들, 이 세대의 것들을 사랑 할 수가 없는데, 이는 어느 날 우리가 그분을 뵈야만 하기 때문이다. 어느 날 그분이 우리를 그분의 임재 안에서 보상을 하실 것이기 때문이다. 우리는 또한 우리의 고난이나 손실에 마음을 쓰지 않는다. 어느 날 우리가 그분의 영광 안에서 그분 앞에 설 것이기 때문에 우리는 그분의 몸의 신실한 사역자들, 신실한 종들, 신실한 믿는 이들, 신실한 지체들이 되어야 한다. 이것이 이 두권의 책들에 대한 합당한 해석이다.

우리는 이 두 책들을 사용하여 사람들과 교리에 대하여 논쟁을 해서는 안 된다. 오히려 주께서 긍휼을 베푸셔서 우리가 믿음의 역사와 사랑의 수고와 소망의 인내를 가지게 하시기를 바란다. 인내는 우리에게 참된 힘이다. 만일 우리에게 인내가 있다면, 우리는 모든 것을 할 수 있다. 인내는 영광의 소망에서 온다. 우리는 우리가 그분을 뵐 것이고, 어느 날 그분이 오실 것이고, 어느 날 그분과 우리가 영광 안에 있을 것이라는 소망을 갖는다. 이로써 우리는 인내를 갖는다. 이 인내는 우리가 그분을 위해 고난을 당하고, 수고하고, 힘써 전진하고, 살고, 그분을 위해 모든 것을 희생하는 것에 능력과 힘이 된다. 힘은 인내에 있으며, 인내는 소망에 있다.

제 22 장

디모데전, 후서에서의 교회 생활의 실행

딤전 3:15-16
『만일 내가 지체하면 너로 하나님의 집에서 어떻게 행하여야 할 것을 알게 하려 함이니 이 집은 살아 계신 하나님의 교회요 진리의 기둥과 터이니라 크도다 경건의 비밀이여, 그렇지 않다 하는 이 없도다 그는 육신으로 나타난 바 되시고 영으로 의롭다 하심을 입으시고 천사들에게 보이시고 만국에서 전파되시고 세상에서 믿은 바 되시고 영광 가운데서 올리우셨음이니라』

4:7-8
『망령되고 허탄한 신화를 버리고 오직 경건에 이르기를 연습하라 육체의 연습은 약간의 유익이 있으나 경건은 범사에 유익하니 금생과 내생에 약속이 있느니라』

딤후 2:2
『또 네가 많은 증인 앞에서 내게 들은 바를 충성된 사람들에게 부탁하라 저희가 또 다른 사람들을 가르칠 수 있으리라』

딤전 1:5, 19
『경계의 목적은 청결한 마음과 선한 양심과 거짓이 없는 믿음으로 나는 사랑이거늘』, 『믿음과 착한 양심을 가지라 어떤 이들이 이 양심을 버렸고 그 믿음에 관하여는 파선하였느니라』

4:2
『자기 양심이 화인 맞아서 외식함으로 거짓말하는 자들이라』

1:12
『나를 능하게 하신 그리스도 예수 우리 주께 내가 감사함은 나를 충성되이 여겨 내게 직분을 맡기심이니』
6:12
『믿음의 선한 싸움을 싸우라 영생을 취하라 이를 위하여 네가 부르심을 입었고 많은 증인 앞에서 선한 증거를 증거하였도다』
딤후 4:1, 18, 7-8
『하나님 앞과 산 자와 죽은 자를 심판하실 그리스도 예수 앞에서 그의 나타나실 것과 그의 나라를 두고 엄히 명하노니』,『주께서 나를 모든 악한 일에서 건져내시고 또 그의 천국에 들어가도록 구원하시리니 그에게 영광이 세세 무궁토록 있을지어다 아멘』,『내가 선한 싸움을 싸우고 나의 달려갈 길을 마치고 믿음을 지켰으니 이제 후로는 나를 위하여 의의 면류관이 예비되었으므로 주 곧 의로우신 재판장이 그 날에 내게 주실 것이니 내게만 아니라 주의 나타나심을 사모하는 모든 자에게니라』
딤전 1:14
『우리 주의 은혜가 그리스도 예수 안에 있는 믿음과 사랑과 함께 넘치도록 풍성하였도다』
딤후 4:22
『나는 주께서 네 심령에 함께 계시기를 바라노니 은혜가 너희와 함께 있을 지어다』

신약 서신서들의 순서 배열은 주님의 주권을 나타내 준다. 이 특별한 책들을 주의 깊게 연구해 본다면, 우리는 로마서에서 유다서까지의 서신서들이 두 가지 주요 그룹으로 나누어진다는 것을 깨닫게 될 수가 있다. 로마서에서 빌레몬까지의 열 세권은 첫째 그룹이고, 히브리서에서 유다서까지의 여덟권은 둘째 그룹이다. 첫째 그룹의 서신서에서는 그리스도의 몸의 정의에 대한 완전한 구조물을 제시하고 있는 반면에, 둘째 그룹은 부록 책의 역할을 한다. 훌륭한 저서에 있어서는 흔히 부록이 필요하다. 주요 선상에 위치하기가 어려운 중요한 문제들은 끝의 부록에 자리하게 된다. 부록은 중요하고 필요하지만, 저서를 관통하는 주요 선상에는 있지 않다.

로마서에서 데살로니가후서까지는 주로 생명에 대한 것임

그리스도의 몸의 정의에 대하여 말하고 있는 첫번째 주요 그룹의 서신서들은 두 단락으로 더 나눠진다. 첫 단락은 로마서부터 데살로니가후서까지 아홉권의 책들을 포함한다. 그 다음 디모데전서에서 빌레몬서까지는 또 다른 네권의 책들이 있어서 둘째 단락을 형성한다. 그리스도의 몸인 교회는 생명과 실행, 두 가지 것들이 필요하다. 우리 자신의 육신적인 몸조차도 생명과 연습이 다 필요하다. 우리의 몸이 어떤 것을 행하려면, 먼저 생명이 필요하다. 만일 몸에 생명이 없다면, 아무것도 할 수 없다. 그러나, 비록 그것에 생명이 있다 하더라도, 그것은 여전히 적당한 연습이 필요하다. 예를 들면, 차를 운전하기 위해서는 우리에게 사람의 생명이 필요하다. 개나 고양이가 각각의 생명이 있어도 결코 차를 운전할 수는 없다. 오직 더 높은 생명만이 차를 운전하는데 적합하다. 그러나 이것은 우리가 사람의 생명을 가지고 있다해서 차를 운전할 수 있다는 것을 의미하지는 않는다. 여전히 실행과 연습이 필요하다.

로마서에서 데살로니가후서까지의 첫 단락에 있는 첫째 아홉 권의 책들은 주로 생명 방면을 다룬다. 그것들에서는 그리스도의 몸의 본성, 생명, 기능, 책임, 완결이 무엇인지를 우리에게 말해준다. 이 다섯가지 문제들은 생명 방면의 다른 면을 특성지어 준다. 이러한 책들에서는 우리가 어떻게 생명을 영접하고, 생명이 우리 안에서 어떻게 자라고 역사하며, 본성을 지닌 이 생명이 어떻게 우리로 몸 안에서 기능을 발휘하고 책임을 짊어질 수 있게 하는 지를 우리에게 말해준다. 마지막으로, 이 생명의 완결은 주 예수님의 재림이다. 이것이 다 생명 방면에 대한 것이다.

디모데전서에서 빌레몬서까지는 주로 실행에 대한 것임

생명 방면에 이어서 실행과 연습의 방면이 있다. 생명이 있다면 우리가 연습하고, 실행하고, 배울 필요가 있다. 가르침 받고 실행에 있어서 체험을 가지게 된 이후에 우리는 책임을 지고 다른 이들을 가르쳐야 하는데, 이는 생명이 있다면 실행이 있어야 하고, 실행은 가르침과 배움을 포함하고 있기 때문이다. 디모데전서에서 빌레몬서까지의 네 권의 책들은 가르침과 배움이 있는 실행을 제시한다.

로마서에서 데살로니가 후서까지의 서신서들은 모든 것을 다루고 있으며 완전할 것처럼 보인다. 그것들에서는 우리가 얼마나 하나님 앞에 정죄받은 죄인들이었으며, 우리가 어떻게 의롭게 되고 구원받았으며, 원래 우리가 죽어 있었으나 어떻게 거듭나 살아나게 되었으며, 우리가 어떻게 그리스도를 우리의 생명으로서 우리 안으로 영접하였으며, 이 생명이 어떻게 완결되는가 하는 것을 우리에게 말해준다. 그것은 모든 것을 포함하고 있으며 아무것도 부족 한 것이 없는 것 같다. 그러나, 디모데전후서, 디도서, 빌레몬서가 없다면, 우리에게 교회의 생명이 있으나, 우리가 교회 생활을 실행하는 법을 알지는 못하리라. 예를 들면 우리는 장로들과 집사들을 갖는 법을 알지 못하게 된다. 성경에서 이 네권의 책들을 제해 버린다면 커다란 손실을 입게 되리라.

사도행전의 책은 우리에게 교회 생활의 정의가 아닌 역사를 제시해 준다. 사도행전에서 얼마의 장로들이 세워졌으며, 사도행전 6장에서 얼마의 사람들이 지명되었으나, 단지 사도행전 만으로는 우리가 그들이 집사들임을 알지 못한다. 게다가, 우리는 장로들이 어떤 류의 사람들이 되어야 하고 그들이 어떤 방식으로 세워져야 하는지를 알지 못한다. 디모데 전서에서 빌레몬서까지가 없다면 우리는 교회의 실행에 대하여 어쩌면 흑암 속에 있게 된다. 빌립보서 1장 1절에서는 교회 안에 감독들과 집사들을 언급하고 있지만, 그들이 어떻게 산출되었는지 또는 그들이 어떤 류의 사람들인지에 대한 기록이 없다. 그러므로, 생명의 문제들에 관한 단락에 이어서, 교회 생활의 실행적인 방면을 다루는 네

권의 책들이 있다.

디모데전서 3장 15절에서는 『만일 내가 지체하면 너로 하나님의 집에서 어떻게 행하여야 할 것을 알게 하려 하니니』라고 한다. 이 구절은 이 네권의 책들의 주제를 계시해 준다. 여기에서 사도 바울은 자신이 지체할지 모른다고 말하나, 원칙상 주님도 역시 그분의 오심을 지체하고 계신다. 주님이 그분의 오심을 지체하시는 동안 이 몇가지 책들은 우리를 도와서 교회 생활 안에서 처신하는 법을 알게 한다. 비록 주님의 오심을 포함하는 많은 문제들이 데살로니가후서까지의 책들에서 다루어져 있다 하더라도, 주님은 즉시 오시고자 의도하지 않으셨다. 만일 주님이 즉시 돌아오고자 하셨다면, 이 네권의 책들은 필요 없었으리라. 주님이 그분의 오심을 지체하시고 우리를 땅 위에서 교회를 보존하고 계시는 동안, 이 네권의 책들은 우리로 하나님의 집에서 어떻게 행하여야 할 것을 알려준다.

비록 이러한 책들이 우리에게 교회 생활의 실행에 대한 가르침을 주고 있다 하더라도, 많은 사람들은 그러한 것들에 합당한 주의를 돌리지 않고 그리하여 표적을 벗어나 이차적인 것들을 으뜸되는 것들로 삼고 심지어 마지막 것들을 처음 것들로 삼는다. 이 네권의 책들이 말하는 으뜸 되는 문제는 하나님의 집에서 어떻게 행하여야 하는가 하는 것이다. 이것은 실행의 문제이다.

교회 생활을 실행하기 위한 명령

교회 생활을 실행하기 위한 온전하고 완전한 명령은 이 네권의 책들 속에 있다. 그것들에서는 교회의 행정을 세우는 법, 장로들을 지명하고 세우는 법, 집사들의 책임인 교회 봉사를 안배하는 법, 많은 것들을 훈련함으로써 배우고 그러한 것들을 다른 이들에게 가르치는 법을 우리에게 말해준다(딤전 3:1-13, 4:6-16, 딤후 2:2). 반면 로마서에서 데살로니가후서까지의 아홉권의 책들로 된 첫째 단락은 가르침, 정의, 설명이 가득하나, 명령은 많지 않다. 그러나, 둘째 단락의 네권의 책들은 많은 명령을 주나 교리적인 가르침은 많지 않다. 이것은 학급에다 비유할 수가 있다. 교수가 강의를 한 연후에, 학생들에게 실험실에서 실습하는 법을 지시한다.

바울이 디모데, 디도, 빌레몬에게 보낸 서신들은 교리나 정의가 아닌 명령으로 가득하다. 로마서에는 명령이 많지 않다. 주로 많은 정의를 내리고 있는 『훈계 사항들』이 있다. 데살로니가후서까지의 모든 책들도 마찬가지이다. 물론 몇가지 명령도 있지만, 이 책들에서는 주로 그리스도의 몸인 교회의 정의와 의미를 제시한다. 이어지는 네권의 책들에서는 우리에게 정의에 따라서 실행하는 법에 대한 지시 사항을 준다. 더욱이, 이 책들에 있는 모든 명령은 매우 개인적인 것들이다. 친밀한 교사가 그의 사랑하는 학습자들에게 주는 명령은 개인적인 것임에 틀림없다.

교회에 대하여, 우리는 먼저 그것의 생명 방면을 알기를 배워야 한다. 우리는 첫 아홉권의 책들에 더 많은 시간을 들여서 생명 방면에 대해 가르침 받고 정의되어 있는 것을 체험하도록 하여야 한다. 그런 다음, 우리는 생명의 가르침에 따른 교회 생활의 실행인 또 하나의 중요한 문제를 관심해야만 한다. 만일 우리가 이것을 명심한다면, 이 네 권의 책들의 의미가 우리가 그 책을 읽을 때 빛을 발휘하게 될 것이다.

경건에 이르도록 연습함

이 책들에서 핵심 구절은 디모데전서 3장 15절인데, 그곳에서는 우리에게 이 둘째 단락의 주요 주제를 제시한다. 디모데전서 4장 7절과 8절도 또한 핵심 구절들로써 우리의 영적인 연습에 대하여 말한다. 7절에서는 『경건에 이르기를 연습하라』고 말한다. 경건은 모든 영적인 문제들 즉, 하나님과 우리와 하나님과의 관계와 관련된 모든 것들을 포함한다. 이 모든 영적인 문제들은 연습을 요한다. 우리는 기도를 훈련하고, 말씀을 연구하는 데 있어서 훈련하고, 사람들을 방문하기를 훈련하고, 사람들과 대화하는 법에 있어서 훈련해야 한다. 우리는 또한 전쟁을 수행하기 위해서 무기인 성경 말씀을 사용하는 법, 집회에서 처신하는 법, 기도를 위해서 금식하는 법, 속 생명을 아는 법, 영과 혼을 분별하는 법, 찬송을 아는 법을 알기를 훈련해야 한다. 경건은 많은 항목들을 포함한다. 그것은 하나님과 관련되고 특히 우리와 하나님과의 관계와 관련된 모든 것을 포함한다. 비록 경건에 이르는 연습이 짧은 구절에 불과하나, 그것은 매우 심오하다.

우리는 우리가 얼마나 연습을 해야 하는지를 자문해 보아야 한다. 오늘날의 그리스도인 교회들에 있어서 연습은 거의 없다. 어떤 이들은 소수의 사람들이 영적인 것들을 연구하도록 신학교나 신학대학을 설립하지만, 일반적으로 교회와 더불어 연습이 없을

지도 모른다. 대개, 우리가 소위 많은 교회들에서 보는 것은 주로 연습하지 않고 메시지에 이어 메시지를 전하는 것이다. 합당한 교회 생활 안에는 가르침과 연습이 있어야 한다. 이러한 연유로 인하여 연수가 많이 지난 다음에 우리가 비밀을 발견하게 되었던 것이다. 우리는 훈련을 상당히 강조한다. 교회는 훈련이 필요하다. 우리가 교회 안에서 사역을 위해 취하는 방식은 디모데전서에서 빌레몬서까지의 네 권의 책들의 방식 곧, 연습의 방식을 포함해야 한다.

화학 분야에 있어서 박사 학위를 위해 공부했던 한 형제는 교실에서 한번 한 강의가 실험실에서 열 번 이상의 수고를 요하였다고 우리에게 말한 적이 있다. 그의 교수는 『강의의 좋은 점이 무엇인가? 청취는 여러분을 자만하게 해도, 실험은 여러분을 겸손하게 만든다』고 말하였다. 이것은 훌륭한 격언이다. 만일 우리가 앉아서 어떤 사람이 말하는 것을 해마다 듣기만 한다면, 우리는 자신이 모든 것을 알고 있다고 생각하고, 쉽게 모든 사람을 비평할 수가 있다. 이 때문에, 아무도 감히 우리에게 사역하고자 하지 않으리라. 만일 어떤 사람이 사역하러 온다면, 우리는 그 사람의 말, 그 사람의 가르침, 그 사람의 태도를 다만 듣고 비평할 수도 있다. 일들을 알기란 쉽지만, 그것들을 실행하기란 어렵다.

어떤 사람을 비평하기보다는 오히려 그 사람이 하는 것보다 더 나은 일을 하려고 해야 한다. 그러면 우리는 분명하게 될 것이고, 우리는 겸손하게 될 것이다. 나는 이러한 비결을 배웠다. 형제나 자매가 어떤 것을 비평할 때면 언제나, 나는 논쟁하지 않는다. 나는 다만『아주 좋습니다. 형제님, 당신이 그것을 할 책임을 지십시오.』라고 한다. 만일 어떤 사람이 의자가 잘못 배열 되었다거나 피아노가 형편없게 연주되었다고 말한다면, 우리는『당신이 진정 옳습니다. 당신이 그렇게 하십시오.』라고 할 수도 있다. 우리가 어떤 것을 실행하고자 할 때에, 우리는 그것이 얼마나 어려운지를 깨닫는다. 일들을 실행적으로 행하기란 쉽지 않다. 비평하는 자들을 굴복시키는 방법은 그들로 그 일을 그들 스스로 해 보도록 하는 것이다.

일찍이 1950년대에, 나는 성도들에게 생명의 노선에 대한 가르침들을 많이 주었다. 화학을 연구했던 그 동일한 형제는 우리가 이 모든 문제들을 실행에 옮겨야 하고, 만약 우리가 그렇게 하지 않는다면, 성도들이 이 모든 요점들을 저희 생각 속에만 담아두고 실제에 있어서 그렇지 못하다고 하는 것을 제안하였다. 나는 그에게 동의하고 그에게 이것을 수행하도록 하였다. 그 형제는 많은 시간을 투자하여 지시서를 작성하고 이 모든 공과들을 실행적인 형태로 만들었다. 그리고 나서 그 형제는 소그룹의 인도하는 자들을 실행하는 방법과 저희 그룹에 있는 성도들을 동일한 실행 안으로 인도하는 방법을 훈련시켰다. 이것은 참으로 역사였으며, 그것은 우리에게 매우 많은 도움을 주었다. 이것이 올바른 원칙이다. 우리는 경건에 이르도록 연습해야 한다.

다른 이들을 능히 가르칠 자들을 가르침

디모데후서 2장 2절에서는『또 네가 많은 증인 앞에서 내게 들은 바를 신실한 사람들에게 부탁하라 저희가 또 다른 사람들을 능히 가르칠 수 있으리라(who will be competent to teach others also)』고 말한다. 디모데는 바울에게서 많은 것들을 배웠으며 그것들을 적절히 연습하였다. 이제 그는 바울에게 명을 받아 그가 배운 모든 것들을 다른 사람들에게 위임하였다. 그들은 차례로 능히 다른 이들을 가르칠 수 있었다. 이것이 연습, 실행, 배움을 요하는 교육대학에서와 마찬가지로 교사들을 훈련하는 것이다. 교회가 성장하고 인수가 증가될수록, 실행적인 교육이 필요하다. 이러한 실행적인 교육은 대 집회에서는 실행되어질 수 없다. 대 집회에 대해 우리는 강연이나 메시지를 줄 수 있을 따름이다. 이 모든 것들을 실행에 옮기려면, 일 이십명의 더 작은 소그룹에서 성도들을 훈련하는 법과 그들을 실행하도록 인도하는 법을 아는 한 두명의 인도하는 자들과 더불어 함께 나아갈 필요가 있다.

사도 바울의 명령에 따라서, 디모데는 교사들 즉, 능히 다른이들을 가르칠 수 있는 신실한 자들을 훈련하는 일을 돌보았다. 디모데는 먼저 사도 바울에게서 배웠으며, 그런 다음 그가 배운 것을 그는 실행하였다. 이것에 뒤이어, 그는 그것을 다른이들에게 전해 주었다. 우리가 다른이들을 가르칠 때, 우리는 더 많이 배우게 된다. 내가 배운 것은 많은 부분은 다른이들을 가르친데서 온 것이다. 원칙은 우리가 사역을 할 때마다 제자들을 산출해야 한다는 것이다. 우리는 늘상 사역 하지만 사역할 수 있는 다른이들을 세우지 못하여서는 아니된다. 우리가 한동안 어떤 장소에서 사역한 이후에는 능히 다른이들을 가르칠 수 있는 자들이 우리의 사역으로 말미암아 산출되어야 한다.

이 단락의 서신서들의 주된 사상은 교회 안에서 어떻게 행하여야 할 바를 알기 위해서 우리에게 명령이 필요하다는 것이다. 그렇게 하려면, 장로들, 집사들, 여집사들을 임명하고 안배할 필요가 있다. 경건에 이르도록 연습할 필요도 있다. 모든 영적인 문제들은 일정량의 연습을 필요로 한다. 심지어 찬송을 선택하는 데 있어서 조차도 우리는 연습해야 한다. 그리고 나서 또 연습해야 한다. 우리가 속에 성령을 가지고 있기 때문에, 모든 것을 할 수 있다고 말해서는 안 된다. 우리는 또한 다른이들을 가르쳐야 하며, 만일 가능하다면, 우리는 교회의 실행에 있어서 더 유용한 사람들을 산출할 필요성이 있으므로 조그만「교육 대학」을 열어 다른이들을 교사들이 되도록 훈련시켜야 한다. 이러한 문제들─임명, 안배, 연습, 배움, 다른이들을 교사들이 되도록 가르침─은 디모데전서에서 빌레몬서까지의 네권의 책에서 발견되는 훈계의 주된 문제들이다.

여기서 우리가 이러한 문제들에 관한 세부사항 안으로 많이 들어갈 수 없으나, 우리는 원칙들을 받아들일 수 있다. 신약은 항상 우리에게 원칙을 제시하지만, 그것은 상황에 따라서 주님의 현재의 인도하심을 구해야 하는 여지를 우리에게 남겨두고 있다. 외적으로 어떤 것을 모방할 필요는 없다. 우리가 원칙을 가지고 있다 하더라도, 상황, 현재의 필요, 주님의 인도하심에 따라서 기도하고 고려해 보아야 한다. 우리가 교실에서 무엇인가를 공부하고 있을 때에라도, 우리는 여전히 실험실에서의 실행적인 적용이 필요하다. 그러면 우리는 그것을 더 나은 방식으로 수행하기를 배우게 될 것이다.

속 생명으로 인해 교회 생활을 실행함

비록 이 네권의 책들이 우리에게 교회 생활의 실행을 위한 지시 사항을 주고 있긴 하나, 그 책들에서는 여전히 속 생명을 강조하고 있다. 바울은 지시를 하면서도 자주 생명을 언급하기 때문에, 이 책들 속에는 속 생명에 대한 중점들이 많이 있다. 우리가 실행하는 문제들은 생명 안에서 실행되어져야 한다. 우리는 감히 신학교를 세우지 않는데 이는 신학교가 실행을 위해서 일들을 실행해 보는 곳에 지나지 않기 때문이다. 신학교 보다 우리에게는 가정이 필요하다. 신학교는 지식에 근거를 두고 있는 반면, 가정에서의 기본적인 문제는 가족의 생활이다. 교회 생활의 실행은 생명에 근거를 두어야 한다. 그것은 생명이 없다면 실행되어질 수가 없다. 비록 이 책들에서 생명에 관한 정의를 우리에게 주고 있지는 않다 하더라도, 그 책들은 우리에게 속 생명에 관련된 많은 중점들을 제시하고 있다.

선한 양심과 순수한 마음을 가짐

이 책들에서 사도는 선한 양심을 대단히 강조한다. 디모데전서 1장 5절의 문맥에 따르면, 교회의 실행은 단순한 가르침이 아니라 선한 양심에서 나오는 사랑의 문제이다. 19절에서 바울은 『믿음과 착한 양심을 가지라 어떤이들이 이것들을 버렸고 (thursting these away) 그 믿음에 관하여는 파선하였느니라』

고 말한다. 디모데후서 1장 3절에서는『순수한 양심으로 조상적부터 섬겨오는 하나님께 감사하고』라고 말한다. 이것은 착한 양심은 물론 순수한 양심이다. 우리가 교회 생활을 실행 할 때, 우리에게는 선한 양심과 순순한 양심이 다 필요하다. 게다가, 디모데전서 4장 2절에서는『자기 양심이 화인 맞아서 외식함으로 거짓말하는 자들이라』고 말한다. 이 사람들은 그들의 양심을 무감각하게 만든다. 그들 양심의 감각, 의식이 파괴되어 버렸다. 이 모든 구절들을 읽어 볼 때, 우리는 우리에게 교회 생활의 실행을 위해 착하고, 순수하고, 민감한 양심이 얼마나 필요한지를 깨달을 수가 있다. 디모데전서 1장 5절에서는 또한『순수한 마음에서 나오는 사랑』이 필요하다고 우리에게 말해준다. 양심과 마음은 순수해야 한다.

그리스도로 인해 능하게 됨

디모데전서 1장 12절에서는『나를 능하게 하신 그리스도 예수 우리 주께 내가 감사함은』이라고 말한다. 헬라어로 능하게 하다(empower)라는 단어는 dynamo(다이나오)라는 어근에서 비롯된다. 그것은 빌립보서 4장 13절에서 사용된 어근과 동일한데, 거기에서는『내게 능력주시는 자 안에서 내가 모든 것을 할 수 있느니라』고 말한다. 그리스도는 나를 능하게 하시는 자이시다. 교회 생활의 실행에 있어서 우리는 그리스도로 능력있게 되기를 배워야 한다. 우리는 단지 어떤 규정이나 형식에 따라서 외적으로 일들을 하여서는 아니된다. 우리는 그리스도로 능하게 됨으로써 속으로부터 일들을 행해야 한다.

살아계신 하나님의 집, 진리의 기둥과 터, 경건의 비밀인 교회

　디모데전서 3장 15절-16절은 성경에서 위대한 구절들이다. 15절은 『만일 내가 지체하면 너로 하나님의 집에서 어떻게 행하여야 할 것을 알게 하려 함이니 이 집은 살아계신 하나님의 교회요 진리의 기둥과 터이니라』고 말한다. 이 교회는 살아계신 하나님의 집이기 때문에 교회 안의 모든 것은 살아 있어야 한다. 우리는 죽은 규칙들이나 죽은 형식에 따라서 교회 안에서 어떤 것을 행해서는 아니된다. 우리가 살아계신 하나님을 섬기고 있기 때문에 우리가 교회 생활 안에서 행하거나 실행하는 모든 것은 살아 있어야 한다.

　교회는 또한 진리의 기둥과 터이다. 이것은 삼일 하나님을 가리킨다. 진리, 실제는 그리스도요, 그리스도는 하나님의 체현이시다. 그러므로, 기둥과 터로써 교회는 삼일 하나님의 실제를 지닌다. 교회는 교리가 아니다. 진리 곧 삼일 하나님의 실제를 나타낸다.

　16절에서는 『크도다 경건의 비밀이여 그렇지 않다 하는 이 없도다 그는 육신 안에서 나타난 바 되시고 영 안에서 의롭다 하심을 입으시고 천사들에게 보이시고 만국에서 전파되시고 세상에서 믿은 바 되시고 영광 가운데서 올리우셨음이니라』고 계속 한다. 육신 안에 나타나신 하나님은 가장 위대한 비밀, 경건의 비밀이시다.

　앞서 말한 항목들은 속 생명에 관련된 중점들이다. 교회 생활을 실행하려면 이러한 지시사항을 배워야 한다. 비록 우리에게 가르침이 필요하긴 하나, 우리는 살아계신 하나님 안에서와 교회가 예수의 간증이요, 진리의 기둥과 터요, 육신 안에 나타나신 하나님인 경건의 비밀이라는 사실 안에서 그것들을 실행하고 배워야 한다.

영원한 생명 안에서와 천국(하늘에 속한 왕국)으로 인하여

디모데전서 6장 12절에서는 『영생을 취하라』고 말한다. 우리가 행하고자 하는 것은 무엇이든지 영원한 생명 안에서 행해야 한다.

디모데후서 4장 18절에서는 『주께서 나를 모든 악한 일에서 건져내시고 그의 천국에 들어가도록 구원하시리니』라고 말한다. 같은 장에서 바울은 『하나님 앞과 산 자와 죽은 자를 심판하실 그리스도 예수 앞에서 그의 나타나실 것과 그의 왕국을 두고 엄히 명하노니』(1절)라고 말한다. 사도 바울은 항상 그를 능하게 하시는 그의 생명이 되시는 그리스도를 체험하기를 배웠으며 경건의 비밀을 실행하기를 배웠다. 그는 또한 자기 앞에 천국을 항상 목표로 두었다. 그는 목표인 왕국을 향하여 진력하였으며, 그의 경주 마지막에 그는 주께서 그를 그분의 천국 안으로 구원하시리라고 하였다. 그러므로 그는 디모데를 그분의 왕국으로 명하였다. 우리는 우리의 능력이 되시는 그리스도로 인하여 안에서 능하게 되어야 하고, 우리는 또한 그분의 천국으로 경고 받고 매료되어야 한다.

만일 우리가 신약을 주의 깊게 읽어본다면, 우리는 나타날 천국이 경주를 달리고 승리 안에서 끝마치는 신실한 이기는 자들에게 보상이 됨을 볼 것이다. 디모데후서 4장 7-8절은 『내가 선한 싸움을 싸우고 나의 달려갈 길을 마치고 믿음을 지켰으니 이제 후로는 나를 위하여 의의 면류관이 예비되었으므로 주 곧 의로우신 재판장이 그 날에 내게 주실 것이니 내게만 아니라 주의 나타나심을 사모하는 모든 자에게니라』고 말한다. 이것 또한 속생명의 방면이다. 우리는 어느 날 주께서 그분의 종들을 보상하시려고 나타나실 것임을 알아야 한다. 따라서 우리는 싸우고, 달리고, 믿음을 지켜야 한다.

넘치는 은혜로 인하여

디모데전서 1장 14절에서는 『우리 주의 은혜가 그리스도 예수 안에 있는 믿음과 사랑과 함께 넘치도록 풍성하였도다』라고 말한다. 주님의 은혜는 언제나 믿음과 사랑을 바울 안으로 분배하며 바울과 함께 하였다. 엄밀히 말해서, 이 은혜는 주님 자신이다. 교회 생활의 실행은 은혜 안에, 속의 능력 안에, 살아계신 하나님 안에 교회가 나타내는 실제 안에, 경건의 비밀 안에, 영원한 생명 안에, 순수한 양심과 순수한 마음으로, 천국 생활 안에 있어야 한다.

우리 영과 함께 하시는 주님으로 인하여

마지막으로, 디모데후서 4장 22절에서는 『주께서 네 영에 함께 계시기를 바라노니 은혜가 너희와 함께 있을지어다』라고 말한다. 이 말씀은 교회의 실행에 대한 명령을 하는 이 두권의 책들의 결론을 내리고 있다. 우리가 편지를 종료할 때, 우리는 흔히 명확한 의미를 지닌 특별한 단어를 사용한다. 바울의 모든 서신서들 중에서 이렇게 정확하게 끝내는 것은 한가지 뿐이다. 그는 이것을 분명한 목적을 가지고 이렇게 했다. 우리가 어떤 류의 실행을 가지거나 어떤 류의 가르침을 주던지, 그것은 우리 영 안에 살아계신 그리스도께 속한 어떤 것이어야 한다. 비록 교회 생활의 실행, 배움, 가르침이 외적이라 하더라도, 우리 영 안에 내주하시는 그리스도에게서 나오는 무엇인가가 있어야 한다. 우리는 단지 외적인 실행과 외적인 가르침을 가져서는 안 된다. 우리는 교회 생활의 모든 것들을 강화된 영으로부터 실행하기를 배워야 한다.

제 23 장

디도서와 빌레몬서에서의 교회 생활의 실행

딛 2:14
『그가 우리를 대신하여 자신을 주심은 모든 불법에서 우리를 구속하시고 우리를 깨끗하게 하사 선한 일에 열심하는 친 백성이 되게 하려 하심이니라』

몬 1-25
『그리스도 예수를 위하여 갇힌 자 된 바울과 및 형제 디모데는 우리의 사랑을 받는 자요 동역자인 빌레몬과 및 자매 압비아와 및 우리와 함께 군사 된 아킵보와 네 집에 있는 교회에게 편지하노니 하나님 우리 아버지와 주 예수 그리스도로 좇아 은혜와 평강이 너희에게 있을지어다 내가 항상 내 하나님께 감사하고 기도할 때에 너를 말함은 주 예수와 및 모든 성도에 대한 네 사랑과 믿음이 있음을 들음이니 형제여 성도들의 마음이 너로 말미암아 평안함을 얻었으니 내가 너의 사랑으로 많은 기쁨과 위로를 얻었노라 이러므로 내가 그리스도 안에서 많은 담력을 가지고 네게 마땅한 일로 명할 수 있으나 사랑을 인하여 도리어 간구하노니 나이 많은 나 바울은 지금 또 예수 그리스도를 위하여 갇힌 자 되어 갇힌 중에서 낳은 아들 오네시모를 위하여 네게 간구하노라 저가 전에는 네게 무익하였으나 이제는 나와 네게 유익하므로 네게 저를 돌려 보내노니 저는 내 심복이라 저를 내게 머물러 두어 내 복음을 위하여 갇힌 중에서 네 대신 나를 섬기게 하고자 하나 다만 네 승낙이 없이는 내가 아무것도 하기를 원치 아니하노니 이는 너의 선한 일이 억지 같이 되지 아니하고 자의로 되게 하려 함이로라 저가 잠시 떠나게 된 것은 이를 인하여 저를 영원히 두게 함이니 이후로는 종과 같이 아니하고 종에서 뛰어나 곧 사랑받는 형제로 둘 자라 내게 특별히 그러하거든 하물며 육신과 주 안에서 상관된 네게랴 그러므로 네가 나를 동무로 알진대 저를 영접하기를 내게 하듯 하고 저가 만일 네게 불의를 하였거나 네게 진 것이 있거든 이것을 내게로 회계하라 나 바울이 친필로 쓰노니 내가 갚으려니와 너는 이외에 네 자신으로 내게 빚진 것을 내가 말하지 아니하노라 오 형제여! 나로 주 안에서 너를 인하여 기쁨을 얻게 하고 내 마음이 그리스도 안에서 평안하게 하라 나는 네가 순종함을 확신하므로 네게 썼노니 네가 나의 말보다 더 행할 줄을 아노라 오직 너는 나를 위하여 처소를 예비하라 너희 기도로 내가 너희에게 나아가게 하여 주시기를 바라노라 그리스도 예수 안에서 나와 함께 갇힌 자 에바브라와 또한 나의 동역자 마가, 아리스다고, 데마, 누가가 문안하느니라 우리 주 예수 그리스도의 은혜가 너희 심령과 함께 할지어다』

디도서에서의 교회 생활의 실행

디모데전, 후서의 확증

디모데에게 보내는 두 권의 책들에 이어서 여전히 디도에게 보내는 짧은 서신이 필요하다. 외관상 이 책은 디모데전후서와 거의 유사하다. 비록 그것이 완전하지는 않지만, 그것은 여전히 성경의 일부이다. 그런데 바울이 디도에게 보낸 서신의 목적은 무엇인가? 성경 안에 모든 중요한 문제들과 중점들에 있어 확증이 필요하다는 것이 원칙이다. 디도서는 바울이 디모데에게 보낸 서신의 반복으로써 최소한 사도 바울의 두 젊은 동역자들이 같은 류의 훈계를 받았다는 확증을 주는 데 적합하다.

성경에서의 원칙은 간증을 최소한 두 세 증인이 짊어져야 한다는 것이다. 그러므로, 두 권의 디모데전후서에 이어서 디도서가 있다. 이 책들이 서로를 확증함은 물론 디모데와 디도 두 수신인들도 서로를 확증할 수 있었다. 사도 바울이 떠난 다음에, 이 두 젊은 동역자들은 여전히 살아 있었다. 만일 그들 중 한 사람 만이 바울에게서 지시를 받았다면, 그 지시에 대한 간증이나 확증이 없었을 것이다. 그러나, 두 사람이 같은 지시를 받았기 때문에, 만일 어떤 사람이 일어나 따지거나 항목을 가지고 논쟁한다면, 디모데와 디도는 서로와 명령 자체를 위해서 강한 확증이 될 수 있다.

특별한 그리스도인의 행함과 교회 실행

그럼에도 불구하고, 디모데서에 언급되지 않은 최소한 한가지 문제가 디도서에서 발견된다. 2장 14절에서는 『그가 우리를 대신하여 자신을 주심은 모든 불법에서 우리를 구속하시고 우리를 깨끗하게 하사 선한 일에 열심하는 친 백성이 되게 하려 하심이니라』고 말한다. 친백성(a particular people)은 신약에서 특별한 용어이다. 우리는 속 생명 안에서와 우리의 교회 실행에 있어서 특별하여야 한다. 우리는 세상의 조직을 좇아서는 아니되고, 교회 생활의 실행을 우리 사람의 관념에 맞는 평범한 것으로 만들어서는 안 된다. 우리 그리스도인의 행함과 우리의 교회의 실행은 다 특별해야 한다.

특별하게 되는 것은 통상적인 방법과는 다르게 되는 것이다. 우리는 땅 위에 사는 특별한 백성(particular people)이기 때문에, 하나님께 대한 우리의 행함, 우리의 경배와 우리의 봉사가 통속적인 조직을 따르거나 통속적인 과정에 있어서 통속적인 것이 되어서는 안 된다. 물론, 의도적으로 특이하게 될 필요는 없지만, 만일 우리가 전통적인 가르침들에 따라서가 아니라 주님의 내적인 살아있는 인도하심에 따라서 전진한다면, 우리는 자동적으로 통속적인 세상 조직과는 다르게 될 것이다. 세상 조직이 얼마나 좋든지간에 그것은 여전히 이 세대의 과정을 따른 것이요, 이러하므로 그것은 의심할 바 없이 사탄에 속해 있다. 그러나 우리의 행함과 우리의 교회 실행은 하나님에게서 나와야 한다. 하나님이 우리의 특별한 행함, 생활, 실행의 근원, 본성, 기원이어야 한다. 우리가 가지고 있는 것은 무엇이나 하나님께 속한 것이요 세상 조직과는 100퍼센트 다른 것이요 이 세대의 방향과는 대비되는 것이어야 한다. 세상 조직, 세대의 과정은 마귀에게 속해 있으나, 우리는 주님의 내적인 인도하심을 따르고 있다. 그러므로, 우리는 자연히 다르다.

우리는 우리가 본 기독교에 의해서 영향을 받지 않도록 최선을 다해야 한다. 거의 2000년 동안, 기독교는 하나님의 특별한 신성한 본성에서 떠나 표류해 왔다. 그러므로, 우리는 기독교의 것들을 신뢰해서는 안 된다. 우리는 그러한 것들에 대해, 큰 의문표를 붙여야 한다. 우리는 이러한 것들을 제쳐두고 주님과 그분의 말씀으로 돌아와 그분의 말씀을 연구하고 모든 것들에 있어서 그분의 인도하심을 구하여야 한다. 가능하다면, 우리는 소위 기독교 밖에서 교회 생활을 실행해야 한다. 우리가 기독교와 동일하게 되어야 하는 유일한 것들은 전적으로 그 영과 주님의 말씀에서 기인하는 그러한 것들이다. 우리는 전통과 더불어서가 아니라 내적인 인도하심과 성경의 가르침과 더불어 나아가야 한다.

빌레몬서에서의 교회 생활을 위한 형제 사랑

주님의 주권으로 인하여, 짧은 책인 빌레몬서는 교회 생활의 실행에 대한 단락의 마지막에 위치한다. 이 책의 중요성은 교회 생활을 실행하려면 우리가 형제 사랑을 유지해야 한다는 것이다. 비록 성경의 다른 부분들에서 우리에게 형제 사랑과 서로 사랑하는 것에 대하여 가르치고 있긴 하나, 빌레몬서는 형제 사랑의 예증 즉, 본보기의 역할을 다하고 있다. 교회 생활의 실행에 있어서 합당한 형제 사랑은 참된 시험이다. 만일 우리가 참된 형제 사랑을 가지고 있지 않다면, 우리는 영적으로 죽어 있다. 합당하고, 실제적이고, 참된 형제 사랑은 우리가 살아 있는지 또는 죽어 있는지 하는 것에 대한 시험이다. 이것은 사회에 있어서 일반적인 인간의 사랑을 능가하는 사랑이다.

이 책에는 두 사람이 있다. 한 사람은 자기 노예인 오네시모에 대한 권한을 가지고 있는 주인인 빌레몬이다. 오늘날 미국에서와는 달리, 바울의 시대에는 사람들이 노예인 사람을 살 수가 있었다. 노예를 구매한 주인은 노예를 죽음에 처하게 하는 것을 포함하여 저에게 어떤 것을 행할 권리를 가지고 있었다. 그것은 불법적인 것이 아니었다. 법적으로 그 사람이 그렇게 할 수 있는 권리를 주었다. 오네시모는 부유한 형제인 빌레몬이 소유한 노예였다. 그러나, 오네시모는 자기 주인에게서 달아나 버렸으며, 그 당시의 관습에 의하면 도망한 노예는 사형에 처해질 수가 있었다. 이 때문에, 오네시모는 감옥에 들어가게 되었다. 그러나 그가 수감되어 있는 동안, 그는 주님의 사자인 바울을 만나게 되었다. 이것은 그가 주님을 만났다는 것을 의미한다. 이는 이 책에서 바울이 주님 자신을 대표하기 때문이다. 그 결과 오네시모는 구원 받았다(10절). 이런 일이 있고나서, 바울은 그를 그의 주인인 빌레몬에게 돌려보냈으며, 빌레몬에게 간청하기를 오네시모를 사랑을 받은 형제로 대하도록 하였다(12-16절). 이때로부터 빌레몬은 오네시모를 더 이상 노예로서가 아니라 한 형제로 여기게 되었다.

이것은 인간 사회에 있어서 모든 실행들을 초월하는 형제 사랑의 실례이다. 따라서, 교회 생활 안에서 우리는 이러한 형제 사랑을 가져야 한다. 빌레몬서에서의 원칙은 교회의 실행에 있어서 인간 사회에 있어서의 차이점들을 이기는 형제 사랑이 있어야 한다는 것이다. 만일 형제 사랑이 노예와 주인 사이의 사회 계급에 있어서의 차이점을 이길 수 있다면, 인간 사회에 있어서의 모든 차이점들도 이길 수 있다. 인간 사회에 있어서의 차이점들과 계급들은 교회 생활의 실행 안으로 이끌려져서는 안 된다. 교회 실행 안에서 사회의 모든 차이점들은 배제된다.

인간 사회에 있어서 높은 지위를 가진 형제 자매들이 형제 사랑을 실행하기란 어렵다. 한 형제가 대통령이나 왕이라면, 그 형제가 교회 안에서 합당하게 한 형제가 되기를 실행하기란 어려울 수도 있다. 그러므로, 대통령이나 왕이 되지 않는 편이 더 낫다. 수세기에 걸친 교회 역사에 따르면, 사회 계급을 교회 실행 안으로 가져옴으로써 큰 문제가 발생하였다. 인간 사회에 있어서의 계급의 차이점들이 교회의 실행 안으로 가져와 질 때, 교회의 본질이 바뀌게 된다. 이것은 합당한 교회 생활의 실행을 손상시키고 망친다. 이것이 빌레몬서의 책을 신약의 이 단락의 끝 부분에서 발견하게 되는 이유인 것이다. 합당한 교회의 실행에 있어서 우리는 형제 사랑을 결코 간과해 버릴 수가 없다.

우리는 인간 사회의 모든 사회 계급에 대해서 교회의 문을 닫아야 한다. 교회 안에서는 사회 계급의「제복」을 위한 여지가 없다. 우리는 제복, 원수 또는 의사의「제복」을 입고서 교회에 와서는 안 된다. 이러한 것들을 교회 안으로 가져오게 되면 교회 생활을 손상시킬 것이다. 우리가 교회 생활의 실제를 얼마나 많이 가지고 있는가는 우리의 형제 사랑으로 시험을 받게 된다. 이것은 작거나 쉬운 문제가 아니다. 만일 어떤 사람이 고위직에 오르게 되면, 그 사람은 그것으로 기인하는 어려움을 보게 될 것이다. 그 사람이 자기 「보좌」에서 내려오는 것은 어려울 것이다.

심지어 미국에서도, 사회 계급의 문제는 심각하다. 이전에 나는 미국에서 모든 사람들은 같은 신분을 가졌다고 생각했다. 그러나, 최근에 군의 한 장교가 나에게 말하기를 자신이 사병들을 접촉하기가 쉽지 않다고 하였는데, 이는 그들이 같은 계급이 아니었기 때문이다. 장교의 아내가 그녀의 「보좌」에서 내려와 사병의 아내와 대화를 나누는 것도 어렵다. 이것 또한 계급 차이로 기인한 것이다. 한 그리스도인 형제는 자기가 공군에 복무하고 있었을 때 형제들인 동료 사병들에게 자기 집을 열 부담이 있었으나 자기 아내가 동의하지 않았다는 것을 나에게 말한 적이 있다. 그녀는 이렇게 하는 것이 그의 신분을 낮추는 것이라고 말하였다. 이와 같은 아내들은 저희의 사회 계급을 유지하기를 원한다. 이 점에 있어서 미국은 다른 나라들보다 더 나을지도 모르나, 심지어 이 나라에서도 사회 계급의 문제가 있다.

우리는 속 생명에 의해 이 문제를 정복해야 한다. 우리는 주님의 명령을 받아서 오네시모를 영접해야 한다. 노예조차도 우리에게 사랑하는 형제가 될 수 있다. 그러나, 만일 우리가 그러한 형제와 다르다고 느낀다면, 만일 우리 자신을 겸손히 함으로 그 형제와 함께 앉기가 어렵다면, 우리가 잘못되었다는 것을 상기해야 한다. 우리는 우리가 사도 바울과 함께 앉는 것과 마찬가지로 그러한 형제와 나란히 앉아야 한다. 우리는 그 형제의 지위와는 무관하게 그 형제가 우리의 사랑하는 형제라는 것을 깨달아야 한다. 교회 생활의 실행에 있어서 우리는 우리를 바로잡고, 교정하고, 균형잡히게 할 이러한 기본적인 원칙을 배워야 한다.

그러므로, 빌레몬서는 가르침의 책이 아니다. 그것은 인간 사회에 있어서 더 낮은 사회 계급에 속하는 우리의 형제들을 다루는 법을 우리에게 가르쳐 주는 훈계의 책이다.

신약의 나머지 책들의 요약

여덟권의 보충하는 책들

우리가 본 바와 같이, 로마서에서 빌레몬서까지의 열 네권의 책들은 그리스도의 몸의 정의이다. 이러한 정의에 있어서, 가르침의 방면과 자신의 방면이 생명의 방면과 실행의 방면이 있다. 이 책들은 완전한 것 같이 보인다. 그러면 어째서 또 하나의 그룹인 여덟 권의 서신서들인 히브리서, 야고보서, 베드로전후서, 요한의 세 서신서들, 유다서를 가질 필요가 있는가? 첫째 그룹인 열네 서신서들은 모두 한 사도인 바울에 의해 쓰여졌는데, 우리에게 우주적인 사람의 몸, 곧 교회의 온전한 정의를 생명과 실행의 두 방면에서 제시하였다. 그러나 후자의 그룹은 바울, 야고보, 베드로, 요한, 유다를 포함하는 저자들로 구성되어 쓰여졌다. 이 책은, 엄격히 말해서, 교회의 정의와는 직접적으로 관련이 없다. 오히려, 그것들은 본질적으로 보충하는 것들이다.

히브리서에서의 그리스도와 유대교

이 그룹의 첫번째 책은 히브리서이다. 그곳에서는 우리에게 그리스도와 유대교의 차이점을 보여준다. 그리스도인들, 특히 유대 그리스도인들을 도와서 구약과 유대교의 위치를 알게 하려면

이 책이 필요하다. 이 보충하는 책에서는 구약과 유대교에 있는 것들이 예표와 그림자임을 매우 분명히 해준다. 몸 곧, 실제는 그리스도 자신이다. 실제가 올 때는 그림자, 예표를 붙잡을 필요성이 없고 그것들을 제쳐두어야 한다. 구약은 다만 그리스도의 예표요, 실제이신 그리스도께서 오셨으므로, 예표들을 제쳐두어야 한다. 이것이 히브리서 책의 목적이다.

야고보서에서의 믿음과 역사

야고보서의 책은 또한 보충으로써 우리에게 믿음과 역사의 관계를 보여준다. 그것은 믿음에 관한 잘못된 개념을 교정하며 우리에게 말하기를 합당하고, 살아있는 믿음은 역사가 뒤따르고 역사에 의해 입증되어야 한다고 한다. 우리가 믿음을 이해하는데 있어서 이러한 균형과 조정은 그리스도인의 생활에 있어서 대단히 중요하다.

베드로전, 후서에서의 하나님의 통치

합당한 도움을 받지 못하고 우리는 베드로 전후서가 무엇에 대한 것인지를 알지 못한 채 오랫동안 그것들을 읽어볼지도 모른다. 이러한 책들의 주제는 중요하지만 비밀스럽고 인식하기 어렵다. 고난, 십자가, 심판에 대한 개념들은 이 두권의 책들에서 발견되지만, 이것이 중심 사상은 아니다. 오히려, 이 두권의 책들은 비밀스럽고, 신성한 하나님의 통치를 계시한다. 우리가 체험하는 많은 고난들은 하나님의 통치로 인한 것이요, 심판도 역시 하나님의 통치와 관련되어 있다. 하나님께서 통치하시기 때문에, 그분이 심판하신다. 처음 열 네 서신서들에서 바울은 이 요점을 많이 다루지 않는다. 따라서 보충하는 베드로전·후서가 필요한 것이다. 우리는 이 책들의 각 장에서 하나님의 통치를 볼 수 있다.

　우리의 많은 상황들은 하나님의 통치에서 온다. 하나님의 통치에 따르면, 우리는 어떤 규칙을 준수해야 한다. 만일 우리가 이러한 규칙들을 지키지 않는다면, 우리는 고통을 당할 것이다. 우리는 이것을 미국 정부에 비유할 수가 있다. 만일 우리가 연방 및 주 정부의 법률과 조례를 불순종한다면, 우리는 고통을 받게 될 것이다. 우리가 차를 운전할 때, 우리는 교통 법규에 따라서 운전을 해야 한다. 멈춤 신호를 무시하고나서 교통위반 딱지를 떼이게 되는 것은 통치의 문제이다. 마찬가지로 하나님의 자녀로써 우리는 신성한 통치의 규칙과 규정을 지켜야 한다.

　많은 고난은 신성한 통치로 인한 것이다. 많은 때 우리는 우리가 잘못되어 고난을 당한다. 우리는 하나님의 통치의 규정과 법규를 위반하고 있다. 오늘날 우주 안에 하나님의 통치와 같은 그러한 것이 있다. 사람들이 그것을 존중하든 하지 않든, 하나님의 통치는 여전히 여기에 있다. 우리 모두는 이것을 배워야 한다. 이러한 두 권의 책을 전체 내용이 증거하기를 심지어 오늘날, 왕국이 나타나기 전에, 땅 위의 인류 가운데 심지어 그리스도인들 가운데 이러한 반역의 세대 동안에도 하나님께서는 여전히 통치하신다는 것이다.

　베드로전서에서 가장 중대한 구절은 4장 17절에 나타나 있는데, 그곳에서는 『하나님의 집에서 심판을 시작할 때가 되었나니 만일 우리에게 먼저 하면 하나님의 복음을 순종치 아니하는 자들의 그 마지막이 어떠하며』라고 말한다. 이것은 하나님의 통치를 가리킨다. 보충하는 베드로전후서에서는 하나님의 백성인 우리가 우주 가운데 신성한 통치가 있다는 것을 깨달아야 한다는 것을 우리에게 말해준다. 우리는 무지하거나 어리석어서는 안 된다. 우리는 오늘날 하나님의 통치를 존중해야 한다.

요한 서신서들에서의 신성한 교통

요한의 세 서신서들은 처음 열 세 서신서들에서 주어진 그리스도의 몸에 대한 정의에 있어서 철저하게 다루어지지 않았던 요점인 신성한 가족의 교훈에 관한 보충이다. 요한의 세 서신서들은 하나님의 자녀들이 또 아버지와 아버지의 가족 안에서 서로 서로와 어떻게 교통을 나누는지를 우리에게 보여준다. 교통이라는 단어는 이 세 책들에 있어서 가장 중요한 단어이다. 요한 일서1장에서 영원한 생명이 우리에게 전파되고 사역되었다(1-3절). 우리가 영원한 생명을 영접할 때, 그 결과는 서로 서로와 아버지와 그분의 아들과의 교통이다.

유다서에서의 배도를 처리함

짧은 책인 유다서에서는 처음 열 세 서신들에서 다루어지지 않았던 배도를 처리하는 보충이다.

다섯가지 문제들—유대교, 역사와 믿음, 하나님의 통치, 신성한 교통, 배도—은 모두 이 마지막 여덟 서신서들에서 다루어진다. 전부 스물 한 서신서들이 있다. 이 중에서 열세 서신서들은 우주적인 사람의 몸을 정의하고, 나머지 여덟 서신서들은 우리에게 상기한 다섯가지 문제들에 대하여 분명이 해주는 보충이다. 이러한 여덟 권의 책들이 없이도, 우리는 여전히 교회에 대한 온전한 정의, 교회의 본질, 교회의 교통, 교회의 책임, 교회 생활의 실행을 가지게 된다. 그러나 우리는 유대교나 구약의 위치에 대하여 분명하지 못하게 된다. 우리는 믿음과 역사의 관계, 우주 안의 하나님의 통치, 하나님의 가족 안에서의 신성한 교통, 배도도 모르게 된다. 이러한 여덟권의 보충이 서신서들에 추가되었기에, 모든 문제가 다루어지고, 답변이 되지 않은 문의 사항이 없는 것이다.

모든 성경의 완결인 계시록

이 여덟권의 책들에 이어서, 신약과 전 성경의 최종 완결과 결론이 계시록에 있다. 스물 두장으로 된 이 긴 책에서는 세가지 중점들에 대하여 분명하게 말한다. 첫째 중점은 첫 세장에서 발견되는데, 그곳에서는 예수의 간증인 금등대들로써 땅 위에 존재하는 지방 교회들에 대한 이상을 제시한다. 이것은 하나님의 영원하신 의도와 목적의 성취이다.

세째 중점은 21장과 22장인 마지막 두 장들에서 발견된다. 여기에서 우리는 하나님의 영원한 목적의 성취를 위한 하나님의 역사에 대한 그림을 가지게 되는데, 그 목적은 한 건축으로 완결된다. 본성에 있어서, 원칙에 있어서, 거의 모든 방면에 있어서, 이 건축은 1장에서 3장에 걸쳐 나오는 금등대들과 똑같이 지방 교회들은 지방적인 등대들이요, 이 건축은 우주적인 등대이다.

새 예루살렘 성 전체가 큰 금등대이다. 어린양이신 그리스도는 이 등대의 등이 되시고 그리스도 안에 계신 하나님은 빛이 되신다(21:23). 이것은 크고, 우주적이고, 유일하고, 최종적인 등대이다. 모든 지방 교회들은 시간 안에서 금등대들인 반면, 크고, 우주적이고, 유일한 등대는 영원 안에 있다. 영원 안에는 온 우주 가운데 하나의 유일한 등대가 있을 것이지만, 오늘날 이 땅 위에서 시간 안에서 인간 사회의 각 지방에 금등대가 있다. 지방적인 등대들은 유일하고, 크고, 우주적인 등대와 마찬가지로 본질에 있어서, 생명에 있어서, 기능에 있어서, 거의 모든 방면에 있어서 동일하다.

계시록의 두 끝에서는 첫째와 세째 중점이 있다. 그 다음 4장에서 20장까지에는 하나님의 심판을 포함하는 긴 단락이 있다. 이것은 둘째 중점이다. 하나님은 유일한 등대와 일치하지 않는 모든 것들을 심판하신다. 주께서 구속을 성취하신 다음에, 그분은 하늘들로 승천하셨다. 하나님의 심판이 시작된 것은 이 시점에서이다. 계시록 4장에서 20장까지는 주님의 승천 때로부터 시작하여 그분의 재림 때까지의 긴 기록이다. 이 시기는 복음은 물론 심판의 시대이다. 한편, 지난 2000년에 걸쳐서 하나님께서는 복음을 타락한 인류에게 전파해 오셨으나, 또 한편, 그분은 계속적으로 심판도 해 오셨다.

하나님의 심판의 첫째 항목들 중의 하나는 서기 70년 예루살렘의 멸망이었다. 하나님께서는 로마제국의 황제인 타이터스의 군대를 보내셔서 그 유대 도시를 멸망시키셨다. 이는 유대교의 조직이 비록 종교적이고 좋았긴 하나 등대들과 일치하지 아니하였기 때문이었다. 이러한 관점을 가지고서 우리는 교회와 세상 모두의 역사를 이해할 수 있다. 수세기에 걸쳐서, 하나님께서는 그분의 교회와 부합되지 않는 그러한 것들을 심판하였다. 로마제국, 스페인 제국, 심지어 대영제국도 등대와 일치되지 아니하였기 때문에 하나님께 심판을 받았다. 그러므로, 우리는 우리가 가지고 있는 모든 것이 교회의 간증에 부합되어야 한다는 것을 상기하고 경고 받아야 한다.

오늘날 하나님은 심지어 공산주의 정부를 사용하시어 어떤 것들을 심판하신다. 하지만 나는 어느 날 하나님께서는 돌이키사 공산주의를 심판하시리라는 것을 온전히 확신한다. 이것은 그분이 구약에서 하신 것과 유사하다. 하나님께서는 앗수르와 바벨론을 사용하셔서 이스라엘을 포함하여 다른 나라들을 심판하셨으나, 후에 그분은 돌이키셔서 이러한 제국들을 심판하셨다.

계시록의 책에 따르면, 하나님께서는 오직 한 가지 일—그리스도의 몸, 교회, 예수의 간증인 등대—만을 찾고 계신다. 이것에 부합되지 않는 것은 어느 것이나 하나님께서 심판하시고 불로 태우실 것이다. 결국에 가서는 교회에 부합되지 않는 모든 것이 불못에서 태워질 것이다. 한편, 교회의 간증에 부합되는 모든 것들은 새 예루살렘 안에 있게 될 것이다. 모든 것들에 있어서는 두 가지 항목들인 불못과 새 예루살렘만이 있다.

훈련에 관한 교통의 말씀

우리가 이 정도로 신약의 개관에 대하여 본 것은 하나의 훈련으로 간주 되어야 한다. 여러분이 이제 수년을 투자하여 여러분이 실행에 옮기도록 해야 한다.

다른 이들에게 요구하지 않음

게다가, 여러분은 결단코 여러분이 받은 것에 따라서 어떤 사람이나, 교회나 단체에 요구하지 말아야 한다. 다른이들에게나 교회에 요구하는 것은 도움이 아니다. 오히려 그것은 큰 손상이 된다. 만일 여러분이 요구하고자 한다면, 여러분 자신에게 요구하라. 다른이들에게 『이제 내 눈이 열렸다. 우리는 어떤 식으로 훈련을 받아왔다. 하지만 여러분은 이것을 가지고 있지 않다. 그러므로, 이곳의 교회가 가련하다』라고 말하지 말라. 요구하게 될 때 결코 그 상황을 돕지 못한다. 할 수 있는 올바른 일은 공급하고 사역하는 것이다.

훈련 집회들은 교회 집회들과는 완전히 다르다. 두 유형의 집회들을 구별하지 못할 때 문제가 생긴다. 훈련을 수행하는 자는 훈련생에게 어떤 것들을 말할 근거를 가지지만, 다른이들에게도 동일한 근거를 갖는 것은 아니다. 만일 여러분이 훈련 집회에서와 마찬가지 방식으로 일들을 말한다면, 여러분은 그 상황에 손상을 줄지도 모른다. 그러므로, 다른 사람들을 훈련생처럼 다루지 말라. 여러분은 여러분 자신만을 훈련생으로 다룰 수가 있다. 이것은 심각한 문제이다. 중국 본토에서 어떤 형제들이 훈련을 받고나서 지방 교회들에게 큰 도움을 주었으나, 다른이들은 그들 지방으로 돌아가서 크게 손상을 주었다. 그들은 교회를 그들의 훈련생들로 취급했으며, 그들은 교회에 요구를 하였다. 이것은 잘못된 것이다. 여러분은 사람들을 여러분의 훈련생들로 만들기 위해서 훈련받은 것이 아니다. 오히려, 여러분은 자라고, 사역하고, 주님으로부터 무엇인가를 공급받기 위해 훈련받았다. 여러분은 심지어 다른 이들을 위해 손실을 당하려고 훈련받았다.

비평하거나 분열을 일으키지 않음

더욱이, 여러분이 요구를 할 때는 언제나, 여러분은 비평하도록 유혹을 받는다. 여러분이 다른 이들의 참된 상황을 깨닫게 될지 모르나 그들을 비평하지 말라. 여러분이 상황을 볼 때 여러분 자신을 너무 지나치게 믿지 말라. 이는 그것에 대해 여러분이 깨닫고 있는 바가 올바르지 않을 수도 있다. 외관상 사람의 상황은 한가지이다. 그러나 사실상 그것은 또 한가지 일 수가 있다. 그러므로 일들을 너무 급하게 분별시키는 것은 어리석다. 상황에 대하여 말하는 데 주의하라. 다른 이들이 여러분을 오해하는 것이 얼마나 쉬운 일인가 하는 것을 고려해 보라. 마찬가지로, 여러분은 어떤 형제가 옳지 않다고 느낄지 모르지만 주님 앞에서 그가 정말 합당할지도 모른다. 그러므로, 우리는 조심해야 한다.

우리가 훈련을 받고나서 우리의 눈이 어느 정도 열리게 되고, 우리가 우리의 새롭게 된 이해에 따라서 사물들을 분별하기가 쉽다. 그 결과 우리는 먼저 다른 이들을 비평하고 그런 다음 분열을 일으키도록 유혹을 받게된다. 이것은 백퍼센트 그릇된 것이다. 결단코 어떤 곳에 가거나 여러분의 장소에 머물러서 여러분이 받은 훈련에 따라서 사물들을 분별하고 그런 다음 비평하고 분열을 일으키지 않도록 하자. 만일 여러분이 이렇게 한다면,

여러분은 그 교회에 결코 도움이 되지 않을 것이다. 오히려, 여러분은 그것을 손상시키게 될 것이다.

몸을 공급함

겸손하고, 신실하고, 정직하기를 배우고 항상 최선을 다하여 반박하지 않도록 하라. 항상 최선을 다하여 사역함으로 반대하지 않고 조용하게 다른이들을 돕도록 하라. 이로써 여러분은 자양분, 단단한 음식을 몸에게 공급하게 될 것이다. 몸은 이것을 필요로 한다. 다른 이들을 교정할 필요는 없다. 만일 몸 안에 무엇인가가 잘못되어 있다면, 그러한 공급이 그것을 동시에 돌보게 될 것이다. 공급은 한 첩의 약과 같다. 만일 여러분이 투약하게 되면 약이 결과적으로 몸 안으로 들어오게 될 것이다. 그리고 나서 만일 병균이 있다면, 약 속에 들어 있는 어떤 요소가 그것을 무의식적으로 죽일 것이다.

과거에 나는 여러분이 진취적이어야 한다고 말한바 있다. 그것은 옳다. 그러나 나는 지금 여러분에게 교회 안에서 문제를 일으키는 자가 되지 않도록 충고한다. 이것은 매우 중요하다. 훈련받은 자들로서 우리는 주의해야 한다.

다른이에게 강요하지 않고 그리스도를 사역함

마지막으로 여러분은 어떤 문제들을 강조 할 수는 있지만, 그것들을 다른 이들에게 강요하지는 말라. 사람들이 어떤 것을 받아들일 준비가 되어 있을 때, 기회를 잡아서 어떤 것을 사역하도록 하라. 그러나 만일 그들이 준비되어 있지 않다면, 여러분은 너무 빨리 나아가서는 안된다. 단순하게 기도하고 기다리라. 여러분은 강해야 하지만 강압적이 되어서는 안 된다. 상황과 함께 나아가며 주님을 기다리라. 만일 여러분이 하는 것이 주님께 속한 것이라면, 그분이 길을 예비하실 것이다. 그분이 합당한 상황을 예비하실 때, 그때가 무엇인가를 사역할 때이다.

한 지방 안에서 교회의 유일한 표현을 관심함

한 지방 안에서 교회의 표현은 유일해야 한다는 것을 기억하라. 그러므로, 우리 모두는 하나를 지켜야 하며 하나를 지키기 위해서 여러분은 손상을 주거나 문제를 일으키지 않기를 배워야 한다. 오히려 항상 생명에 속한 적극적인 어떤 것, 그리스도께 속한 어떤 것을 사역하고 그것이 사람 안에서 소극적인 것들을 처리하도록 하라.

나는 여러분에게 이 몇가지 문제들을 명심하도록 간주한다. 여러분이 어디에 있든지 여러분이 어느 곳에 가든지 이것은 여러분을 도울 것이고 지방 교회들을 도울 것이다. 항상 교회에 도움이 되기를 배우고 결코 문제를 일으키지 않도록 하라. 교회의 지방적인 표현이 하나이기 때문에 여러분은 선택할 다른 길이 없다. 여러분은 독립적으로나 지방적인 표현을 벗어나 행할 수 없다. 여러분이 지방 교회와 좋든지 그렇지 않든지 여러분은 그 교회와 함께 나아가야 한다. 여러분이 있는 지방 교회의 현 상황에 여러분 자신을 복종하기를 배우라. 주께서 우리에게 긍휼을 베푸시기를 바란다. 우리 모두는 현명하고 겸손하기를 배워야 하고, 최선을 다해 실제적인 도움이 되어야 한다.

교회를 위해 필요한 세가지 문제들

　내 마음속에서 나는 교회를 위한 세가지 문제들에 있어서 참으로 부담이 있다. 첫째, 우리는 속 생명을 알아야 한다. 즉 살아 있는 방식으로 그리스도를 알아야 한다. 둘째, 우리는 그리스도가 높여지고 표현될 수 있도록 합당한 교회 생활을 가져야 한다. 세째, 우리는 복음을 전파하고, 최선을 다해 믿지 않는 자들을 주님께 인도하고, 어떤 대가를 들여서라도 그들의 혼들을 얻으며, 우리 자신들을 소모하고 우리가 가지고 있는 모든 것을 자원하여 희생하여야 한다. 우리는 주님의 긍휼과 은혜로 인하여 이 세가지 것들을 똑같이 힘써 주의해야 한다. 이것이 올바른 길이다. 단순히 교리들이나 가르침들이나 다른 문제들을 관심할 필요는 없다. 우리는 위의 세가지 문제들을 주로 관심해야 한다.

그리스도와 교회의 빛 안에서 본 신약의 개관 2

초판 발행일 / 2000년 7월 29일
초판 2쇄 / 2012년 4월 10일
저자 / 위트니스 리
역자 / 한국복음서원 번역부
발행인 / 이희득
발행처 / 한국복음서원
등록 / ⓡ1978.3.6. 제 16-12호

주소 / 경기도 성남시 중원구 사기막골로 124,
　　　SKn테크노파크 비즈동 1408호(462-721)
전화 / 1600-3191
팩스 / 031) 776-3389

ISBN/ 978-89-8478-022-4　04230
　　　978-89-8478-015-6　04230(세트)

http://www.kgbr.co.kr
E-mail:kgbr@kgbr.co.kr

파본은 교환해 드립니다.
본서의 일부 및 전부의 무단 복제를 금합니다.

정가 11,000원